中国管理咨询优秀案例（2019）

中国企业联合会咨询与培训中心　编

图书在版编目（CIP）数据

中国管理咨询优秀案例 . 2019 / 中国企业联合会咨询与培训中心编 . —北京：企业管理出版社，2020.4

ISBN 978-7-5164-2120-8

Ⅰ. ①中… Ⅱ. ①中… Ⅲ. ①企业管理—咨询—案例—中国 Ⅳ. ① F279.23

中国版本图书馆 CIP 数据核字（2020）第 035247 号

书　　名： 中国管理咨询优秀案例（2019）
作　　者： 中国企业联合会咨询与培训中心
责任编辑： 徐金凤
书　　号： ISBN 978-7-5164-2120-8
出版发行： 企业管理出版社
地　　址： 北京市海淀区紫竹院南路 17 号　　邮编：100048
网　　址： http://www.emph.cn
电　　话： 编辑部（010）68701638　发行部（010）68701816
电子信箱： qyglcbs@emph.cn
印　　刷： 河北宝昌佳彩印刷有限公司
经　　销： 新华书店
规　　格： 170 毫米 ×230 毫米　16 开本　22.25 印张　340 千字
版　　次： 2020 年 4 月第 1 版　　2020 年 4 月第 1 次印刷
定　　价： 56.00 元

编 委 会

目 录
CONTENTS

中设设计集团“拼搏者”人才新机制案例

华夏基石管理咨询集团　张小峰 …… 001

剑河县民族中医院快速中医特色建设实践

北京精医万家科技有限公司　彭卫红 …… 017

江口县中医医院“新调整两个结构”咨询实践

北京精医万家科技有限公司　李新峰 …… 039

某中央部委 ×× 引导扶持专项资金项目绩效评价

天津倚天管理咨询有限公司　黄峥 …… 057

以文化视角透视潍坊农商银行的变革之旅

北京同心动力企业管理顾问有限公司　赵彦春 …… 075

北京首都国际机场股份有限公司安全文化评估项目

北京捷盟咨询管理有限公司　王京平 …… 089

中交一公院人才战略实施项目案例

北京知本创业管理咨询有限公司　刘航 …… 105

浙能集团滨海热电全员绩效管理项目

汉哲管理咨询（北京）股份有限公司　姚文超 …… 115

广发银行全行流程体系建设咨询项目

汉哲管理咨询（北京）股份有限公司　叶涛 …… 135

A 公司内部控制评价项目

中财光大（北京）管理咨询有限公司　陈蕾洁 …… 159

南京银行授信审批官职业教育与培养体系构建

南京东方智业管理顾问公司　褚笑君 …… 181

构建“1234”立体型防控机制，全面提升廉洁风险防控水平

北京英大长安风险管理咨询有限公司　张建炜 …… 199

基于风险视角的国有企业财务监督体系建设实践

北京英大长安风险管理咨询有限公司　杨航 …… 223

天津市滨海新区开发区薪酬与绩效考核改革项目

中智人力资源管理咨询有限公司　徐建高 …… 243

大型国企战略转型背景下人力资源规划及人力资源管理提升

中智人力资源管理咨询有限公司　周晋芳 …… 265

郑州高新区国有企业改革发展咨询

北京市长城企业战略研究所　杨乾 …… 283

新一轮国企改革背景下重庆国有资本运营公司的实践样本初探

重庆重大同浩管理咨询有限公司　吴爽 …… 301

新时代、新职教，中国特色高水平专业群建设咨询服务案例

绎达咨询（成都）股份有限公司　彭艳 …… 323

中设设计集团“拼搏者”人才新机制案例

华夏基石管理咨询集团　张小峰

华夏基石管理咨询集团（以下简称华夏基石）由我国管理咨询业开拓者、著名管理咨询专家、《华为基本法》起草人之一的彭剑锋教授领衔创办，旗下汇聚了500多位既具有扎实理论功底又具有实践操作经验的资深咨询顾问，是中国目前最专业、规模最大的专业咨询机构之一，是中国企业联合会管理咨询委员会副主任单位。

华夏基石始终致力于整合、传播国内外先进管理理念与最优实践成果，并推进其在中国管理实践中的运用。与此同时，不断总结、研究中国管理实践，提出了一系列对于中国企业具有实际意义、原创性的管理方法与工具，并在对国内、外先进管理智力成果进行研究的基础上创新，开发具有独立知识产权的专业化产品和服务，将“为客户创造价值，与客户共同成长”的理念落于实处，管理产品与咨询服务成果得到业内高度认可。

本案例项目组成员

张小峰，华夏基石管理咨询集团业务副总裁、高级合伙人，华夏基石组织与人才发展研究中心总经理，中国人民大学硕士、博士，多家媒体特约作者，多家企业常年管理顾问。为国家电网、民生银行、国图集团、中国航天、南瑞集团、中设设计集团、北京城建、中国电建、武汉邮科院、中化科技总院、北京电力、汉能集团等六十余家企业提供战略、组织、文化及人力资源方面的咨询，擅长战略执行体系梳理、商业模式梳理、组织变革、文化再造、人力资源体系系统建设等模块。

其他成员：傅飞强、王涛、潘鹏飞、白光林、薛玮玮、吴婷婷、梁思凡

导读

当前企业外部环境不确定性进一步增强，如何激活人才从而激活组织成为企业经营管理的重要命题。中设设计集团（以下简称中设）作为一家从事业单位顺利完成转制并成功上市的工程咨询公司，近年来取得了持续高速增长。在从机会成长迈向系统成长的关键节点，面对不确定性、复杂、多变、模糊的外部环境，面对可能出现的组织、文化、机制、人才方面的内部挑战，中设需要通过业务转型、管理升级，才能有效应对内、外部风险和挑战。

所有挑战，归根到底，都是“人”的挑战，都是能否打造一支敢想敢拼的“中设铁军”的挑战。基于此，中设自2018年6月与华夏基石合作开展人力资源战略规划项目，确立了“以客户为中心、持续创造价值”的拼搏者文化，通过核心价值观统一员工的思想和行动。

人力资源战略规划以中设设计集团业务战略为依据，以“拼搏者”为核心，对人力资源管理进行顶层设计与架构，围绕组织建设、机制建设、文化建设打造拼搏者事业平台，打造拼搏者人才新机制，将识别、激励、激活拼搏者融入日常管理实践，使拼搏文化深入人心。

拼搏文化实际上是中设的成功经验与鲜明特征，华夏基石总结并提炼了这一优秀文化。“拼搏者”人才新机制不仅是面向未来求得组织与人才发展的核心价值观，更是中设经营导向与管理导向的重塑。经营导向方面更加强调以客户为中心，通过成就客户来成就自身。管理导向方面更加强调以拼搏者为核心，建立一整套拼搏者识别、培养、激励的人才新机制，资源向拼搏者倾斜，依托人才发展推动业务发展，最终实现客户价值、组织价值、人才价值的多方共赢。

中设设计集团“拼搏者”人才新机制案例

华夏基石管理咨询集团　张小峰

一、案例背景

（一）中设设计集团基本情况

中设设计集团始建于1960年，是一家综合性全国工程设计咨询公司，江苏省高新技术企业，拥有西南、华北、东南、西北四大经营片区，建立了全国范围内的服务网络。主要为公路、水运、市政、建筑等领域的建设工程提供规划咨询、勘察设计、试验检测、工程管理等工程咨询和专业技术服务。

中设具有丰富的千米级特大跨径桥梁设计经验，积极参与交通部交通战略与政策研究领域研究，在全国高速公路房建等服务设施设计市场占有较高份额，在平原微丘区高速公路设计、综合交通运输规划研究、内河水运工程等领域具有很强的综合实力。

中设自2008年起进入全国勘察设计行业“五十强”，2016年位居全国勘察设计行业“五十强”第17名，成为江苏首个进入“五十强”前20名的设计单位。其取得的成绩，既源于自身的努力，也源于行业增长。

（二）工程设计咨询行业介绍

工程设计咨询是以技术为基础，综合运用多学科知识、工程实践经验、现代科学和管理方法，为经济社会发展、投资建设项目决策与实施全过程提供设计咨询和管理的智力服务，包括前期立项阶段、勘察设计阶段、施工阶段、投产或交付使用后的评价等工作。

1. 行业发展与宏观经济密切相关

工程咨询行业发展态势与宏观经济周期息息相关，该行业是典型的经济环境主导型行业。经济快速发展时期，工程咨询也随之保持高增长态势，反之亦然。目前，我国经济遇到了前所未有的调整，外部需求疲弱，内需不足，使得投资下滑，直接影响工程咨询行业的发展速度。

2. 行业内企业数量较多，行业集中度低

国内工程咨询服务行业集中度较低，单个企业的市场份额均不高，行业内尚未出现能够主导国内市场格局的规模化企业。未来随着行业内各企业在市场竞争中逐渐分化，具备较强技术创新水平、设计质量及综合特色服务能力的行业优质企业，将通过市场竞争、并购重组等手段逐渐获得竞争优势，实现规模和效益的扩张。

3. 技术密集型，人才需求大

工程咨询服务行业属于技术密集型行业，是典型的轻资产、重人才、高附加值的服务类企业。工程咨询业务是技术人员运用智慧和经验，融合各类技术，提供技术服务的过程，人才对企业的发展有至关重要的作用。从业人员增速相对不足，尤其高端人才较为缺乏，已经成为制约行业发展的重要因素。如何吸引和培养人才，打造一支稳定、优秀的设计团队是工程咨询企业共同关注的问题。

（三）中设项目需求

文化跟企业的发展阶段紧密相关。中设改制后出现了“唯市场”的倾向，过度关注绩效，从上到下都以市场为主导，干部和员工都在关注项目、关注产值。偶尔关注客户满意度的也主要是为了不影响下次拿项目，鲜有人想起作为设计方的本质是做出一份美好的作品。

市场文化导向下，人们习惯性认为外面的事情更重要，优先满足客户的需要及市场的要求。内部建设就相对缓慢一些，也没有引起足够的重视。但事实上，内外发展是要同步的，内部建设跟不上市场的发展变化，企业就会出问题。

中设提出建设拼搏者文化，第一是要回归企业的本质，让客户满意，创造客户价值。客户满意，就是通过设计更好的作品，实现客户价值和社会价值，让交通更通达，让城市更宜居。

第二，拼搏者需要面向未来。符合新时代的理念，做利他主义者、公益主义者。以前中设的成功靠市场、靠机制，现在面临新的转型需要新的领导力，完全市场导向已经不能领导企业的未来，只有引领大家为客户价值、为社会价值的最大化而拼搏奋斗，大家才有未来。

第三，拼搏者文化建设要给工程师带来自身价值和情怀。不要把个人利益作为唯一的追求，要从追求个人利益升华到追求社会价值的实现，通过高质量、快速、低成本地完成客户和交通发展需要的作品，获得更长远的效益。工程师首先是为了别人的成功、社会的价值去努力，在这个过程中不仅给公司带来价值，也实现了个人的价值。个人和企业共同发展的过程就是思想境界升华的过程，拥有与企业共同价值理念和理想的人就是拼搏者。

（四）项目目标

华夏基石助力中设开展人力资源战略规划项目，确立了“以客户为中心、持续创造价值”的拼搏者文化，通过核心价值观统一员工思想和行动。

人力资源战略规划以中设业务战略为依据，以“拼搏者”为核心，对人力资源管理进行顶层设计与架构，围绕组织建设、机制建设、文化建设打造拼搏者事业平台，建立拼搏者人才新机制。将识别、激励、激活拼搏者融入日常管理实践，使拼搏文化深入人心，依托人才发展推动业务发展。对人力资源队伍进行数量、能力、结构规划，构建管理者全生命周期管理体系，打造一支使命驱动、愿景感召、拼搏奋进的管理者队伍。通过各类拼搏者的分工与协同，共同实现集团三年期业务目标，并最终实现客户价值、组织价值、人才价值的多方共赢。

二、诊断分析

为了具体了解中设的实际经营管理状况，协助中设发现管理中的具体问题，梳理清楚中设所处的行业政策、业务模式、竞争对手资料、组织模式、管理模式、企业文化、人才现状、薪酬绩效机制、人力资源及各类规章制度等。本项目组在项目前期开展了诊断分析工作。项目调研、诊断和分析所采用的方法包括集中研究、深度访谈（关键事件访谈、结构化面谈）、问卷调查、资料研究、专项研讨会、外部标杆等。

最终形成了中设核心竞争力报告、人力资源管理体系总体诊断报告和人力资源实务效果诊断报告。

企业战略方向与业务模式解读，如图 1 所示。

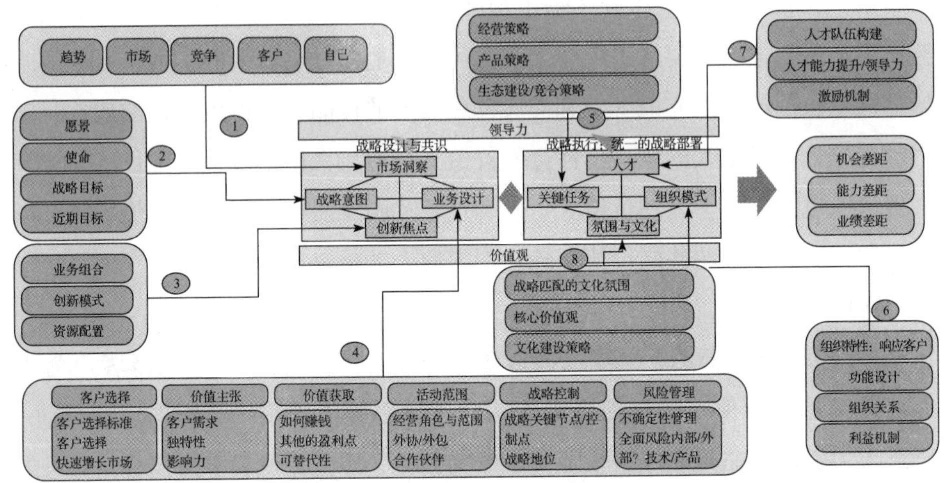

图 1　企业战略方向与业务模式解读

人力资源管理现状系统调研基本框架和内容，如图 2 所示。

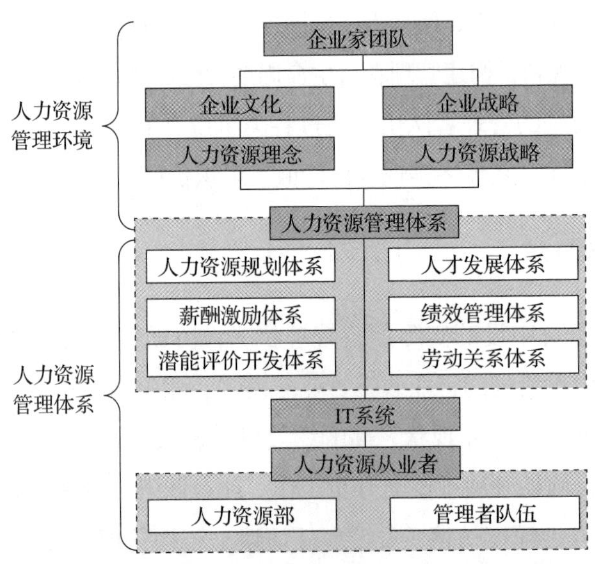

图 2　人力资源管理现状系统调研基本框架和内容

（一）中设核心竞争力诊断

通过“空间、要素、主张、路径、基础”五大维度，“行业空间、资本、技术、品牌、客户需求、价值生态、组织、文化、人才、业务模式”十个方面，思考中设整体核心竞争力的来源及诉求，有利于构建针对性的、承载业务的、战略导向的人力资源管理体系。中设核心竞争力诊断报告具体内容，如表 1 所示。

表 1　中设核心竞争力诊断报告

行业空间	1. 当下的中设既源自行业增长，更源于自身的努力 2. 设计行业增速放缓，且竞争激烈、集中度高，行业空间有限 3. EPC 空间巨大，中设有优势，有不足，需加大投入力度
资本	1. 资本助力下，行业头部逐渐形成，未来行业将加速整合 2. 同对手相比，中设的资本手段略显薄弱，中设也需要加强利用资本的力量，以抵御行业景气度下降风险 3. 与苏交科－华建相比，中设的资本化扩张步伐略慢
技术	设计创新与智能化相结合领域，如智慧水运、智慧城市等，需加大科研力度
品牌	1. 根据新浪微热点分析企业的“关键词云”分析有曝光度和影响力，但还需要进一步提高 2. 同苏交科和上海悉地国际相比，中设品牌推广效果不显著。以智慧停车为例：中设实力比苏交科强那么多，却没有推广出去
客户需求	多元化客户主体，多样化客户需求，倒逼中设升级服务理念和服务模式
价值生态	1. 走进客户的价值生态中，提供独特价值，决策链条的自上而下点对点突破 2. 贴近客户，持续快速响应客户需求，协助客户进行当下与长远目标的全面布局 3. 构建资本平台－资源平台－服务平台－协作平台，打造中设价值生态
组织	1. 中设目前组织要素是物理叠加，未能发挥出协调优势，化学反应有待提高 2. 标准化运营体系是组织效能的有力抓手，中设仍然有较大提升空间 3. 需要优化运营体系，强化总部、专业院、区域中心、分院协同 4. 公司快速成长，但管理体制没能及时适应规模
文化	文化是一个系统工程，包括理念层－制度层－行为层三大体系，分别实现“知－信－行”的文化感召作用，中设在落地时需要完善具体配套设施
人才	1. 内部专家与研发人才、生产与研发职能需要明确定位 2. 人才结构上，需要加强新型业务及职能相应的储备，如 EPC 管理人员－投资人才－信息技术人才等
业务模式	1. 联合市场开发、联合融资、联合运营，从施工生产向服务与管理转型升级 2. 根据项目特点和实际需要，按照风险合理分担原则和承包工作内容，探索包括 EPC+O&M、PPP+EPC 和 EPC+BOT 在内的工程总承包衍生模式

（二）中设人力资源管理体系总体诊断

项目组认为系统、完整的人力资源管理体系总体应包含以下八个方面：支撑企业战略目标和业务发展的组织和部门职能；科学合理的岗位设置，承载企业战略、主流程关键活动；体现内部公平、外部竞争的薪酬体系设计；确保战略落地的指标分解，构建闭环的绩效管理体系；合理、规范的人员招聘配置；针对性的培训计划和培训管理；构建系统的员工职业发展体系，系统的员工职业发展设计；企业卓越的领导力。中设人力资源管理体系总体诊断报告也从这八个方面进行，如表 2 所示。

表 2　中设人力资源管理体系总体诊断报告

组织机制	1. 三级管控体系需要集团总部履行更高的使命和职责，以发挥协同优势 2. 需要加强项目管控，尽快落实项目负责人制，通过“所长 + 项目负责人”的矩阵式管理方式，落实责任主体，提高项目质量和效益 3. 研究 – 开发 – 生产等职能模块，需进一步厘清职责，统筹思考，共同影响客户，开发市场
岗位设置	1. 需要明确高 – 中 – 储备 – 基层层级，并明确各自职责和业绩标准 2. 内部专家型岗位、项目管理型岗位也应该明确职责和业绩标准 3. 需从公司战略、职能要求、关键流程出发，进一步梳理优化岗位设置、岗位编制及任职资格
薪酬体系	1. 各体系薪酬规则未能体现不同性质单位绩效和价值贡献 2. 基础工资可细分岗位工资和基本工资，体现不同薪酬要素 3. 薪点表设计建议改为薪级薪档，体现岗位、绩效、能力、市场等综合因素 4. 薪酬与人力与任职资格、绩效的联动性需要加强
绩效体系	1. 绩效考核的结果需增强反馈 2. 绩效管理落实需要完善传递机制，做到集团将指标下到事业部，事业部分解到所，所再到个人 3. 只有部分的组织绩效考核机制、个人绩效考核机制落实不到位 4. 绩效指标需要完善，做到有效评估价值创造和价值消耗
招聘体系	1. 各专业院之间的申请岗位调动艰难，建议明确专业院间调岗流程，降低院内调岗的难度 2. 高端人才的寻才、引才、用才、留才机制需加强体系化 3. 社会招聘需要进一步加强文化适应性分析
培训体系	1. 面向未来业务转型需要的能力储备需系统规划 2. 组织方式不够灵活多样，方式单一：目前基本为授课方式，应根据培训目标针对性采取轮岗 – 行动学习 – 课程 – 外部交流等 3. 缺少系统性的培训需求调研及培训效果评估
职业发展体系	加强制度之间的联动性，如职级与薪酬之间、配套资源方面关系，提高对员工能力的牵引力
领导力	1. 管理层级划分与角色定位 2. 中层的轮岗和培养机制 3. 在岗的能力提升专项计划 4. 储备干部培养计划

（三）人力资源实务效果诊断

人力资源实务效果是人力资源体系建设、落实的最终结果，应从制度与职能建设、执行现状、执行效果、人力资源队伍现状进行分析诊断。中设人力资源实务效果诊断报告具体内容，如表 3 所示。

表 3　中设人力资源实务效果诊断报告

制度完备性	1. 人力资源工作承载战略、规划职能、组织架构、角色与定位，对从业队伍的数量、能力结构规划需要明确 2. 人力资源供需规划、内部劳动力市场、人才培养、干部队伍、协议工资、中长期激励等工作已经在开展，但要制度化 3. 人力资源制度之间的协调配合需加强
制度执行现状	1. 在集体快速发展的同时，制度未能动态更新 2. 目前集团制度在向子公司落实中需要加强沟通和落实 3. 制度的执行应当符合规定程序、流程，管理部门起到审核把关作用
执行效果	1. 人力资源规划工作相对业务发展速度较为滞后，招聘等引才工作开展较好。但对于高端人才方面有不足 2. 薪酬分配要调整以充分体现岗位价值、业绩和能力
人力资源队伍现状	1. 中设人力资源队伍占比为 0.5%，一般水平为 2%。对标来看，中设人力资源队伍数量较少 2. 目前人力资源部职能性、事务性工作居多。未来集团转型变革，人力资源部应充当内部专家角色

项目组通过诊断分析环节对中设战略、业务、人力资源管理等诸多环节运行的实际情况、制度建设和实施效果进行调查评估，重点分析了中设在人力资源管理方面存在的问题，为下一步系统性思考和设计方案框架提供了出发点和现实基础。

三、解决方案的设计框架

（一）设计理念

企业在由小及大的成长过程中，需要逐步从机会成长向系统成长过渡，实现战略转型。我们认为，人才战略是事业发展的第一战略，人力资源是事业发展的第一资源。面临更加复杂、更加不确定的产业环境，唯有打造一支“使命驱动、拼搏奋进、持续奉献、自我超越”的“中设铁军”，才能突破重围，直取胜利，永葆竞争优势。

为此，我们从组织、机制、文化、人才四个方面着手为中设打造“拼搏者”人才新机制。我们将围绕拼搏者，以组织为平台，协同资源、创造机会；以文化为载体，凝聚人心、牵引行为；以评价、激励、发展、竞争机制为抓手，激发活力、驱动变革，共同打造“拼搏者”人才新机制。解放思想、激活组织、激发人才为使命，努力塑造优秀人才，打造核心能力，推动卓越绩效。通过优化组织平台，加强文化载体，利用组织驱动力、文化凝聚力、评价拉力、激励推力、发展升力和竞争压力六种力量，构建“以拼搏者为核心”的命运共同体。

（二）明确企业未来战略发展方向和核心业务目标

第一步，通过研究经济趋势、市场变化、竞争态势、客户需求及自身状况实现市场洞察。第二步，结合企业的愿景、使命、战略目标和近期目标厘清企业战略意图。第三步，分析企业的业务组合，创新模式和资源配置，明确创新焦点。第四步，关注客户选择、价值主张、价值获取活动范围、战略控制和风险管理六个方面，完成业务设计。

（三）人力资源管理理念的系统思考

基本观：人是目的还是工具？如何实现组织与人的有效协同？

人才观：我们需要什么样的人才来创造价值？

使用观：我们应该如何高效地使用人才？

奖惩观：我们鼓励人才的哪种行为？杜绝哪种行为？

机制观：我们用什么样的人才管理机制以有效地激活组织、激发个体？

培养观：我们如何培养人才？如何将人才发展与组织发展有效协同？

发展观：当下的人才机制是什么？应该的人才机制是什么？未来的人才价值是什么？

（四）打造“拼搏者”人才新机制

1. 拼搏者管理机制规划

如何识别、激发、激励、激活拼搏者是人力资源管理的战略性工作，人力资源管理纲要从组织、文化、机制层面进行系统思考，构建拼搏者人才新机制，打造拼搏者事业发展平台。

组织承载战略：组织是平台，让拼搏者尽情施展抱负；组织是机会，使拼搏者能够脱颖而出；组织是资源，为拼搏者提供支撑保障；组织是系统，将拼搏者凝聚为命运共同体。

价值观凝聚人心：文化作为一种信念，让拼搏者有使命、有追求，激发拼搏者的潜能与创造力，不抛弃、不放弃，做事奋不顾身。

机制激活人才：通过价值评价、价值分配机制，激发拼搏者活力，释放拼搏者能量，持续为集团创造价值。

拼搏者文化不是墙上挂挂、嘴上说说的口号，只有将其融入日常管理实践，方能内化于心、外化于行。集团制订并将不断完善拼搏者人才新机制实施方案，通过准确定义拼搏者、正确识别拼搏者、公正评价拼搏者、全面激励拼搏者，深入开展拼搏者文化活动，形成申请—审批—宣誓—标杆学习—评先评优—表彰—研讨—分享—总结与提升—盘点—再申请的拼搏者文化落地闭环机制。

通过“知－行－信－达”的方式，让拼搏者文化深入人心；通过激励—约束—培养—竞争淘汰人才管理机制，让拼搏者脱颖而出，形成拼搏者集群，打造拼搏者命运共同体。

2. 拼搏者人才队伍规划

拼搏者人才队伍规划的核心目的在于，依据业务规划明确关键人才，优化人才结构，提升人均效能，布局战略性人才。通过各类拼搏者分工与协同，实现集团业务目标。

基于三年期业务规划，生产体系应以区域、业务结构布局营销负责人，协助市场体系开拓客户，主动走出去；以专业方向布局技术负责人，以技术影响力引导客户需求，提供技术解决方案；以产值目标布局项目生产交付人员，组织项目实施，提高客户满意度。

基于三年期市场规划，市场体系应优化组织运行方式，采取“专业院＋区域中心”的矩阵式组织方式，设置渠道线、营销线、专业线（专业院负责）、客户服务线，根据区域布局策略规划各区域人员配置。

基于管理效率提升，明确总部定位与角色，完善职能建设，通过专业化建设为业务赋能。

基于战略目标所需核心能力确定并规划战略性人才，包括技术领军人才、国际化人才等，依托各专业院、事业部，举集团之力开发并培养战略性人才。

3. 拼搏型管理者队伍规划

管理者是拼搏者中的核心和骨干部分，决定集团事业发展的成败。集团构建管理者队伍全生命周期管理体系，包括以管理者档案为基础，开展盘点、构建管理者标准、选拔、任用、培养、评价、激励和退出八步管理，打造一支高效的管理者队伍，践行拼搏者文化，实现百亿目标。

管理者管理体系的核心目的是明确选拔规则，打造人才辈出的选人机制；打破管理者发展“天花板”，建立淘汰纳新机制；构建管理者全面激励体系、激活机制，提升管理者队伍整体活力与竞争力。

管理者管理体系重点增加并完善以下规则：

（1）明确管理者层级与角色，增设总监层；

（2）建立管理者信息化档案；

（3）强化“拼搏者”价值观考核；

（4）以盘点为基础，定期开展管理者规划；

（5）实行任期制与目标责任制；

（6）构建层层后备机制；

（7）实施青年管理者培养计划；

（8）完善退出机制。

（五）“拼搏者”人才新机制方案

“拼搏者”人才新机制方案详细规定了“拼搏者”管理的整个流程和具体操作方法。具体包括七个部分，分别为总则、拼搏者申请与发展、拼搏者评价与激励、拼搏者退出与盘点、拼搏者总结与提升、拼搏者文化实施计划、补充内容。示例文件如图3所示。

拼搏者
所在部门
人力资源处
总裁办公室
企业文化建设委员会
申请阶段
工作与培养阶段
业绩考核阶段
价值观考核阶段
荣誉激励
物质激励
盘点与退出阶段
开始
填写申请书
审核
审批
是
组织宣誓
建立档案
发布拼搏者名单
制定手册
自我学习
工作安排与业务指导
自我总结与提升
组织部门总结提升会
开展培训
开展多样化宣传活动
制订考核方案并发布通知
业绩考核
形成结果使用方案
审核备案
形成考核方案并发布通知
开展自评
开展上级评价
部门对标
审核备案
申请
审核并推荐人选
组织开展评论工作
审批
是
发布获奖团队及个人名单
组织颁奖仪式
制定宣传材料（视频、手册及标识等）
组织宣传材料
汇总考核结果
制订激励方案
审批
是
实施激励方案
考核结果汇总
开展拼搏者人才盘点
形成退出名单开展退出流程
完善拼搏者档案
结束

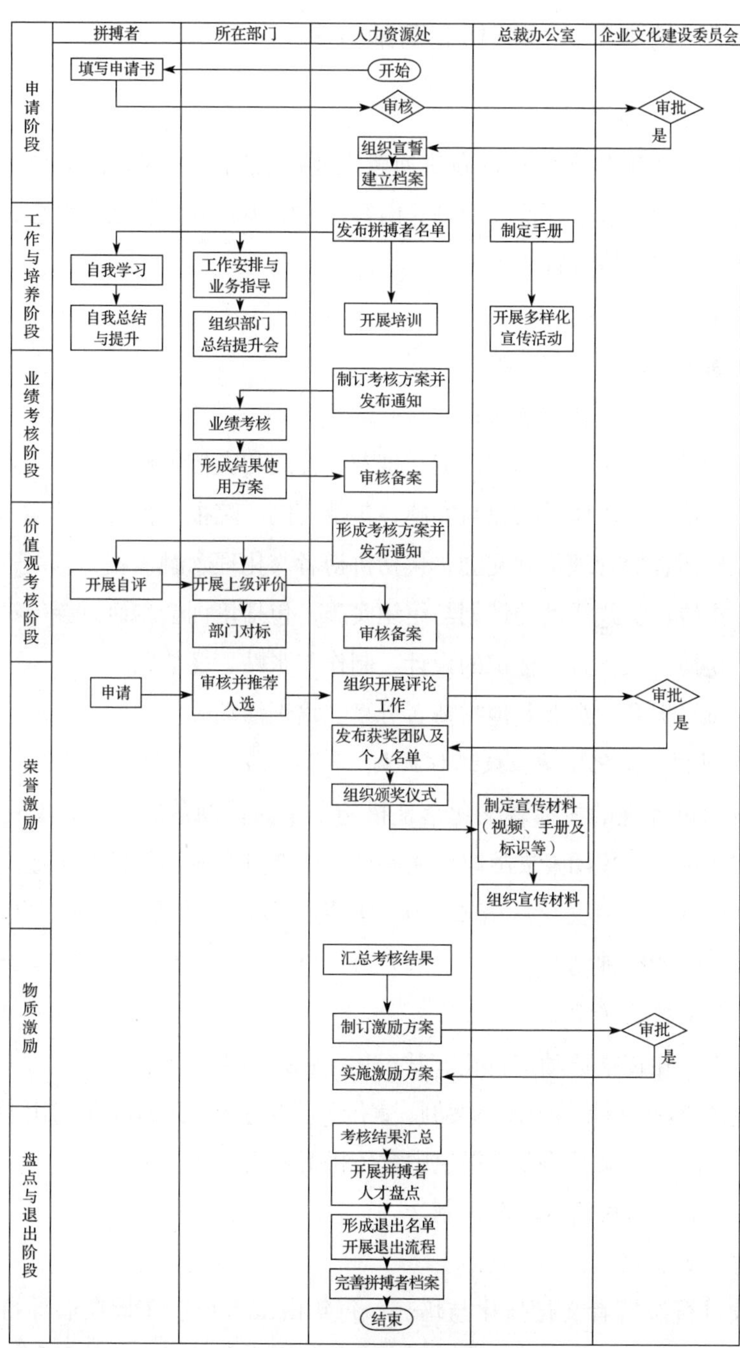

图3　拼搏者导引图

四、“拼搏者”人才新机制落地方案

（一）初期工作计划

初期方案落地步骤包括发布拼搏者人才新机制实施方案；明确拼搏者标准、定义、行为要求、评价、激励等内容，并组织召开荣誉激励大会；组织申请拼搏者；组织拼搏者宣誓大会。

初期主要内容包括：

（1）荣誉体系设计与完善；

（2）荣誉奖项评选与颁布；

（3）拼搏标杆团队的标准确定、推荐、评选与宣传工作；

（4）拼搏者宣传体系构建与实施，包括官网、院报、公众号等渠道；

（5）拼搏者的管理机制配套，包括拼搏者文化理念融入相关制度；

（6）拼搏者实践活动的计划与组织实施，包括培训会、研讨会等；

（7）拼搏者文化宣传标识的设计、制作与张贴、摆放；

（8）总结提升大会及其他拼搏者分享、培训活动。

（二）拼搏者文化实施长效工作机制

中设通过系统的拼搏者文化落地措施，全面贯彻落实拼搏者文化理念体系，将文化理念与集团发展战略紧密融合，塑造具有集团特色的企业文化和组织生态，确保拼搏者文化从认知到认同最终到践行，为集团实现“卓越致远”创造源源不竭的精神动力。

1. 拼搏者文化传播

拼搏者文化传播活动例行化、常态化，包括但不限于：

（1）拼搏者、拼搏标杆团队案例、宣传手册及宣传视频的搜集、制作及发布；

（2）官网、公众号等多种渠道中宣传拼搏者文化活动和事迹；

（3）持续完善拼搏者配套机制。

2. 拼搏者文化强化

持续进行拼搏者文化强化与培养，每年由董事长发布旨在倡导拼搏者文化的致全体员工公开信，建立自上而下的拼搏者文化传导和强化机制。

3. 拼搏者文化活动

深入开展拼搏者文化活动，形成常态机制。形成申请—审批—宣誓—标杆学习—评先评优—表彰—研讨—分享—总结与提升—盘点—再申请的年度拼搏者文化落地闭环机制。

通过“知－行－信－达”的方式，让拼搏者文化深入人心，形成习惯；通过激励—约束—培养—竞争淘汰人才管理机制，让拼搏者脱颖而出，真正形成拼搏者团队、拼搏者集群，打造拼搏者命运共同体。

五、案例项目评估和绩效说明

（一）案例项目评估

中设目前正处于由机会成长向系统成长过渡的时期，公司亟须优化业务流程，变革管理机制，激发人员活力，提升组织效率。中设的管理高层也敏锐地意识到了这个问题，因此成立了文化建设委员会，以推动拼搏者文化落地实践。锻造拼搏者队伍，推行拼搏者文化，最重要的是建立以为激励为核心的“拼搏者”人才新机制，使那些有拼搏精神、愿意为公司多付出的员工脱颖而出，得到公平合理的，更好的机遇、待遇和发展前景。

华夏基石从组织、文化、机制层面进行系统思考，建立了从拼搏者定义、拼搏者申请与发展、拼搏者评价与激励、拼搏者推出与盘点、拼搏者总结与提升到拼搏者文化实施计划的全流程立体化机制。另有拼搏者申请书、拼搏者誓词、拼搏者档案、拼搏者行为评价表、拼搏者价值观评价规则、集团红线行为、拼搏者导引图等极具操作性的细则。“拼搏者”人才新机制，充分结合了中设具体情况，将“两个方面，两个核心”（一方面是市场需求，另一方面是企业的战略发展；一个核心是让客户满意，另一个核心是持续创造价值）囊括其中，为中设提供了系统化、可操作性强的解决方案，最终方案和实施效果均得到了中设的认可。

2019 年，中设组织了拼搏者的首批申请与宣誓活动，几千名员工参与了文化的宣讲与申请，并在各部门的组织下进行了宣誓活动，据员工反映，拼搏者文化就是中设长期以来的传统与基因，是融入在中设人的血液当中的，此次经华夏基石提炼与扩充，这一文化焕发了新的生机，带动中设走向更大的发展空间。

为推动拼搏者文化的内外部影响力，华夏基石董事长、中国人民大学教授彭剑锋领衔相关专家、学者与中设高级管理层举办座谈会，双方对拼搏者文化的内涵与实践意义进行了探讨，彭剑锋教授认为拼搏者文化的提出正当其时，举目国内外形势，以中设为代表的中国企业仍需拼搏奋斗二十年，提升在核心技术和产品方面的竞争力，练好内功。中设高管表示，拼搏者文化是对中设优秀传统与成功经验的继承与发扬，回顾过往，拼搏基因已经融入中设发展的全过程，我们走到今天最主要的不是靠资源，而是靠拼搏抓住了机会，靠拼搏形成了竞争能力。拼搏者文化是面向未来求得发展的世界观与方法论，无论外界如何变化，中设始终应该树立战略自信，做好自己，围绕客户需求做好产品与服务，以内在的确定性抵御外在的不确定性。拼搏者文化是中设经营导向与管理导向的重塑，中设有深厚的技术积淀与工程师文化，在此基础上，我们更加强调以客户为中心，满足客户需求，通过成就客户来成就自己。管理导向上，我们是非分明，就是要把资源向拼搏者倾斜。

（二）绩效说明

在华夏基石的指导协助下，中设依照原定方案推行了“拼搏者”人才新机制。方案落实之后，中设的新机制为各层员工注入了“拼搏者”精神内核，成了拼搏者孵化的催化剂。尤为突出的是，中设涌现出一部分先锋拼搏者，这群人爆发出强大的自驱性，以身作则、带头奋斗，洋溢着饱满的激情，成为了公司的业务骨干和旗帜，进而感染和带动了公司整体。

伴随着这些显著的变化，中设 2019 年第一季度交出了一份相当亮眼的业绩。2019 年第一季度，中设实现营业收入 7.9 亿元，同比增长 35%；实现归母净利润 0.8 亿元，同比增长 29%，超市场预期。其中营收增速快于业绩增速，主要系公司 EPC 业务快速扩张所致，2019 年第一季度，公司实现 EPC 业务营收约为 1.3 亿元，去年同期约为 0.2 亿元，剔除 EPC 业务，则公司勘察设计类业务收入增长约 16%，继续保持稳健增长。预计随着公司前期在手订单不断向收入及业绩转化，未来有望继续实现较快增长。

剑河县民族中医院快速中医特色建设实践

北京精医万家科技有限公司　彭卫红

北京精医万家科技有限公司（以下简称北京精医万家），多年来专注于医院管理咨询领域的理论研究与实践，在简棣董事长的带领下，现已拥有一批以国际注册管理咨询师（CMC）为核心，具有丰富医院战略管理咨询经验的专家团队，为国内21个省市自治区近700家医疗机构提供了战略管理咨询服务，获得众多合作医疗机构的一致好评。

北京精医万家以“新思路、新方法、新理论的提供者”为使命，致力于提升医院的管理效率，使医院能为患者提供更优质的服务，进而使医院持续健康发展。北京精医万家是一家以创新为先导的公司，在医院管理与大健康领域提出诸多理论研究成果，如“调整两个结构理论”“新调整两个结构理论”“九宫格理论”“患者至上医院文化建设”“医共体建设”“执行力”“医院科室评价模型”等一系列理论研究成果。其中医疗风险防控研究成果和案例、医院文化建设研究成果案例分别获得2018年和2016年国际君士坦丁奖入围奖。

本案例项目组成员

彭卫红，长期从事医院管理咨询工作，能够通过实地调研分析，发现医院在发展过程存在的问题，运用公司先进的医院管理理论解决实际工作过程中遇到的问题并制订出切实可行的方案与措施，促进医院快速发展，尤其是在医院中医特色提升方面，具有一定的医院中医特色提升实践经验。主要参与的项目有剑河县民族中医院、三穗县中医医院、墨江县中医医院。

其他成员：唐夫、于婷婷

导读

中医药事业是我国医药卫生事业的重要组成部分，中医药是中华民族的优秀传统文化，在我国卫生事业发展和世界医学发展中占据独特的地位，中医事业为保障人民群众身体健康、促进社会经济发展发挥了重要作用，《中华人民共和国中医药法》的实施，第一次从法律层面明确了中医药的重要地位、发展方针和扶持措施，为中医药事业发展提供了法律保障。但目前中医事业的发展还存在不少困难和问题：中医龙头机构建设起步晚，底子薄；中医优势不明显，专科特色不突出；中医药人员不足，名中医和技术骨干缺乏，人才断层十分突出；农村中医工作薄弱，中医药适用技术推广应用不好等。目前我们看到大部分中医院谈中医特色时，苦恼于没有中医，中医特色难以提升。为此，北京精医万家科技有限公司董事长简棣提出"快速中医特色化"理论，打破了中医特色建设的传统认识，力求在短期内，通过构建护理中医特色治疗项目，快速形成中医治疗服务能力。让医院在秉承传承与创新中医药的发展理念基础上，为人民群众日益增加的健康需求提供更多样化的服务。

作为贵州县级中医院的剑河县民族中医院也存在同样的问题，为解决这些问题，剑河民族中医院决定引进北京精医万家团队，展开快速提升中医特色服务能力的咨询。

项目组进驻剑河县民族中医院后，总体按照对标中查找不足，实行边诊断、边提升的模式推进。咨询过程中，主要解决医生会开单、愿开单，护理会操作的问题。围绕此问题，项目组通过建立组织保障、扩充服务场地、开展形式多样的中医特色宣传、设立激励考核机制等措施，来更好、更快地推动快速提升中医特色能力。

剑河县民族中医院快速中医特色建设实践

北京精医万家科技有限公司　彭卫红

一、项目背景

剑河县民族中医院成立于1984年5月。2007年剑河县为整体新县城搬迁县，县民族中医院随新县城迁建，2013年8月通过二级甲等中医医院等级评审。现有人员编制130人，实有职工349人，其中副高及以上职称11人，中级职称27人，初级职称190人，编制床位260张，实际开放床位400张。门诊设有内、外、妇产、儿、眼、耳鼻喉科等，及中医、民族医、颈肩腰腿疼痛科室等，辅助科室设有检验、放射、心电B超及胃肠镜等。住院设置内三科（消化内科、血液病科、肿瘤科、老年病三科）、内二科（内分泌科、肺病科、风湿免疫科、老年病二科）、内一科（心血管内科、老年病一科、脑病科、肾内科）、外一科（肝胆外科、泌尿外科、肛肠科、烧伤科、心胸外科）、骨伤科、产科、妇科、儿科、眼科、针灸理疗科、康复科、皮肤科、急诊科、重症医学科、治未病科，15个临床科室。通过不断努力，医院于2018年9月中旬搬入新大楼，给剑河县广大人民群众提供一个优美、舒适的住院环境。

《中医药发展战略规划纲要（2016—2030年)》中提到：

到2020年，实现人人基本享有中医药服务，中医医疗、保健、科研、教育、产业、文化各领域得到全面协调发展，中医药标准化、信息化、产业化、现代化水平不断提高；到2030年，中医药治理体系和治理能力现代化水平显著提升，中医药服务领域实现全覆盖，中医药健康服务能力显著增强，在治未病中的主导作用、在重大疾病治疗中的协同作用、在疾病康复中的核心作用得到充分发挥；全面建成以中医类医院为主体、综合医院等其他类别医院中医药科室为骨干、基层医疗卫生机构为基础、中医门诊部和诊所为补充、覆盖城乡的中医医疗服务网络。随着国家政策的支持，各类医疗机构开始发展中医类科室，中医院发展既面临着前所未有的机遇，又面临着严峻挑战。

对于外部竞争而言，中医院与当地人民医院在西医方面技术差距较大，一时间难以追赶，医院从战略布局层面，必须要走中西医结合之路，大力发展中医特色。

对于医院内部而言，项目组进驻之前，医院中医特色提升近两年遇到了瓶颈、处于停滞不前的状态。对于医院经营结构而言，医院药占比居高不下、医务性收入相对较低，不利于医院经营。

医院领导经过内、外部环境的分析后，本着传承与弘扬中医药，满足区域居民多元化的健康需求，深刻认识到快速提升中医特色必须提升到医院发展战略层面，因此决定聘请北京精医万家对其进行管理咨询。

二、快速中医特色理论简介

（一）理论提出背景

目前我们看到很多医院在中医特色建设上有以下这些普遍的认识：

（1）无中医，特色免谈。即没有中医，就不能构建中医特色。

（2）专家＝特色。即院内只有中医专家，才能构建中医特色。

（3）医生难找，基层更难。对于医疗机构而言，聘请医生很困难，对于基层医疗机构更是难上加难。

（4）专家难寻，基层妄想。中医专家少之又少，基层机构寻找中医专家更是渴望而不可及的事情。

（5）有医生，难留住。即便是有中医，也难以留住。

（6）培养人，周期长。培养中医，时间周期长。

（7）培养成功，人走茶凉。基层机构中医人才培养成功后，容易被挖走。

（8）形成特色，道路艰难。总而言之，基层机构要想形成中医特色，道路非常艰难。

为此，北京精医万家董事长简棣从认识上突破，提出“快速中医特色化建设”新理论，旨在短期内，通过构建护理中医特色，迅速建立起中医特色的方法。

（二）分析模型

建立一个模型，分析医院所处的中医特色位置，并能够指导医院不断提高医院中医特色建设，目前在国内的学术报道中未曾见过。由于我们确立了医院中医特色有两个方面的建设，即护理中医特色和医生中医特色，配合相应的结果数据，就可以得到中医特色两个结构模型，分析模型分为三个层面。

（1）医院中医特色两个结构模型，将不同医院所处位置放在同一个模型中，对比分析，明确提升方向（见图1）。

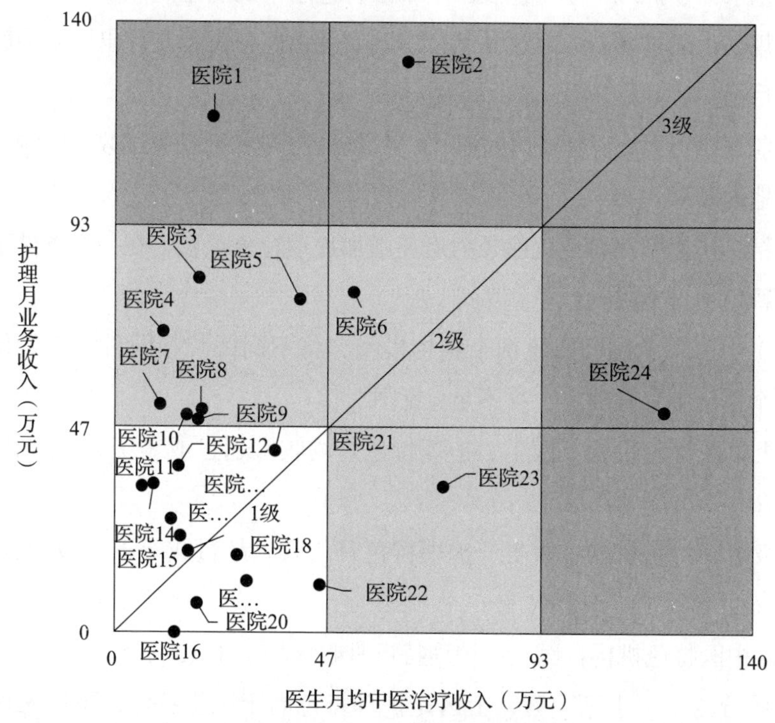

图1　医院中医特色两个结构模型

3级中医特色机构：医生、护理特色月均收入超过或等于93万元且小于140万元；

2级中医特色机构：医生、护理特色月均收入超过或等于47万元且小于93万元；

1级中医特色机构：医生、护理特色月收入均小于47万元。

每级分为上、下两个区，上区是护理特色高于医生特色；下区是医生特色高于护理特色。

此模型应用于以下几个方面。

①诊断：通过将医院的数据代入模型，清楚地看出医院所在的点位、从中看出医院整体的中医特色水平、护理中医特色及医生中医特色水平。

②对比：通过将不同医院的数据代入模型，清楚地分析出不同医院整体的中医特色水平、护理中医特色及医生中医特色水平的差距。

③规划：通过诊断、对比并结合本院实际情况，可以制订出医院中医特色提升的目标。

④监测执行：在整体提升过程中，具体情况开展可以通过数据监测来达到措施落地的效果。

小结：快速中医特色化途径为迅速增加护理特色项目。在一定条件下，增加医生特色项目或收入。

（2）中医特色院间科室两个结构模型，将不同医院相同科室所处位置放在同一个模型中，找典型，补不足（见图2）。

3级中医特色机构：医生、护理特色月均收入超过或等于27万元且小于40万元；

2级中医特色机构：医生、护理特色月均收入超过或等于13万元且小于27万元；

1级中医特色机构：医生、护理特色月收入均小于13万元。

每级分为上、下两个区，上区是护理特色高于医生特色；下区是医生特色高于护理特色。

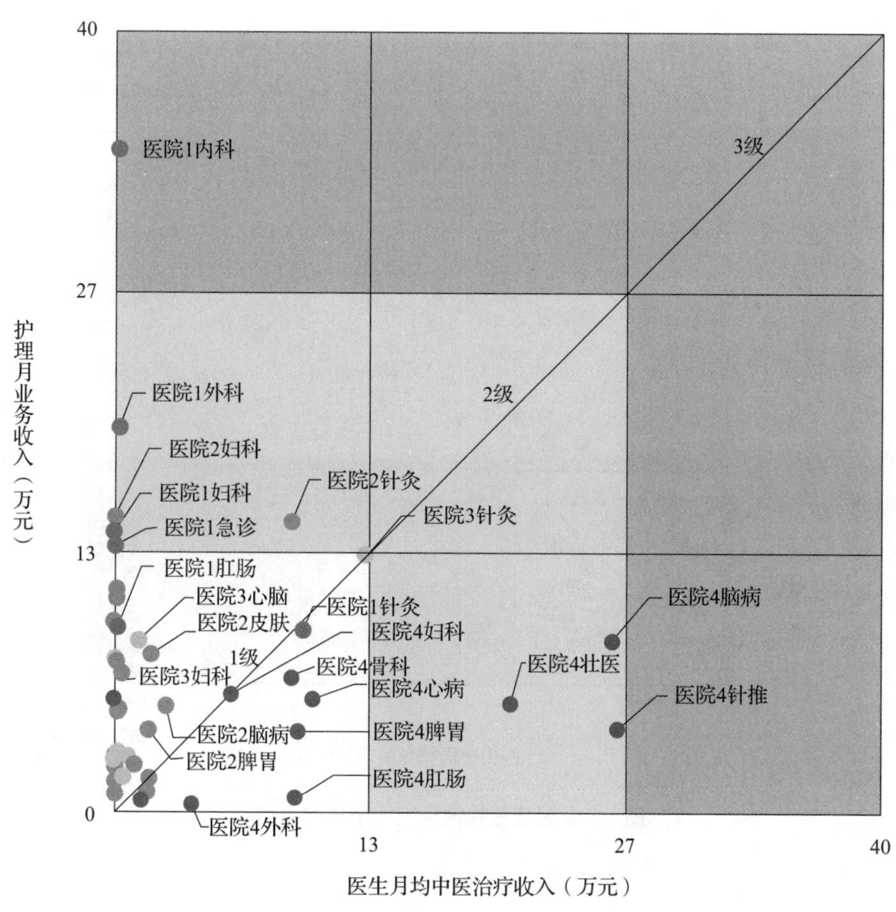

图 2　中医特色院间科室两个结构模型

模型应用：诊断、对比、规划、监测执行的工具。

小结：寻找典型、有针对性组织参观学习。已达成快速中医特色化建设目标。

（3）中医特色院内科室两个结构模型，将同一医院不同科室所处位置放在同一个模型中，对比、分析、借鉴（见图 3）。

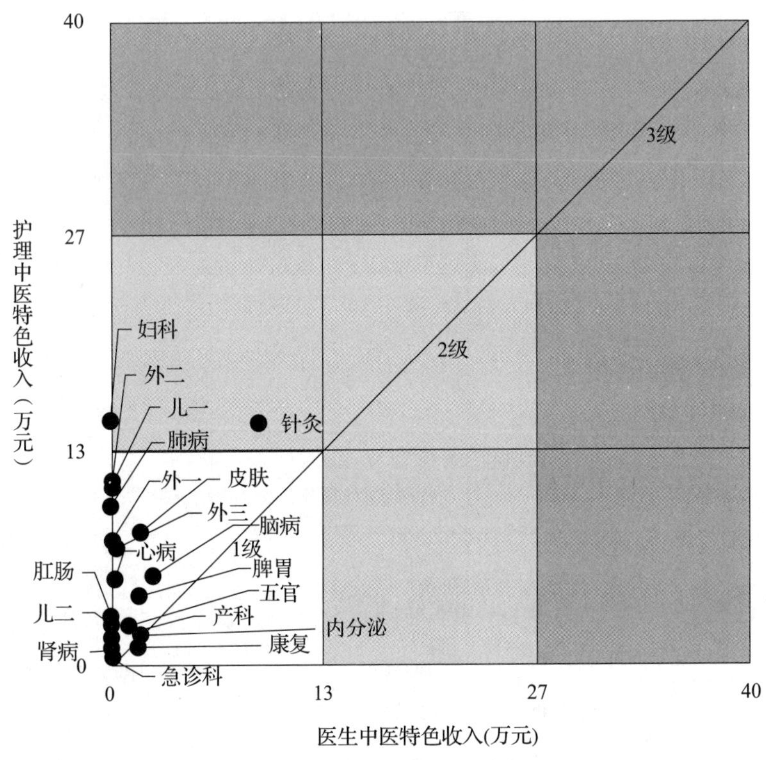

图 3　中医特色院内科室两个结构模型

三、剑河县民族中医院“快速中医特色建设”调查分析

（一）项目工作计划安排

为了更加详细地了解医院的中医特色现状，项目组进驻医院之后，第一步是诊断分析医院中医特色，形成以诊断定提升的模式。

中医特色能力提升的方法，如表 1 所示。

表 1　中医特色能力提升方法

中医特色能力提升	下发数据清单
	诊断分析各科室中医特色使用情况
	了解各科室中医开展技术及中医治疗设备
	中医特色诊断报告各模块撰写
	中医特色诊断报告内部修改、审核、完善
	中医特色诊断报告发布
	成立中医特色治疗部
	制订并发布中医特色能力激励方案
	撰写中医特色能力考核方案初稿
	中医特色能力考核方案内部修改、审核、完善
	与院领导沟通中医特色能力考核方案
	中医特色能力考核方案发布
	持续落实考核方案
	撰写中医特色宣传方案初稿
	中医特色能力宣传方案内部修改、审核、完善
	中医特色能力宣传方案发布
	持续落实宣传方案

（二）调查方法和内容

1. 调查方法

在进行中医特色诊断的过程中，通过文案调查（医院财务数据、医院经营数据、多家医院中医特色数据）、人员访谈（院领导、中层干部、部分职工）、问卷调查（中医设备调查、中医特色指标调查）等，对收集的数据进行整理分析，分析调查结果。

2. 具体工作内容

（1）访谈。

经过访谈 30 多位中高层以及下科室与职工交流，找到制约医院中医特色发展存在的问题。

（2）问卷调查。

经过各科室中医设备调查、中医特色指标调查，分析医院中医特色开展现状。

（3）数据分析整理。

通过对比分析多家同类别医疗机构，从中医诊疗设备、中医特色开展情况，明确医院目前的不足以及制订具体的提升方案。

（4）审核并形成文件。

根据调查的资料整理制成 PPT 审核完成并发布，形成具体文件下发到全院科室。

（三）调查与诊断结果

1. 中医特色不突出

项目组经过半个月的调查以及数据对比分析，确定了剑河县民族中医院在医院中医特色两个结构模型中的位置：医生月均中医治疗 19.5 万元，护理月均中医治疗 25.6 万元，处于较低位置（见图 4）。

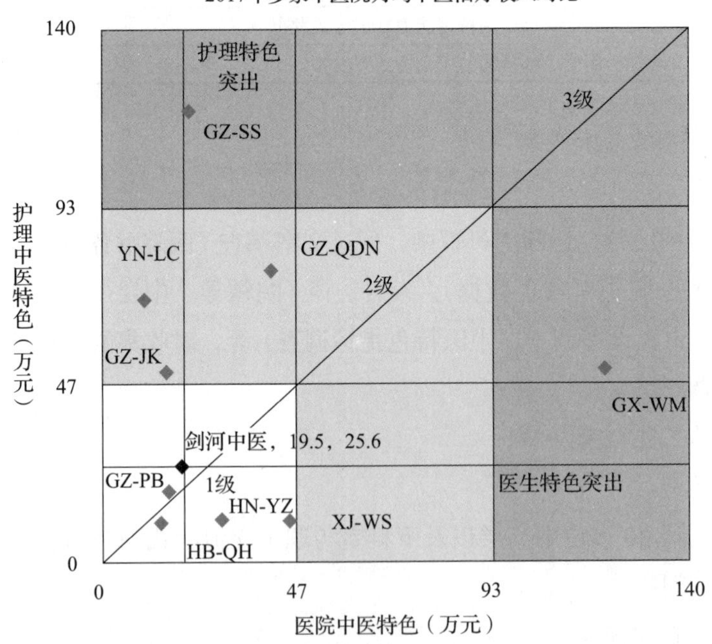

图 4　剑河县民族中医院中医特色两个结构

中医特色院间科室两个结构，如图 5 所示。

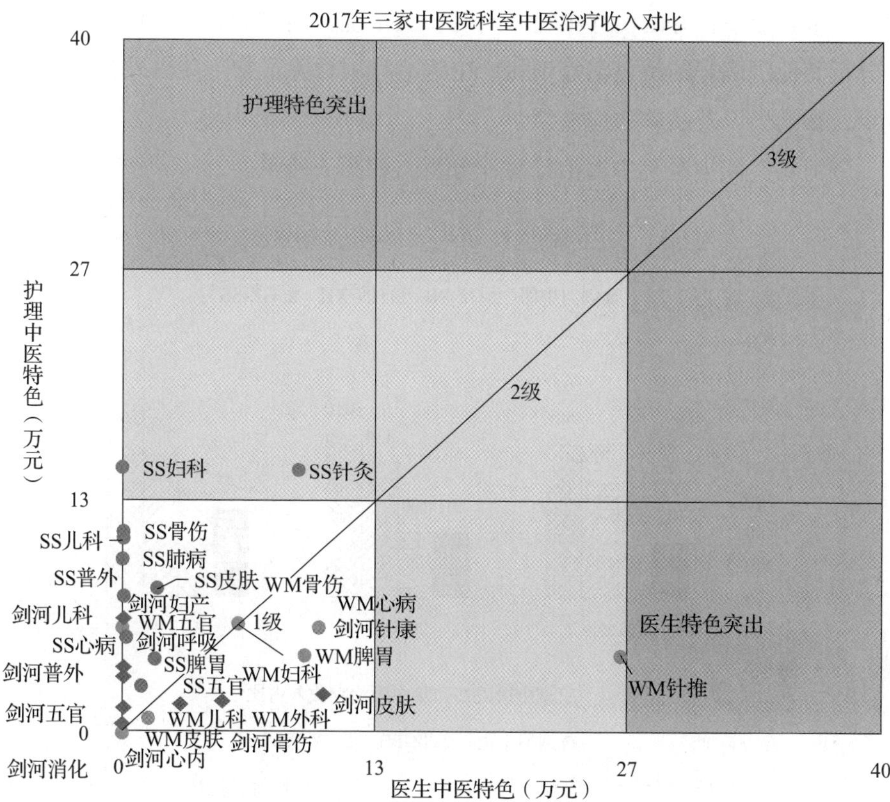

图5　剑河县民族中医院中医特色院间科室两个结构

2. 中医治疗使用率低

与其他同类别医疗机构相比较，剑河县民族中医院中医治疗绝对值与相对值均处于较低水平，中医治疗在临床运用上基础薄弱。

3. 西医化严重

医院缺乏中医学习氛围，医院西医化严重，部分中医师西医化，一方面对中医认知较浅，存在不自信；另一方面，不会辨证以及开展中医药服务，甚至不愿意开展中医特色治疗。

4. 特色项目少

中医特色项目少，未形成对中医治疗疗效定期评估、优化、改进制度。对中医治疗项目的增加、优化、替换没有系统的计划，进修学习人员返院后未对全院进行分享，好的治疗项目未及时普及全院，同时没有专人负责收集及对比分析其他医院好的特色治疗项目，中医治疗项目除了常规项目外，特色项目较少，影响力以及品牌效应差。

剑河县民族中医院中医治疗对比分析，如图 6 所示。

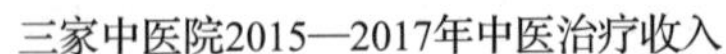

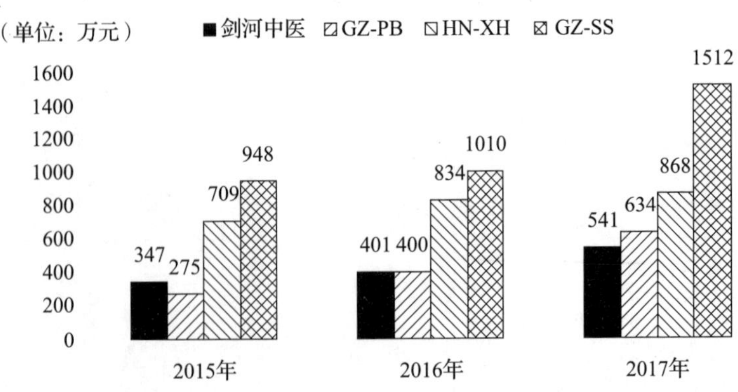

三家中医院2017年中医治疗收入占比

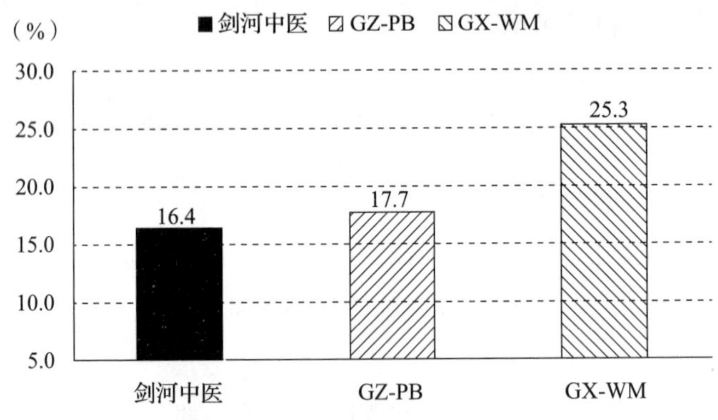

图 6　剑河县民族中医院中医治疗对比分析

5. 中医治疗设备投入不足

医院近三年对中医治疗设备基本没有投入，使用中的部分中医治疗设备陈旧，需要时常维修，同时新型中医治疗设备未及时引进，特别是疗效好、效益高的小型治疗设备投入不足，在人力有限的情况下，中医治疗工作整体开展效率低。

6. 宣传不到位

医院市场工作单一，仅仅是义诊 + 医院微信公众号宣传，同时未针对中医特色梳理汇总宣传，区域居民对医院能提供的服务知晓率低，特别是对能提供的中医服务项目、疗效、优势无从知晓。

四、剑河县民族中医院“快速中医特色建设”中医特色两个结构模型指导下的实施方案设计

（一）成立中医治疗部

成立中医治疗部，负责全院中医治疗提升工作，重点负责护理中医服务能力提升工作。

中医治疗部岗位职责：

（1）负责根据医院年度护理中医特色提升计划，对年度工作计划进行分解，制订月度工作计划；落实月度工作计划，确保护理中医特色项目的顺利开展和推广；

（2）负责月度、年度护理中医特色工作总结及工作分析的编写、上报；

（3）负责组织搜集各家医院中医特色治疗方法；

（4）负责组织编制本院中医特色治疗书籍的撰写；

（5）负责护理中医特色治疗方法宣传推广；

（6）负责护理中医治疗方法的指导和教学；

（7）负责临床科室护理中医治疗的考核。

（二）制订全院规划目标

根据医院 3 ～ 5 年发展，对医院中医特色进行年度规划，明确年度提升计划。初定通过 3 年时间，主要通过护理中医治疗项目的增加，促成医院中医治疗收入增长 1000 万。

（三）制订科室提升目标

根据医院整体年度发展计划，结合各科室的业务规划、现有医生中医治疗收入、护理中医治疗收入，制订各科室医生、护理中医治疗收入提升目标，签订目标责任状，保障医院年度目标的完成。

剑河县民族中医院中医特色年度规划，如图 7 所示。

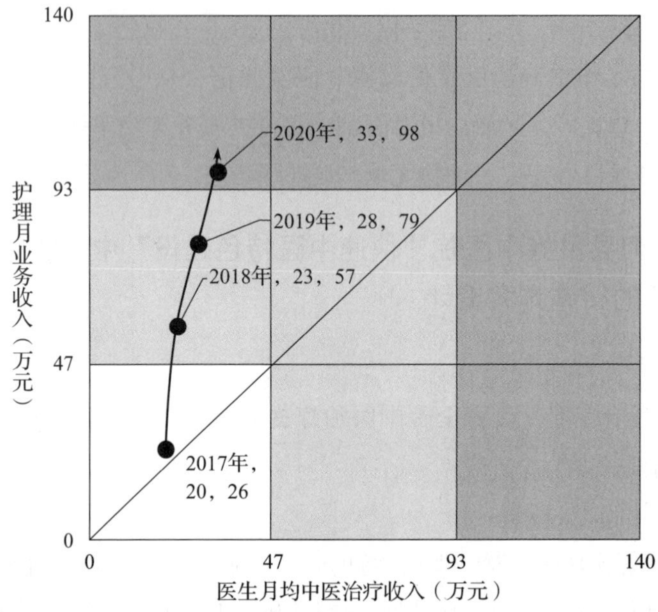

图 7　剑河县民族中医院中医特色年度规划

（四）中医特色提升激励办法

为了保证目标的完成，绩效激励制度也按照提升中医特色治疗收入的思路进行设计。医生开单护理操作，医生、护理都有激励。中医治疗激励通过区分医生操作与护理操作，使医生愿意开单，护理愿意操作，从绩效激励上保障中医特色开展的积极性。

（五）满足场地需求

门诊中医治疗区规划，如图 8 所示。

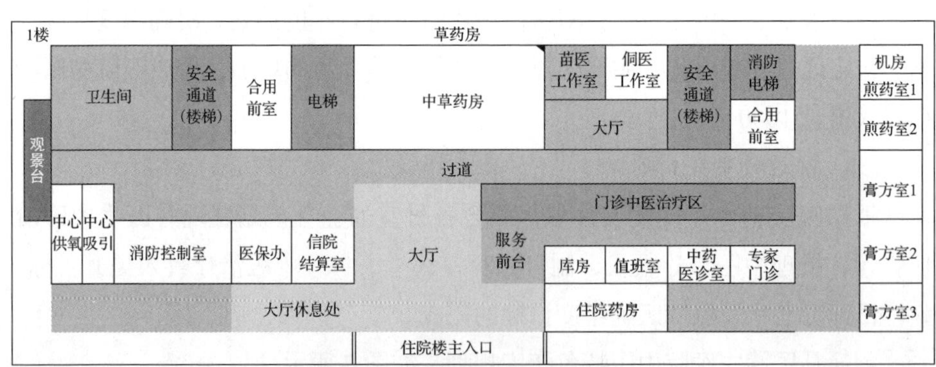

图 8　门诊中医治疗区规划图

为了让规划门诊、住院中医综合治疗区，满足场地的需求。同时综合治疗区特色更凸显，便于管理与宣传。

（六）拟定项目落实表

为了通过诊断对比，结合各科室人员的想法，拟定各科室开展中医治疗项目短期提升计划，落实责任人及明确完成时间，形成项目落实表。提升计划主要从增加治疗项目所需的人员引进、人员进修、设备引进、后勤物资准备、收费标准等一系列增加治疗项目所需的软硬件条件，将其规定完成目标、完成时间、明确责任，从而达到快速提升的目的。

（七）拟定考核办法

根据科室发展现状与新年度目标，制定各科室考核指标，由中医治疗部负责考核，考核奖惩办法：每月由中医治疗部统计各科室中医特色治疗项目和占比。各科室中医特色服务项目数必须达到要求的数量，未达标的科主任、护士长各罚 100 元 / 月；中医特色治疗占比率达到标准，科主任、护士长各奖励 100 元 / 月，未达标，扣科主任、护士长各 100 元 / 月。

通过制定各科室中医治疗考核值，分阶段达到年度规划目标以及每季度对中医治疗项目操作进行考核，由专门部门每月负责考核与分析说明，让科室自身、科室与科室之间有对比性，提高各科室责任感，更好达到考核目的。

（八）制订院内外交流学习计划

1. 院外参观学习

为了让医生能够快速认识到自身的不足、快速完成提升。项目组老师除了在医院进行授课外，还带领医院的中层领导到其他医院有针对性的学习、交流中医诊疗方案及中医治疗技术，促使其中医技能的提升。

2. 院内科室交流

通过院内中医知识交流分享，不断交流好的经验、注意事项，相互学习提升，在对中医治疗的认识及操作上得以加强，一方面院内更显中医氛围，大家对中医的认知得以加深，同时充分调动院内资源，加强对中医的认知与培训，充分利用现有资源，内部提升完善中医特色治疗。

（九）制定培训考核制度

1. 开展医生开单培训

为了能够让更多的医生学会开单，项目组老师组织院内医生培训，引进院外专家给本院培训，从而有组织、有计划地提升医生的中医服务能力。

2. 开展护理操作培训

为了保证开展中医项目的操作质量及患者满意度，由护理部与中医治疗部共同拟定每月护理培训学习计划（见表2），并定期进行中医操作考核，保证护理中医治疗项目操作质量，提升患者对中医治疗项目的满意度，从而利于医院口碑的打造与宣传。

表2 护理培训学习计划

日期	学习内容	主持人	主讲人	学时	院级	签名	备注
1月	第一节 内科急症护理常规（一到四）			3	II 0.75		
1月	中医护理拔罐操作考核			3	II 0.75		
2月	第一节 内科急症护理常规（五到八）			3	II 0.75		
3月	第二节 内科护理常规（一到六）			3	II 0.75		
3月	中医护理穴位贴敷操作考核			3	II 0.75		
4月	第二节 内科护理常规（七到十二）			3	II 0.75		
5月	第三节 外科护理常规（一到四）			3	II 0.75		
6月	第三节 外科护理常规（五到八）			3	II 0.75		
7月	第四节 妇科护理常规			3	II 0.75		
8月	第五节 儿科护理常规（一到四）			3	II 0.75		
9月	第五节 儿科护理常规（五到七）			3	II 0.75		
10月	第六节 皮肤科护理常规（一到三）			3	II 0.75		
10月	中医护理艾条灸操作考核			3	II 0.75		
11月	第六节 皮肤科护理常规（四到六）			3	II 0.75		
11月	中医护理耳穴埋籽操作考核			3	II 0.75		
12月	第七节 口、眼、耳、鼻、喉护理常规			3	II 0.75		
合计				48			
课时统计：							
科室意见： 护士长签名：　　年　月					护理部审核： 签名：		

（十）持续中医特色宣传

为了让中医治疗项目能够服务更多的老百姓，项目组为医院制定了持续的中医特色宣传方案。本方案主要从产品、价格、渠道、促销等维度，结合医院实际情况制定出适合本院中医特色提升的网络宣传、线下宣传、活动促进等详细方案。

1. 院内宣传

（1）宣传折页。

宣传资料是宣传内容的载体。社会服务部需要组织各科室编辑整理中医特色治疗项目，重点突出“什么法”治疗“什么病”，制作科室中医特色治疗三折页，在各科室宣传展架进行宣传；同时将院内开发的中医药产品制成三折页，在各科室宣传展架、门诊大厅展架上展示，以使更多的老百姓了解。

（2）宣传单。

社会服务部将院内开发的特色中医产品（如咽炎茶）制成宣传单（要求图文并茂），放置于各临床科室门诊诊室。这一方面方便坐诊医生知晓院内开发处方，令一方面可对就诊患者起到推广宣传的作用。

（3）科室上墙宣传栏。

社会服务部组织各科室将各科室的宣传资料编辑撰写，并做成上墙资料，具体内容及要求如下。

①放置位置：主要放置于科室诊疗区域内的墙面。

②宣传内容：包含科室业务范围、特色技术、专家团队、设备照片、诊疗过程中的照片、科室团队照片和科室联系电话等。

③维护要求：宣传栏内容需及时更新，宣传资料出现掉色、破损等现象及时更换。

（4）科室专家墙。

①放置位置：放在科室诊疗区域内的墙面。

②宣传内容：介绍包括姓名、职务、职称、籍贯、学习及进修经历、诊疗范围、擅长的诊疗技术、经典案例等。

③维护要求：专家信息及时更新，宣传栏出现破损等现象及时更换。

（5）加强中医药文化建设、环境建设，体现中医特色。

中医院作为中医文化宣教与传承的重要场所，加强中医药文化建设，有利于体现中医医院的特征。

新大楼启用后，充分利用内部装饰彰显中医文化，如门诊大厅、走廊、候诊区、住院处等区域，悬挂中医药的起源、中医基本知识、特色疗法、养生保健方法、民族药标本介绍、名医名家等方面中医宣传内容。通过这些平面装饰，起到营造氛围、弘扬中医、宣传知识、介绍方法、彰显特色、传播首诊看中医理念的作用。

2. 活动宣传

（1）义诊。

“中华五千年，首诊看中医”的院内义诊活动，要作为常规工作，保质保量地持续性开展。

每月进行一次城区“中华五千年，首诊看中医”主题义诊。

义诊要求：在义诊现场发放中医治疗、特色中医药宣传资料，并体验简单的中医治疗项目，根据服务对象情况赠送包装好的咽炎茶、降脂茶等茶类特色中医药产品（每次赠送数量为 × 盒）。

（2）中医知识、体验进社区、进单位。

社会服务部联合体检科（治未病科），开展进社区、企事业单位、乡镇卫生院的中医健康知识讲座及体验活动。

（3）中医治疗操作竞赛。

每半年由医务科、护理部、中医治疗部组织举办一次中医治疗操作比赛，各科室由医生、护理分别展示科室特色中医治疗，提高院内中医特色治疗水平。

（4）中医治疗体验活动。

①新开展项目的免费体验活动。

新开展治疗项目科室联系社服部进行免费体验的宣传，提高新开展项目快速铺开和知晓率。

②三伏贴、三九贴活动集中在门诊大厅，组织各科室医生根据患者体质开贴敷单，在门诊大厅搭建专用贴敷间进行贴敷，提高整体宣传效果与效应。

（5）开展中医文化主题宣传活动。

每年举办一次中医文化汇演活动，增强科室凝聚力的同时，提高医院知名度。

（6）评选活动。

评选服务之星，“最美医生、最美护士”，通过网络投票，提高医院知晓率，宣传医院优质服务。

3. 网络宣传

（1）微信公众号

①中医特色治疗宣传。

社会服务部将各科室分享的中医治疗项目在微信公众号上进行发布。中医护理在护理交流群中每周分享的内容需在本周完成编辑宣传。

②中草药制剂宣传。

社会服务部要在微信公众平台上每周发送 1 ～ 2 篇介绍本地药材的文章（一定要有药材照片）。相关资料由中药房提供，资料须含开发的特色中医药产品包装、秘方征集令等宣传内容、院内制剂功效、适用范围、禁忌症、效佳案例等内容。

关于微信平台宣传的内容，社会服务部发送至朋友圈、医患交流群、村医交流群等网络渠道，同时要求全院职工在朋友圈内转发。

（2）剑河微事通。

在剑河微事通上进行院内宣传资料的推广宣传，重点为宣传医院的中医特色疗法与特色中医药。

（3）拍摄视频宣传片。

①拍摄医院整体宣传片，重点宣传中医文化与中医治疗优势。

②拍摄中医特色宣传片，主要以真实案例为题材，比如院内制剂（烫伤膏、咽炎茶、降压茶等）、中医特色疗法（蜡疗、针灸、刮痧等疗效显著的特

色疗法）等相关视频，彰显中医特色。

③播放形式。

将宣传片在院内电视屏幕上进行播放；

将宣传片视频放置微信公众号，每篇宣传内容都含有医院宣传片的视频。

（4）微视频。

由社服部组织拍摄科室各项中医特色治疗微视频，科室人员积极配合，每两周拍摄并编辑一项中医特色治疗微视频，在各网络渠道进行宣传。

五、效果展现

1. 服务人次

通过数据可以看到，剑河县民族中医院服务能力得到明显提升，2018 年年初合作快速中医特色建设项目咨询，同时 2018 年年底医院新大楼投入使用，医院通过内部服务优化，外部市场宣传跟进，2019 年月均门诊人次增长率 31.9（见图 9），月均出院人次增长率 40.5%（见图 10）。

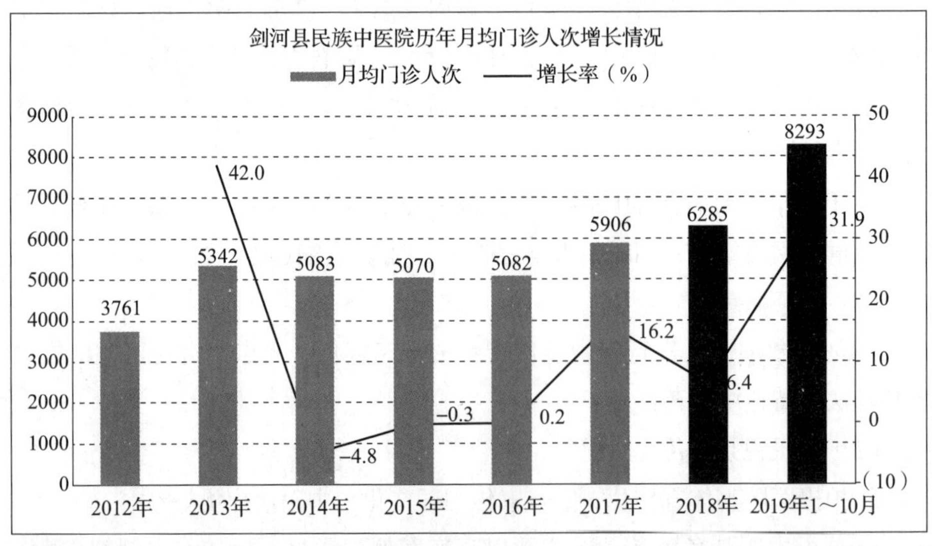

图 9　月均门诊人次增长情况

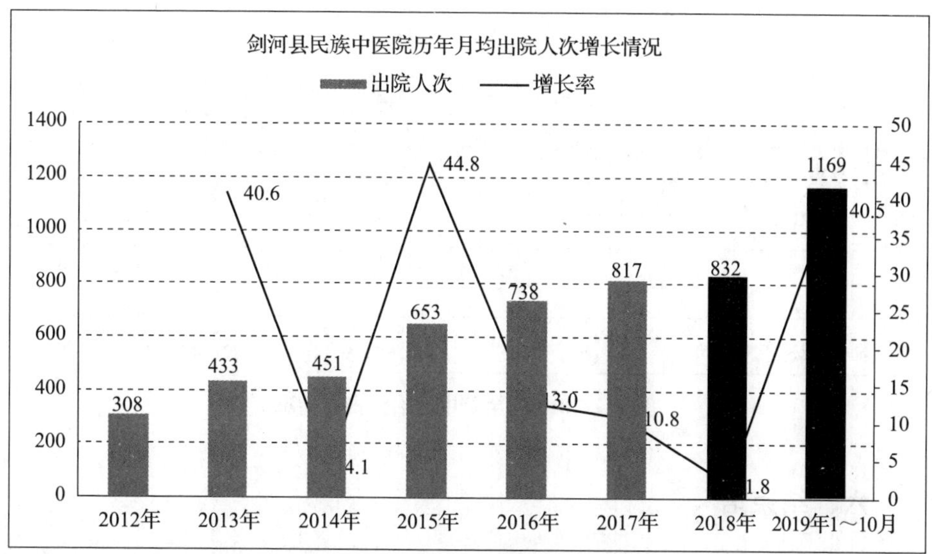

图 10　月均出院人次增长情况

2. 中医治疗情况

通过快速中医特色建设专项咨询，医院月均中医治疗收入从 2017 年的 45.1 万元，增长到 2019 年的 110 万元（见表 3），实现了月均医生中医治疗、护理中医治疗收入翻番的效果；同时全院中医治疗收入占比从 2017 年的 16.4% 增长到 2019 年的 25%（见图 11），中医治疗使用率进一步提升，同时医院经营结构进一步改善，满足区域居民人人享有中医药服务的目标更近一步，体现了中医院中医诊疗的价值。

表 3　中医治疗绝对数值变化情况

序号	日期	医生中医治疗收入 / 万元	护理中医治疗收入 / 万元	中医治疗收入合计 / 万元
1	2017 年月均	10.7	34.4	45.1
2	2018 年月均	14.3	47.9	62.2
3	2019 年上半年月均	19.7	84.9	104.5
4	2019 年 7 月	24.7	108.9	133.5
5	2019 年 8 月	33.7	81.3	115.0
6	2019 年 9 月	35.5	79.4	114.9

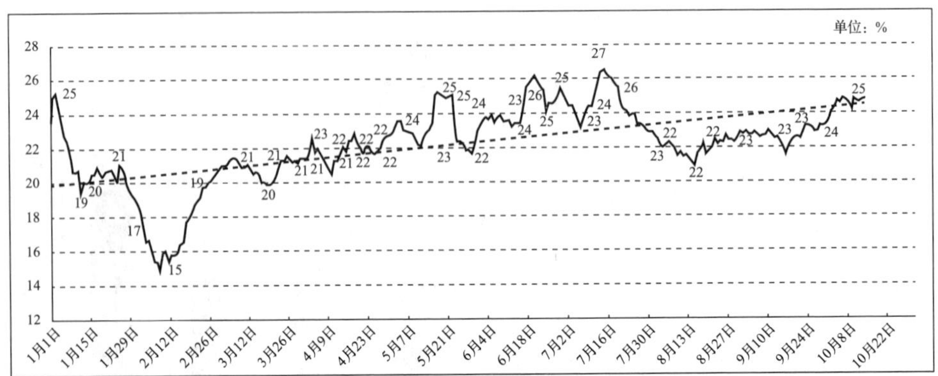

图 11　2019 年全院中医治疗占比情况

六、结束语

整个项目集中咨询期虽然只有三个月，但项目后期项目组跟进拟定各项措施落实情况，针对不足不断完善，形成 PDCA 的循环，在短短几个月时间内，医院中医特色建设取得了明显成效，并且为后续医院中医特色持续加强奠定了基础。

通过快速中医特色的建设，解决了医院总是觉得开展中医治疗，医生不足就开展不乐观的情况，在响应国家政策的同时，满足了区域居民对健康日益增加的需求，进一步提高了医院美誉度与知名度。

快速中医特色建设是在短期内，用最少的资源就迅速建立起中医特色的方法，这对提升医疗机构的中医特色水平提供了具体可操作、行之有效、一抓就灵的办法，这对促进医疗卫生事业的健康发展，传承、发扬中医有划时代的意义，对推广中医、保障区域居民健康有着启发性意义。

江口县中医医院“新调整两个结构”咨询实践

北京精医万家科技有限公司　李新峰

北京精医万家科技有限公司（以下简称北京精医万家），多年来专注于医院管理咨询领域的理论研究与实践，在董事长简棣的带领下，现已拥有一批以国际注册管理咨询师（CMC）为核心，具有丰富医院战略管理咨询经验的专家团队，为国内21个省市自治区、近700家医疗机构提供了战略管理咨询服务，获得众多合作医疗机构的一致好评。北京精医万家以“新思路、新方法、新理论的提供者”为使命，致力于提升医院的管理效率，使医院可以为患者提供更优质的服务，进而使医院持续健康发展。北京精医万家是一家以创新为先导的公司，在医院管理与大健康领域提出诸多理论研究成果，如“调整两个结构理论”“新调整两个结构理论”“九宫格理论”“患者至上医院文化建设”“医共体建设”“执行力”“医院科室评价模型”等一系列理论研究成果。其中医疗风险防控研究成果和案例、医院文化建设研究成果案例分别获得2018年和2016年国际君士坦丁奖入围奖。

本案例项目组成员

李新峰，长期从事于医院管理咨询工作，能够通过实地调研，分析出医院在发展过程中存在的问题，运用公司先进的医院管理理论解决实际工作过程中遇到的问题并制订出切实可行的方案与措施，促进医院快速发展，在医院新调整两个结构理论上有深入研究。主要参与的项目有田东县中医医院、德江县民族中医医院、建水县妇幼保健院、邵阳县妇幼保健院、江口县中医医院、沿河土家族自治县人民医院等多家医院。

其他成员：毛惠娟、魏红、张宝鹏

导读

医保控费不因医疗机构规模大小而不同，一律严格控制；医疗机构规模越小，影响医院发展的不利因素越大，规模越大，影响医院发展的不利因素越小。

新调整两个结构是在新时期医保全面控费的条件下顶破医保控费天花板的新思想，是在实施 DRGs 条件下医院可持续发展的新思想，是医疗机构在医保严控条件下健康发展的新思想，是制定战略措施方法论的指导思想。

在做好区域内医保服务的基础上，选择不受区域内医保控费的项目，并加快发展是新调整两个结构理论的基本出发点，也是持续健康发展的落脚点。

2019 年 2 月 20 日项目组进驻江口县中医医院后，仔细分析医院的经营数据，并深入临床医技一线科室，通过访谈、病历抽查、走访患者等途径，对医院经营结构和医疗质量管理进行了快速诊断，总体上采用边诊断、边下措施的模式推进工作，发现一个问题，解决一个问题，同时加强医院成本核算和临床路径管理，努力解决患者看病难、看病贵的难题，同时合理利用新农合资金，让医院在管理上不断精益化，服务上不断贴心化，医疗技术上不断精湛化，也为江口县中医医院创建三级医院打下良好的基础。

江口县中医医院“新调整两个结构”咨询实践

北京精医万家科技有限公司　李新峰

一、项目背景

（一）江口县中医医院介绍

江口县中医医院始建于1974年，坐落在“国家全域旅游示范区”江口县，经过历代中医人的不懈努力，医院事业不断发展，现已成为一所中医特色突出、技术力量雄厚、中西医并举的二级甲等中医医院。医院现占地面积2990平方米，业务用房建筑面积5800平方米，开放床位280张。医院现有职工290人，其中专业技术人员266人，高级职称4人，中级职称30人。医院设有心血管神经内科、消化呼吸内分泌科、骨伤科、普外科、肛肠皮肤五官科、产科、妇科、儿科、针灸科、康复科、ICU、肿瘤科（设在普外科）、急诊科、麻醉科、治未病科15个临床科室；其中省级中医重点专科1个（针灸科）、省级中医重点建设专科2个（妇科、骨伤科）、市级临床重点建设专科1个（普外科）。

（二）江口县中医医院面临的问题

1. 门诊服务能力有待提高

江口县中医医院从专科门诊的数量上来看，基本满足门诊专科化建设要求，所有住院科室均有相应的门诊科室设置，并设有中医专家门诊。但医院肛肠、皮肤、五官科门诊能力较弱，急需进一步加强建设。

2. 中医服务能力有待提高

江口县中医医院中医服务还未建立起全院、全科中医服务意识，部分科室中医服务能力较弱。

3. 体检中心需进一步建设

目前江口县中医医院体检中心综合服务水平较弱，不能很好地满足当地体检人群的需求，导致一部分体检人群外流。

4. 新农合资金使用压力巨大

江口县自2017年开始实行新农合资金总额预付制。2018年，江口中医医院申报新农合资金2995万元，实际拨付1517万元，医院垫付新农合资金1478万元。

医院院领导本着服务患者的宗旨，坚决不推诿患者，同时保证医院持续健康发展，深刻认识到新时期医院需要重新制定发展战略，决定聘请北京精医万家科技有限公司进行管理咨询。

二、新调整两个结构理论简介

（一）定义

调整两个结构的理论（见图1）是北京精医万家科技有限公司医院管理理论体系的基石，医院经营过程中客观上存在两个结构的现象，这个理论在2004年年末由简棣在国内首次提出，在2006年年初整理成几乎能够说明医院所有经营现象的理论，在以后多年的咨询实践中不断丰富了其理论体系。

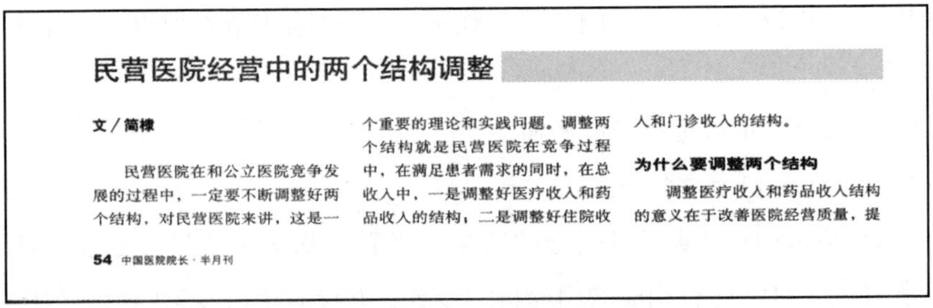

民营医院经营中的两个结构调整

文／简棣

民营医院在和公立医院竞争发展的过程中，一定要不断调整好两个结构，对民营医院来讲，这是一个重要的理论和实践问题。调整两个结构就是民营医院在竞争过程中，在满足患者需求的同时，在总收入中，一是调整好医疗收入和药品收入的结构，二是调整好住院收入和门诊收入的结构。

为什么要调整两个结构

调整医疗收入和药品收入结构的意义在于改善医院经营质量，提

54 中国医院院长·半月刊

图1 调整两个结构理论

注：调整两个结构理论在2006年《中国医院院长》总第54期首次发表。

1. 调整两个结构定义

所谓医院调整两个结构就是医院在发展过程中一是要不断调整药品收入

和医疗收入的比例，不断缩小药品收入在医院收入中的比例；二是要不断调整门诊收入和住院收入的比例，不断提高住院收入在医院收入中的比例。

从经营的角度上讲，调整药品收入和医疗收入的比例关系，是解决医院收入质量低的问题，当然也是解决百姓"看病贵’的主要措施之一。当时，医院靠卖药过日子，一是国家规定药品差价不能超过15%，医院收入中药品收入占大头或占相当部分，收入质量自然低；二是医院很难抵抗来自上游一个完全市场化的各种市场行为的冲击，各种丑陋现象防不胜防。

调整门诊收入和住院收入的比例关系，是解决医院收入数量低的问题。道理很简单，一个住院病人一天的医疗费用往往是一个门诊患者费用的3～5倍，甚至更多。我国医院中的病床使用率除了各地中心城市中的大医院比较高之外，一般二、三级城市的医院病床使用率都不高，还有大量的医疗资源没有被利用起来。这仅仅是当前的情况，从未来的发展看，随着我国经济发展，国家强盛，每千人口床位数要有明显的增加，这是必然的。2000年世界高收入国家的每千人口床位数为7.4张，中等收入国家在3.3张左右，日本更是高达16.5张，中国仅仅为2.4张，到了2004年，中国的这个数字没有发生多大变化。可见，在中国医院床位增加的空间还很大。医院的主要收入来源于住院收入，提高住院收入在医院收入中的比例，对医院提高收入绝对量具有立竿见影的作用。

当然提高住院收入绝不能建立在向患者豪取的基础上，是通过降低患者药费负担和其他一系列措施使更多的患者享受医院提供的服务。广西有一家120名职工、90张病床的浦北县中医院，2005年人均住院费用2000多元，病床使用率30%，月收入长期为20多万元，近两年医院经营惨淡，入不敷出、走上绝境，新的领导班子仅仅用了6个月时间，月收入已经达到80万元，病床使用率达到90%以上，而人均住院费用却降到1300元左右，医院起死回生。

有的院长担心，国家一次次降低药品价格和检查收费标准，医院的收入会减少，使医院的经营出现困难，这种想法既不符合实际，也不符合客观经济规律，药品和检查费用降低，会使更多的患者享受医疗服务，这就是"薄利多

销”的经济规律，何况国家的各项医保措施正在积极地推进，医院的收入只能增长，而且是明显增长。

2. 新调整两个结构定义

新调整两个结构是在新时期医保全面控费的条件下顶破医保控费天花板的新思想，是在实施 DRGs 条件下医院可持续发展的新思想，是医疗机构在医保严控条件下健康发展的新思想，是制定战略措施方法论的指导思想。

在做好区域内医保服务的基础上，选择不受区域内医保控费的项目，并加快医院发展是新调整两个结构理论的基本出发点，也是持续健康发展的落脚点。

为此，北京精医万家董事长简棣于 2018 年在“调整两个结构理论”的基础上，提出“新调整两个结构理论”，其核心思想在于，任何医疗机构在发展过程中，应不断提高门诊收入占业务收入的比例；在区域内，医疗机构使用医保资金占业务收入比例要越来越低。与“新调整两个结构理论”相配套的五条建议：一是重视门诊的发展，提高门诊服务技术水平；二是发展非基本医疗，形成多元化就医格局；三是发展特色医疗，以差异化竞争取胜；四是引入保险公司，拓宽患者报销渠道；五是争取政府部门（非医疗部门）的专项资金，如科协、残联的课题经费和基金等。

（二）诊断模型

建立新调整两个结构理论模型，判断医院当下时期所处的类型，并能够指导医院不断提高门诊技术服务水平，不断提高非基本医疗服务水平，目前在国内的学术报道中未曾见过。从门诊收入占业务收入的比例、基本医疗服务收入占业务收入的比例两个维度，可以建立起新调整两个结构理论模型。

根据医院两个维度占比，将医院所处的类型分为五类，分别为郁闷、难受、痛苦、舒服、舒爽。任何一家医疗机构都能在模型中找到自己目前所处的位置（见图 2）。

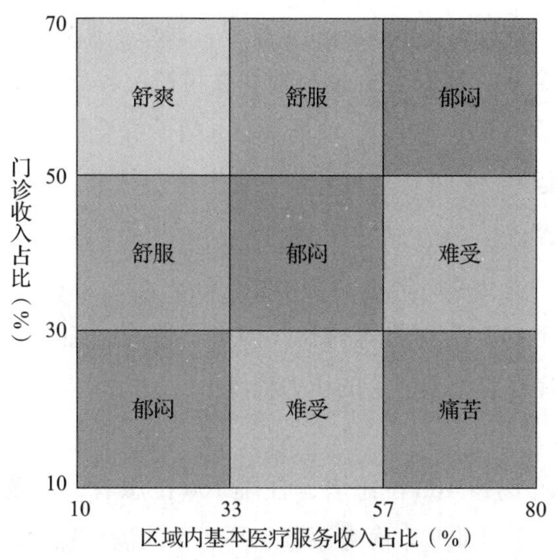

图 2　新调整两个结构的理论模型

三、“新调整两个结构理论”医院经营情况调查分析

（一）项目工作计划安排

为了更加详细地了解医院的经营情况，帮助医院快速地解决新农合资金依赖度问题，进驻医院之后，项目组采用边调查、边制订方案、边推进落实的工作方法（见表 1）。

表 1　项目工作计划安排

序号	内容
1	新调整两个结构、门诊建设矩阵、快速中医特色化三个模型诊断
2	制订门诊建设服务能力提升方案
3	制订非基本医疗服务能力提升方案
4	制订关键技术水平提升方案
5	制订快速中医特色化服务提升方案
6	制订医院管理组织凝聚力与执行力提升方案
7	制订医院成本管理与实施方案

（二）调查方法和内容

调查方法：

在进行医院农合资金依赖度调查过程中，通过文案调查（财务数据、当地新农合资金筹集金额、新农合资金申报和拨付情况）、人员访谈（医保科、财务科、医务科、质控科、患者）、现场观察（门诊综合服务水平、非基本学科开展情况）对收集的数据进行整理分析，确定调查结果。

具体工作内容：

1. 访谈

通过访谈医务科、医保科等科长，得出了目前医院新农合资金使用和拨付情况，了解医院目前流动资金的压力程度。

2. 问卷调查

经过调查询问门诊100位患者，住院100位患者，出院患者100人，发现医院门诊服务水平、非基本医疗服务水平还不能满足患者需求。

3. 三个模型诊断

采用新调整两个结构理论模型、门诊建设矩阵、快速中医特色化诊断模型，准确地找出医院目前经营中存在的问题。

4. 数据分析整理

通过对调查的数据进行分析、模型整理，明确医院当前的困境。

5. 撰写提升方案

根据医院目前存在的问题，制定门诊建设服务能力提升方案、非基本医疗服务能力提升方案，制定关键技术水平提升方案，制定快速中医特色化服务提升方案、医院成本管理与实施方案，同时督促院方按照方案内容落实各项措施。

（三）调查与诊断结果

1. 新调整两个结构理论模型

项目组经过数据分析，搭建新调整两个结构理论模型（见图3），得出医院目前经营情况在新调整两个结构当中处于郁闷的位置，急需转型升级。

2. 门诊建设矩阵

项目组通过数据分析，搭建门诊建设矩阵模型（见图4），得出医院目前千人口门诊人次较低，门诊服务能力水平较弱。扩大门诊规模，是发展的重点。

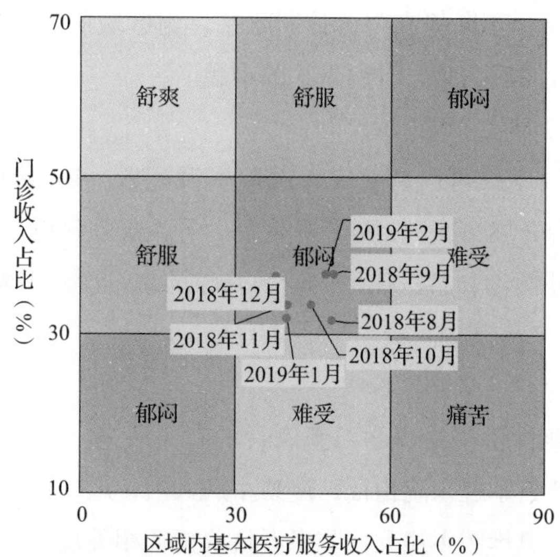

图 3　江口县中医院新调整两个结构理论模型

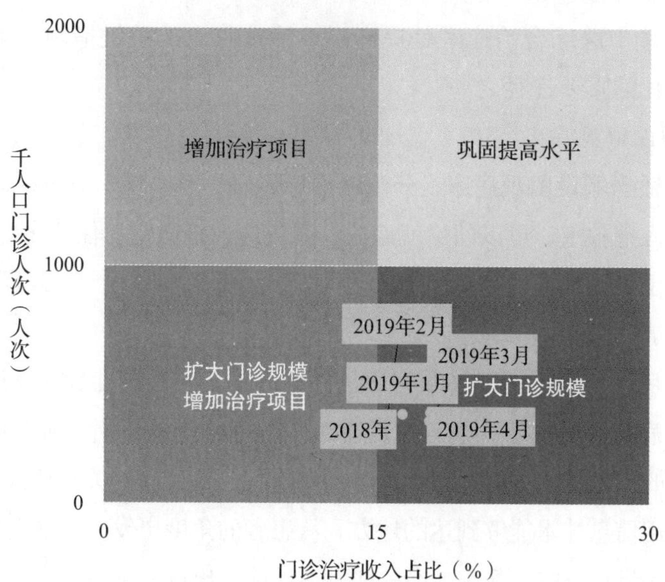

图 4　沿河人医门诊建设矩阵

四、沿河县人民医院在新调整两个结构理论指导下的实施方案设计

（一）加强专科门诊建设

以不断提高门诊诊断能力为战略目标，促进医院门诊和住院协同发展，

努力做到专病专治，不断提高门诊诊断水平，为区域居民提供更好的医疗服务，缓解区域百姓“看病难、看病贵”的难题。

（二）优化门诊科室布局

优化门诊布局不仅可以有效完善医院资源配置，还可以方便患者就医。在对江口中医门诊开展情况进行分析论证后，开始加强建设口腔门诊、黄氏耳鼻喉科门诊、皮肤门诊、畲医痛风门诊、乳腺推拿门诊，扩大儿科门诊诊室，增加康复门诊。

（三）规范门急诊危重病人入院

医院组织门急诊医生认真学习新农合的有关政策，开展业务培训，提高诊疗技术水平，严格掌握入院指征，严禁小病大治，严禁将门诊患者挂床为住院患者。严禁门、急诊医生违反住院患者住院指征相关规定。

（四）建设门诊中医综合治疗区

成立门诊中医综合治疗区是提高门诊治疗收入的关键措施，也是实现快速中医特色化的重要途径之一。

（五）增设留观病床

医院可适当增设留观病床，分清就诊患者轻、重、缓、急情况。急重症患者应首先进入抢救室。可以门诊就诊的，避免进入抢救室、住院病房占用资源。急诊留观床位设置规模适宜、利用科学合理，确保医疗质量，保障医疗安全。

（六）开展家庭病房业务

随着人民生活水平的提高和物质条件的改善，一些慢性病的发病率不断增高，如糖尿病、心脑血管疾病等。随着医院管理体制的不断完善和以“患者为中心”思想的不断深入，对患者、病情不断重视、对患者的关心从医院围墙内逐渐延伸到利用信息技术能够到达的地方。从患者的角度出发，尽量满足患者的需要，为他们提供尽可能的便利。在一些发达地区，出现一种专门为行动不便的患者提供上门医疗服务的科室“家庭病房”。这种服务主要针对一些特定人群，如不方便出门，但仍需细心照顾的患者。他们可能终日病卧家中但又不能常住医院，医院开展以主动上门服务为宗旨的家庭病房业务，不但方便了患者，省去奔波之苦、减轻了患者的经济负担，而且减轻了医院的压力，利于患者疾病的康复。

（七）外聘专家

（1）外聘专家是医院为提高医疗业务水平、解决业务急需、加强学科建设，并且医院在短期内又无法培养而聘请的各学科专家和顾问。临时来院进行学术交流、学术报告和举办各类讲座的专家不在其列。

（2）外聘专家的范围一般限于临床、医技科室中业务技术紧缺、薄弱或重点发展的专业。

（3）充分发挥外聘专家在学科建设、拓展业务和人才培养中的重要作用，为建设重点学科、培养年轻医师作准备、打基础。

（八）单病种普查

医院各学科都可以根据自己的学科重点和重点病种设计单病种体检套餐。如心血管内科－高血压普查、消化内科－肝病普查、内分泌内科－糖尿病普查、普外科－肛肠疾病普查、骨科－腰椎间盘突出普查、妇科－两癌普查等。采取普查的形式可以发现病源并管理起来，有助于形成各科室的品牌效应，并且有助于各学科提高大病重病的治疗能力。

（九）预约门诊

预约诊疗服务工作是公立医院以病人为中心开展医疗服务的重要改革措施，开展预约诊疗服务工作有利于患者进行就医咨询，提前安排就医计划，减少候诊时间；也有利于医院提升管理水平，提高工作效率和医疗质量，降低医疗安全风险。

1. 现场预约

患者可以直接去挂号窗口，预约一周以内所需的专家门诊，并领取挂号单。

2. 电话预约

医院开设预约挂号电话，患者可以通过电话预约一周以内所需的专家门诊。

3. 微信预约挂号

医院开设微信平台及预约挂号专用QQ，由专人负责，患者可通过微信平台及QQ进行预约挂号，实现患者分时间段预约、有序就诊。微信平台及QQ强大的发布能力使服务能够轻松的通过丰富的渠道向公众开放，促进预约量的快速提升。

（十）病友会、病友俱乐部

医院可以以当地常住居民为主体，组织成立各科室单病种病友会、病友俱乐部，定期开展活动。如针对慢性病患者可以组建“慢性病患者俱乐部”，组织如下活动：

1. 专题讲座

请知名专家或专业人员讲课，内容包括高血压、糖尿病等的发病及预防、中西药物治疗、食疗、运动疗法、并发症及其预防、血压血糖监测及病人护理等。根据慢性病患者中以中老年居多的特点，在讲课时尽量做到深入浅出，通俗易懂，内容更贴近生活，更贴近患者心理需求。

2. 知识问答

采取一定的形式对教育内容进行阶段性小结。可以在病友中以趣味有奖问答或者调查问卷的形式开展，以了解他们接受教育、掌握知识的程度，检验结果，强化意识，寓教于乐，形式活泼。

3. 典型病例交流

病人是受教育者，同时也可以是教育者。可以选择几个典型病例，请他们在病友会上现身说法，自谈体会，交流经验，介绍在治疗过程中的体会、心得等。指导拟定食疗计划以及如何开展运动治疗等。

4. 组织户外活动

每年可以组织开展“亲近自然，健康生活每一天”活动。在活动中，组织病友学习太极拳，测量血糖，专家讲座，拉近医患之间以及病友之间的关系，通过互相交流，用科学理念指导生活。

5. 定期开展自我健康监测

引导病友定期到医院进行检查，扩大行动影响力，号召居民积极行动起来，践行健康生活方式，全面提高防病能力和健康素质。

6. 多种宣传手段并用

俱乐部与医院联合，设立接待患者电话，使其成为病友们的咨询热线。同时开展门诊咨询，定期指导。通过医院的工作使俱乐部的影响逐渐扩大，成为慢性病患者健康保健的良师益友。

（十一）中医文化进校园

为传承中华优秀文化，弘扬中医国粹，让校园师生更好地了解中医、感受中医，用中医知识调养身心，保持健康，以健康快乐的姿态面对生活，投身工作、学习，医院可开展中医文化进校园活动。

（十二）加强体检中心建设

1. 体检中心主要负责以下具体工作

（1）负责体检业务设计、管理、开发，保证体检工作高效、优质运行；

（2）负责体检质量管理，及时对体检质量完成情况进行监督检查；

（3）对体检各环节进行指导，检查各项规章制度及技术操作常规的落实情况；

（4）组织体检相关专业技术的培训；

（5）负责体检差错的登记、调查与处理；

（6）负责检查体检运行情况的统计、报告工作，并定期做好分析；

（7）开拓体检市场和开展检后服务及跟踪的各项工作。

2. 体检科开展项目参考

（1）预防保健性体检：预防保健性体检是人们自发地通过医学手段对身体进行的定期全面检查，以全面了解身体的整个健康状况，达到对疾病早期发现、早期诊断、早期治疗的目的。

（2）根据体检群体不同，可分为单位健康体检和个人保健体检。按照体检费用的高低不同，选择的体检项目、体检内容也有所差别。

（3）按照体检者的性别和年龄不同，可分为老年人体检、女性体检（含婚前体检和保健体检）、儿童体检等。

（4）针对某些特殊项目设定的特色体检：如肿瘤系列检查、内分泌检测、心脑血管疾病、糖尿病等单病种体检等。

（5）社会性体检：社会性体检是出于社会因素，按照国家制定的有关政策文件要求，对从事相关专业的人员进行的上岗前、上岗期间、离岗前的定期或不定期的检查，应急性职业健康检查及人们因某种特定行为、求职就业、从事特殊行业，如食品、托幼、酒店服务业等，工作人员进行的体格检查。如学生入学体检、幼儿入托体检、招工（入职）体检、出入境体检、征兵体检、驾驶员体检等。

（6）鉴定性体检：鉴定性体检是指职工因工伤、职业病或交通事故进行致残程度等情况的医学鉴定或对某些体检结果（尤其是社会性健康体检）存在异议需进一步检查而进行的体检。

3. 亚健康筛查

（1）身体成长亚健康：学生营养过剩和营养失衡同时存在，体质较弱。

（2）心理素质亚健康：来自家庭、学校的压力，引发了青少年的逆反心理、反复心理、自卑心理、厌学心理等，抗挫折能力较差。

（3）情感亚健康：本应关心社会，对生活充满热情，但实际上他们对很多事情都很冷漠，使自己的"心理领空"越来越狭小。

（4）思想亚健康：思想表面化、脆弱、不坚定，容易接受外界刺激并改变自我。

（5）行为亚健康：表现为行为上的程式化，时间长了容易产生行为上的偏激。

4. 健康管理

（1）个人健康信息的管理。

①档案管理。档案管理服务包括：

a. 会员历史医疗资料收集、整理、建档。

b. 个人健康状况动态跟踪和记录。

c. 疾病治疗方案及效果评估存档。

②疾病管理。

a. 汇总连续的疾病诊疗档案，为续次就医提供详尽的资料。

b. 提供就医导航，指导选择最佳的就诊医院和医生。

c. 指导和跟踪治疗医嘱的执行情况，纳入健康管理流程。

d. 提供就医服务，快速安排疾病诊疗相关事宜。

e. 非传染性慢性疾病建档管理，对重要疾病指标重点观察和记录，控制疾病发展。

③体检管理。

a. 体检设计，制订个性化的健康检查方案。

b. 体检服务，定期进行适宜的健康检查，专业人员陪同，取送报告。

c. 体检评估，由保健专家撰写评估报告，安排检后诊疗，指导保健，并纳入健康管理流程。

④亚健康管理。

a. 针对体检异常指标制订管理计划，并跟踪实施效果。

b. 综合分析影响健康的危险因素，有重点、有步骤地实施预防计划。

c. 定期安排保健专家见面咨询，及时了解健康的最新动态。

d. 适时安排流行病预防接种。

（十三）其他措施

针对医院非基本学科建设问题，医院当期非基本学科很弱，满足不了当地医院的需求，于是项目组制订了非基本学科建设方案，鼓励皮肤科、口腔科等科室医生外出进修学习，努力提高技术水平，满足患者需求。

针对医院中医药服务能力较弱的问题，项目组建议成立中医治疗部，统筹全院中医药服务工作，中医治疗部成立后积极开展工作，鼓励护理人员学习护理中医适宜技术，鼓励科室医生、护理互相协作，共同做好中医药服务的效果评估，开展有效的中医治疗技术，并积极做好宣传，科室在传承中医药文化的同时，也提高了中医在民间的影响力。

为了提高医院的组织凝聚力和执行力，让医院在这场战略转型升级过程中取得更快、更好的效果，项目组为医院设计了科室岗位工具管理员，医院的每一位职工，都能非常清晰地知道自己的工作职责及工作完成进度，大大提高了医院的执行力，同时为医院引进 PDCA 管理，加强医院质量管理，通过以上措施加强了医院的执行力，为患者服务的理念也扎根在每一位职工的心中。

五、取得成效

（一）门诊服务能力不断增强

各种门诊建设措施下发后，各科室加强对门诊建设的重视程度，门诊诊断水平大大加强，严格把握入院指征，只将必须收住院的患者收住院，未达到入院指征的患者，在门诊治疗，减轻了患者的就医负担，也减轻了新农合资金的使用压力。

（二）学科建设能力不断增强

以患者需求为导向，以人才队伍建设为保障，开展临床专科能力建设。以医疗技术水平为核心的专科服务能力不断增强。通过重点专科建设，促进核心技术的发展，带动医疗质量与服务能力持续提升。

（三）中医服务能力不断提升

传承创新发展中医药是新时代中国特色社会主义事业的重要内容，是中华民族伟大复兴的大事，江口县中医医院不断坚持中西医并重、注重打造中医药和西医药相互补充、协调发展，发挥中医药原创优势、促进中医药传承创新发展。

（四）患者满意度不断提升

门诊服务能力、学科建设能力、服务意识不断增强，通过线上、线下问卷和现场调查，江口县中医医院的患者满意度不断提升。

六、总结

医院是医疗保险制度下各矛盾的焦点，医院的管理方式直接关系到医疗保险的整体运转，医院和医保分别处在“支”和“取”的不同地位，这决定了两者的对立性，但是我们更应该着重看待两者的统一性，即都是为参保者服务，医疗管理要通过医疗保险来实现。

医院是医疗保障的提供方，提供基本的医疗服务，而医保是医疗保障内容，保障公民的基本医疗服务。医院和医保目标都是保障区域居民的健康。但是由于资源短缺和有限性与需求无限性之间的矛盾是客观存在的，所以医院和医保又是对立统一的双方。当医方和保方利益达到平衡时，患者的利益也就得到了保障，医方和保方必须进行长期、有效的合作及协调沟通，才能实现共赢。任何一方若只顾眼前个人利益，其结果都将会使自身遭受损失，也会由此引发双方共同利益的损失。

在医保控费的大环境下，医院需要不断的提高自身管理水平，从之前以数量增长为主的粗放式经营转变为以质量提升为主的精细化管理模式。在控费条件下，医院依然可以实现健康可持续发展，这就需要我们以新调整两个结构的理论为指导，充分解放思想，齐心协力为医院的战略转型共同努力。因此，新调整两个结构理论对各大医疗机构在转型升级过程中，有深刻的借鉴意义。

某中央部委 ×× 引导扶持专项资金项目绩效评价

天津倚天管理咨询有限公司　黄峥

天津倚天管理咨询有限公司（以下简称倚天咨询）经过多年发展，已经成为兼具管理咨询、政务咨询、投融资咨询、资产评估、房地产评估、财税咨询、工程咨询等多种专业资质和相应服务能力的跨地域经营的综合性咨询服务企业集群。在为各类企业服务的过程中，倚天咨询积累了丰富的咨询经验和咨询数据，为客户在预算绩效管理、行政事业单位内部控制、企业运营管理、公司治理、重大投资项目决策等方面提供卓越服务，获得政府及企事业单位客户的广泛认可。

倚天咨询是中国企业联合会管理咨询委员会副主任委员单位，天津市管理咨询协会副会长单位、天津市创意产业协会常务理事单位，工信部首批 45 家全国企业管理咨询机构，连续多年被评为“中国管理咨询机构 50 大”，并长期在专业刊物上发表行业观点，是业内领军企业。

本案例项目组成员

黄峥，高级项目经理，国际注册管理咨询师（CMC），具有多年管理咨询、政务咨询、战略咨询工作经历，在政府绩效管理、行政事业单位内部控制、企业战略、运营风险评估等方面有着较高的理论水平和丰富的实践经验，主持过多个中央预算资金绩效评价项目，涉及民政部、水利部、体育总局、广电总局、中国工程院等多个国家部委。

其他成员：谢玉璘、李杨、宋宪青、卢若愚、颜虹

导读

中国社会对政府提供公共产品和服务的需求不断提升，国家财政规划的理念也发生转变，财政支出的服务目标转变为支持“供给侧”改革发展，对财政资金的使用更注重“撬动功能”，客观上要求预算更科学、更精确、更公平。针对当前部分项目预算存在“重投入轻管理、财政资金低效沉淀、支出结果与预算安排和政策调整的挂钩机制尚未建立等情况，财政部预算评审中心希望绩效评价业务在范围和深度上能取得较大突破，通过全面了解项目预算的决策机制、管理水平、产出与效果情况，查找项目在管理和实施中存在的问题并提出改进建议，最终推进预算制度改革。

项目围绕论证资金的使用效果与成本的递增关系这一核心价值体现展开，综合考虑各方实际情况和利益关系，完成方法论和指标、评价程序、进度安排和保障措施、支撑性辅助工具四部分设计，形成统一的评价标准和方法，分项目决策及目标管理信息的搜集与分析、项目绩效评价指标体系设计、项目实施情况及成果的调研与评价、项目绩效评价结果应用四个阶段展开项目绩效评价工作，协助评审中心做好政策解读和宣传工作，为下一步预算资金安排和资金政策优化提供参考依据。

某中央部委 ×× 引导扶持专项资金项目绩效评价

天津倚天管理咨询有限公司　黄峥

一、项目背景

（一）客户基本情况

财政部预算评审中心（以下简称评审中心）是财政部具体承担中央部门预算绩效评价工作的重要部署单位，其重要职责之一是配合预算司完善中央部门预算绩效管理制度，并根据需要，对中央部门重大项目预算执行情况、预期效果进行跟踪问效。

评审中心认真贯彻落实党的十九大精神提出的“建立全面规范透明、标准科学、约束有力的预算制度，全面实施绩效管理”要求，坚持“以政治建设引领业务工作，以业务工作落实政治责任”，深入开展项目预算评审、绩效评价和支出标准体系建设等方面工作，取得了一定成效，较好地发挥了评审在现代财政管理中的定量基础和技术支撑作用。2018 年以来，评审中心根据《中共中央国务院关于全面实施预算绩效管理的意见》文件的要求，力争以全面实施预算绩效管理为关键点和突破口，推动财政资金聚力增效，提高公共服务供给质量，共完成绩效评价项目 46 项，涉及中央本级和转移支付项目、政府性基金、产业投资基金、部门整体支出等广泛内容，为有关部门决策参考和进一步改进相关政策提供了重要支持，促进了项目实施方案和资源配置的优化，其中 10 个项目的绩效评价报告作为参阅资料上报全国人民代表大会，获得了人大财经委的认可。

（二）预算绩效评价类项目背景

预算绩效是政府绩效的重要组成部分，它直接反映政府行政运行的产出效率。新《预算法》从预算绩效、公共财政和国家治理三者之间关系的角度，明确了讲求绩效的理念，奠定了新时期强化预算绩效管理的法理基础。在新常态下，公共管理实践要求以新的预算形式来提高公共部门绩效。当前，政府预算绩效管理由财政部门牵头，根据预算部门（单位）设定的绩效目标，运用科学、合理的评价方法、指标体系和评价标准，对财政支出产出和效果进行客观、公正的评价。

预算绩效评价不仅是对财政支出的结果进行简单考评，更主要的是发挥绩效评价的决策信息反馈作用，建立一种更理性的、有翔实资料和明确绩效标准作为依据的预算编制机制，将绩效评价融入整个预算编制过程，使财政资金分配和使用遵循经济、有效和高效的原则进行。

我国预算绩效评价法规政策发展历程，如表1所示

表1 我国预算绩效评价法规政策发展历程

2014年9月国务院《关于深化预算管理制度改革的决定》	健全预算绩效管理机制。全面推进预算绩效管理工作，强化支出责任和效率意识，逐步将绩效管理范围覆盖各级预算单位和所有财政资金，将绩效评价重点由项目支出拓展到部门整体支出和政策、制度、管理等方面，加强绩效评价结果应用，将评价结果作为调整支出结构、完善财政政策和科学安排预算的重要依据
财政部《关于推进预算绩效管理的指导意见》	1. 以支出结果为导向，强调预算支出的责任和效率，关注预算资金的产出和结果，花尽量少的资金、办尽量多的实事 2. 由绩效目标管理、绩效运行跟踪监控管理、绩效评价实施管理、绩效评价结果反馈和应用管理共同组成的综合系统
财政部《预算绩效管理工作规划（2012-2015年）》	1. 建立机制，“预算编制有目标、预算执行有监控、预算完成有评价、评价结果有反馈、反馈结果有应用”全过程管理机制 2. 完善体系，一是制度体系（法律法规、规章制度、业务规程）；二是评价体系（评价主体、评价方式方法、评价指标体系） 3. 健全智库，专家学者库、中介机构库和监督指导库，建立中央、省、市三级社会中介机构库，会计师事务所、资产评估、行业咨询等 4. 实施工程。所有预算部门（单位）的全覆盖，重点评价的深入推进、评价质量的有效提升、评价结果的切实应用
2014年8月31日，主席令《新预算法》	1. 首次以法律形式明确了我国公共财政预算收支中的绩效管理要求，史无前例（第32条、第49条、第57条、第79条“各级政府、各部门、各单位应当对预算支出情况开展绩效评价”） 2. 六处点拨。总则、编制、审查和批准、预算执行和监督、决算、专项转移支付定期评估和退出、预算公开 3. 五个特征。顶层特征、环型特征、目标管理、强调结果、参与性特征
2015年财政部关于印发《2015年县级财政管理绩效综合评价方案》的通知财预〔2015〕139号	1. 评价范围：民政部批准设立的县、县级市、县级区和旗 2. 评价内容及标准：评价内容主要是2014年县级财政管理情况，具体包括规范预算编制、优化收支结构、盘活存量资金、加强债务管理、控制供养人员等五个方面，评价得分采用百分制
2018年《中共中央国务院关于全面实施预算绩效管理的意见》	1. 为解决预算绩效管理存在的突出问题，中共中央、国务院印发《中共中央国务院关于全面实施预算绩效管理的意见》，力争以全面实施预算绩效管理为关键点和突破口，推动财政资金聚力增效，提高公共服务供给质量 2. 财政部按照党中央、国务院关于全面实施预算绩效管理的重大部署，切实发挥组织协调作用，加强制度建设，持续推进预算绩效管理常态化、规范化和法治化

（三）该引导扶持资金基本情况

倚天咨询受财政部预算评审中心委托，对某中央部委 ×× 引导扶持专项资金近三年的实施情况开展政府支出绩效评价工作。该引导扶持专项资金是被引导扶持企业通过各省主管单位的初次评选后，由该中央部委组织“终评”，对优秀参评项目给予政府扶持，以加强该行业的方向引领，提高行业成果的质量，促进该行业在国内的可持续、正向的发展。

（四）客户需求

通过对该中央部委近三年该引导扶持专项资金的支出进行评价，全面了解 ×× 引导扶持专项资金决策机制、管理水平、产出与效果情况，总结该项目管理经验、实施存在的问题，并提出改进建议，为下一步预算资金安排和资金政策优化提供参考依据。

二、前期调研与诊断

（一）诊断的主要框架与内容

倚天咨询主要从决策、管理、产出、效果四个维度系统认识和理解项目运行的全过程。以此为主线，设计不同受众的调查问卷，以及针对被评价单位不同层级、业务访谈对象的访谈提纲，通过访谈、资料研究（内外部文件、政策制度、行业研究、书籍等）、专题研讨、问卷调查（涉及获扶持单位、未获扶持单位、评委人员、行业内专家等），全面了解该引导扶持专项资金决策机制、管理水平、产出与效果情况。调研主体框架与内容，如图 1 所示。

（二）诊断内容、过程和方法

1. 组建评价工作组

明确组内成员任务分工、制订内部工作路径并确定责任人，保证评价工作质量和效率。

2. 召开评价工作启动会

向被评价单位介绍绩效评价工作的总体要求、工作流程和环节、被评价单位需要配合完成的相关工作内容及计划时间节点，明确被评价单位需提供的项目资料清单。

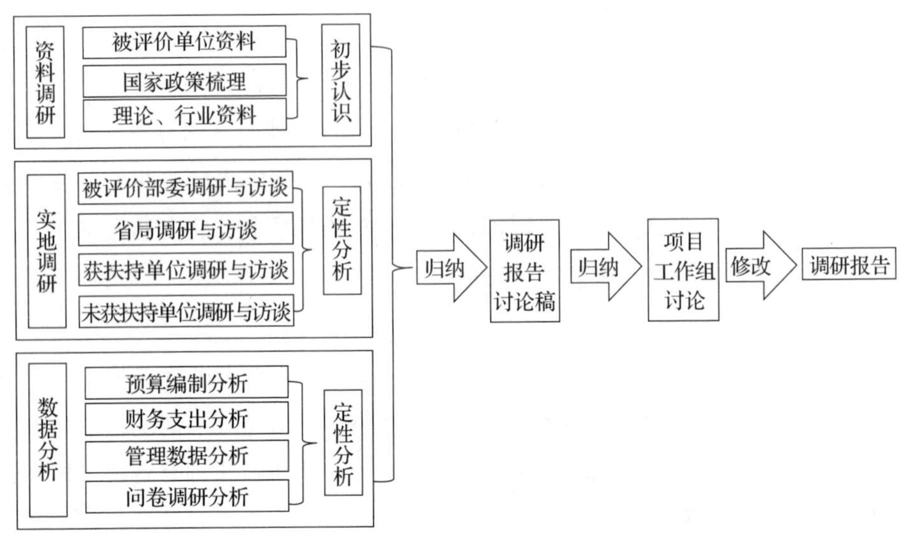

图 1　调研主体框架与内容

3. 收集和审核资料

工作组根据项目情况，采取实地调研、电话邮件、查询统计资料和网站内容等方式开展项目资料收集和整理工作。及时跟踪被评价资料提供情况，并对所提供项目资料进行认真核实和全面分析，对基础数据资料进行审核确认。

4. 分层访谈

经过访谈 100 多位项目参与者，包括该中央部委业务科室、各省局业务科室、获扶持和未获扶持单位的中高层人员交流，寻求项目运行过程中存在的问题。

5. 调查问卷

评价组根据项目特点，分别针对扶持资金申报单位、行业内专家和资深人士设计了调查问卷，调查对象包括剧本评审参评专家与未参评专家、文艺评论专家、获扶持单位和未获扶持单位。累计收回有效调查问卷 148 份。

6. 数据分析整理

通过对调查的数据进行分析，明确项目的产出和效果实现情况。

7. 制订绩效评价工作方案

工作组在搜集和审核项目资料的基础上，初步设计绩效评价指标体系并制订评价工作方案。方案中明确项目概况、评价对象和内容、评价目的、评价依据、评价方法、评价指标体系框架和评分标准等内容。

（三）项目风险点诊断

项目组按照风险识别、关键事项、指标设计和风险表达的总体研究思路，设计项目风险评估体系（见表 2）。

表 2　项目风险评估体系

序号	评价事项	风险点	风险释义
1	项目决策	项目边界清晰合理程度	是否与其他专项资金项目交叉重复，有无重复申报内容，以反映和考核专项资金的边界是否清晰
2		绩效目标与指标设定	绩效目标设置不合理，未能明确细化绩效指标，难以有效衡量项目效果
3		预算编制和分配	预算编制缺乏有效的依据，分配原则不精准，存在不合理之处
4	业务管理	管理制度健全性 项目质量控制能力	未制定管理制度或制定的管理制度体系不完善，对受扶持项目的过程管理缺乏有效约束机制
5	资金管理	专项资金体系完善度	专项资金的管理体系不健全，未能有效地对资金使用进行规范与监督
6		财务监管体系有效性	未设定有效的财务监管制度、未执行监管制度、未跟踪资金使用过程
7		资金支出合规性	该专项资金未按规定用途使用或未及时拨付，存在被挪用、截留、挤占的情况
8	剧本扶持	扶持后管理工作	被扶持剧本未能如期完成拍摄或未能如期播放，扶持后缺乏跟踪管理、阶段性反馈和结果分析
9		预期目标实现程度	获得该扶持项目资助的电视剧播出后未能在观众、媒体、专家方面产生较高认可度
10	“重大题材”后补助	补助机制的合理性	现行的补助机制是否存在不合理之处
11		预期目标实现程度	受补助的电视剧播出后未能在观众、媒体、专家方面产生较高认可度
12	电视剧文艺评论	与扶持工作的相关性	文艺评论旨在引导舆论，营造合理、有序评论环境，与该引导扶持工作是否存在高度相关性
13		评论效果未达预期	电视剧文艺评论效果不明显、未发挥推动文化繁荣作用，评论会流于形式，造成资金浪费
14	“深扎”活动	存在的必要性	剧本创作“深扎”的特性决定了该项扶持与剧本扶持存在扶持内容的重叠，单独扶持“深扎”活动对电视剧剧本创作质量及电视剧行业发展水平的投入产出关系论证不足
15		资金使用的有效性与合规性	活动资金预算仅 ×× 万元，预计组织活动 6 次，对于编创人员工作支持的深度、广度效益不明显，同时难以保证资金使用的合规性

（四）调研与诊断结论

倚天咨询根据专项资金规范和引导扶持行业特点，有针对性地充分调研与摸底，解析项目实施过程中存在的问题。

（1）项目目标体系不够完善："剧本创作扶持"工作方案的"前瞻性"力度不够，各项管理工作未能围绕项目目标展开，不能在"前端"对剧本创作形成有效的引导扶持。

（2）项目边界未清晰界定：申报遴选机制与其他部门的相关资金政策衔接不够；与其他中央专项资金在扶持对象和范围上也有交叉重合，存在多头资金扶持的情况。

（3）项目遴选机制有待完善：剧本扶持"终评"评选的范围较窄；评选规则不够完善；多省未制定"初评"管理办法或操作办法；"终评"环节缺少预先设定的评价体系和评分规则；资金扶持标准不明确。

（4）关键流程系统有待梳理：未建立剧本成片情况跟踪机制；缺少对未如期成片剧本设置相应的约束手段；缺少评审结果反馈机制，评审意见或建议无法对剧本的创作施加影响，无法充分实现"引导"本创作的预设功能。

（5）绩效管理应用效果欠佳：项目执行单位绩效管理意识薄弱，多数绩效指标定义模糊，关键指标欠缺，可量化指标偏少。

三、绩效评价体系的设计框架

（一）综合评价的实施

项目从项目决策、管理、产出、效果四个方面内容入手，以"政策导向、问题导向、点面结合"的工作思路，对项目绩效评估拟定整体实施框架，界定各模块间的逻辑关系，对项目整体运作实施四维推动：组织决策优化→关键流程梳理→绩效指标建构→实施效果评价。在收集、审核、分析相关绩效材料的基础上，运用案头分析法、比较分析法、专家评议法、实地调研法、因素分析法等评价方法实施评价，以实现科学合理的绩效评价体系，为项目提升组织管理效能，强化整体流程运作效率提供建议。

为了保证数据的客观性和准确性，倚天咨询以原始数据为重点，二手数据为参考，对官方数据平台（国内 TOP3 视频网站平台、收视率统计机构等）数据进行收集整理，如表 3 所示。

表 3　项目评价证据收集表

2016—2018 年 ×× 引导扶持专项资金剧本扶持情况						
年度	剧目	报送主体	播出平台 / 项目进度	获奖情况	网络播放情况	收视率 /%
2016	剧目 1	中国 ×× 电影制片厂	央视一套、央视网、腾讯	飞天奖入围	腾讯评分 7.4，播放量 637.9 万次	0.85
2016	剧目 2	广东 ×× 传媒业有限公司	央视八套、爱奇艺、优酷、腾讯	2017 年电视剧突出贡献奖	爱奇艺播放 13.6 万，优酷热度 1260，腾讯播放量 2.5 亿	1.47
2016	剧目 3	四川 ×× 影视文化传播有限公司	央视一套、爱奇艺、腾讯、PPTV、搜狐	金鹰奖优秀电视剧奖	腾讯播放量 1.7 亿	1.5
2016	…	…	…	…	…	…
2017	…	…	…	…	…	…
2018	…	…	…	…	…	…

在项目评价管理中，在正常运行条件下，跟踪业务在项目实施中的处理过程，穿越全流程和所有关键环节，把运行结果与财政资金使用的设计要求对比，以发现项目方案和流程控制的缺陷。

对数据进行关联性分析，通过确认、验证、筛选、核实等环节对收集户数进行处理，采用指数分析法进行分析，最终形成客观可靠的项目评价结论。

（二）绩效评价指标体系

倚天咨询基于财政部绩效评价分析模型，根据以往项目经验和项目行业发展要求，针对流程关键环节，遵循 SMART 指标确定原则，从“时间、数量、质量、成本、风险”五个维度提炼绩效指标（见图 2），设计综合评价指标体系，其中包括项目决策、项目管理、项目产出和综合效果 4 个一级指标、9 个二级指标、28 个三级指标。

地方局业务穿行测试，如表 4 所示。

表 4　地方局业务穿行测试

地方局		1. 资金监督管理办法			
		2. 征集、申报、初评办法			
年份			2016	2017	2018
剧本扶持初评工作	（一）初评基本工作	1. 征集的通知			
		2. 初评工作方案			
	（二）剧本扶持项目的上报材料	1. 各剧本申报材料			
		2. 评审工作委托协议			
		3. 专家名单			
		4. 剧目分组统计表			
	（三）扶持专项资金剧本扶持项目申报剧本的具体资料（申报资料）				
	（四）剧本扶持项目申报评审工作进展情况的资料	1. 进展情况函			
		2. 剧本扶持项目统计表			
		3. 超额申报排序表及说明			
	（五）剧本扶持项目初评会的资料	1. 初评会函			
		2. 专家通知函			
		3. 评审工作保密承诺书			
		4. 各组初评意见（预排）表			
		5. 初评会工作手册			
	（六）剧本扶持项目初评结果	1. 评审结果			
		2. 初评会工作总结			
		3. 剧本初评结果			
		4. 专家分组工作量及劳务费			
		5. 公布初评结果的通知			

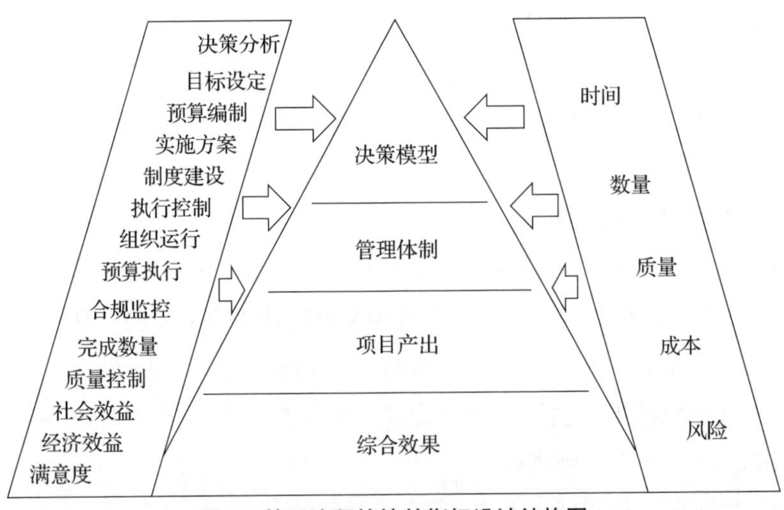

图 2　基于流程的绩效指标设计结构图

基于项目决策分析、目标设定、预算编制、实施方案等管理模块，对应构建项目决策指标体系；基于项目制度建设、执行控制、组织运行、预算执行和合规监控等流程识别确定管理绩效指标体系；基于合规监控、项目完成数量、质量控制等项目运作结果识别确定项目产出绩效指标；基于项目达成的经济效益、社会效益、相关人员满意度等项目运作成果识别确定综合效果指标体系。

1. 项目决策指标

项目决策指标以财政部绩效评价分析模型为基础，运用政府决策程序和分析手段，选择突出政府决策关键性的指标要素，该指标模块包含 3 个二级指标和 7 个三级指标，如图 3 所示。

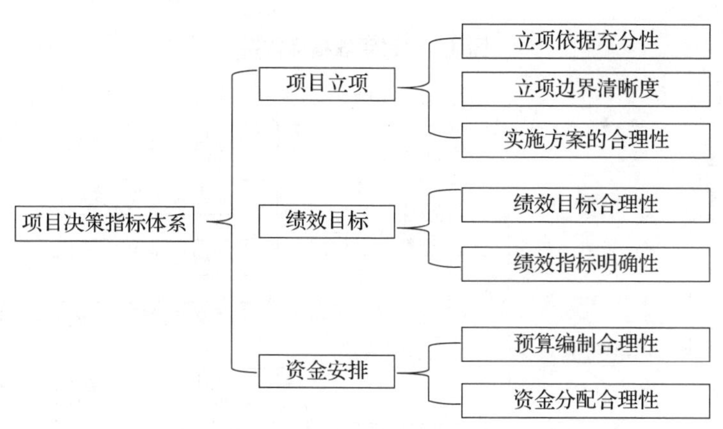

图 3　项目决策指标体系

2. 项目管理指标

项目管理指标体系基于行政管理理论，以业务管理和预算管理为项目管理的主线：业务管理是以组织有效运行、制度健全和严格执行为基础，预算管理是以资金有效执行和合规运用为标准，从而实现项目管理的目标。该指标包含 2 个二级指标和 8 个三级指标，如图 4 所示。

3. 项目产出指标

项目产出指标体系要素设计立足于项目立项初期设定的预期产出数量和

产出质量，并结合该行业的自身特点形成相关指标，该指标模块包括 2 个二级指标和 7 个一级指标，如图 5 所示。

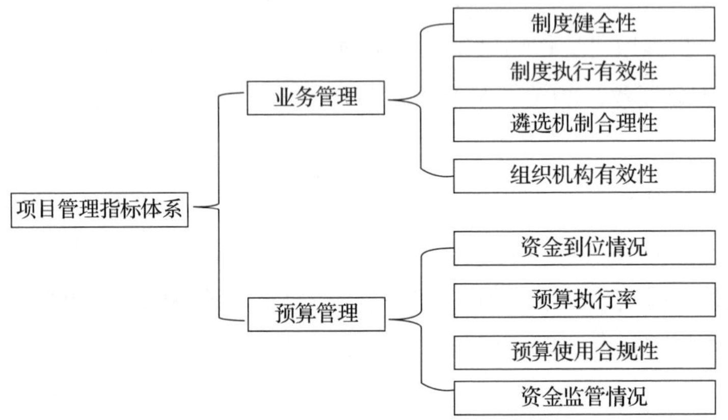

图 4　项目管理指标体系

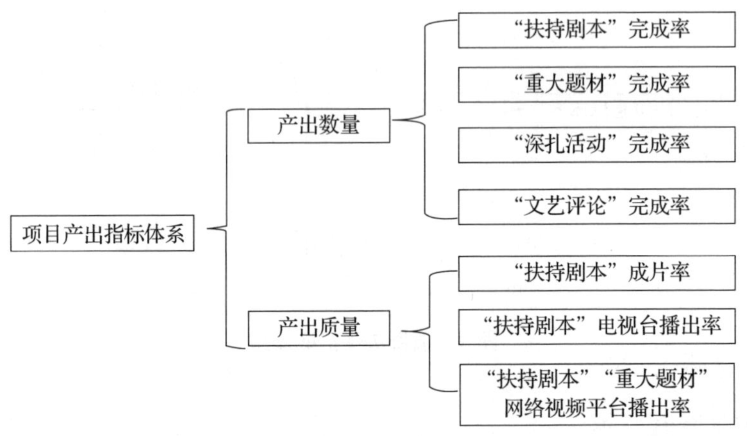

图 5　项目产出指标体系

4. 项目效果指标

项目效果指标体系是衡量项目存在意义和发展潜力的重要维度，是项目最关键的评价指标，本次指标设计遵从该项财政支出的立项本愿、聚焦集中体现电视剧行业公共价值的环节，从社会效益和项目各方的满意度两方面考虑，包括 2 个二级指标和 6 个三级指标，如图 6 所示。

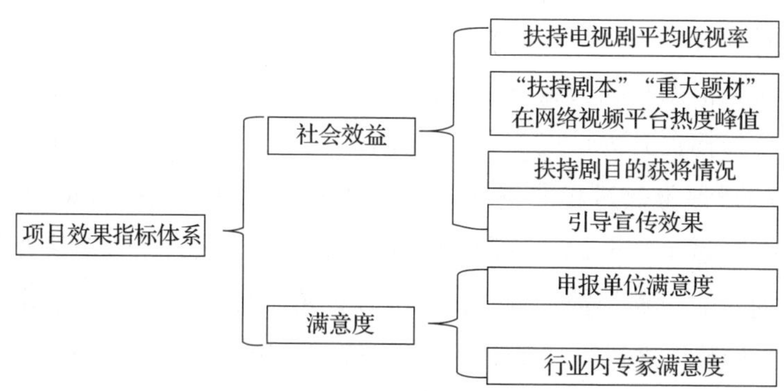

图 6　项目效果指标体系

通过上述指标体系的综合分析，梳理研究国家层面关于该领域的若干政策、发展规划和行业现状，明确指标定义及计算公式、指标单位、数据精确度、数据来源等属性信息，并实现项目决策类指标、管理类指标、产出类指标、效果类指标逐级保障，形成了该专项资金评价的意见。

SMART 五维识别绩效指标，如表 5 所示。

表 5　SMART 五维识别绩效指标

三级指标	分值	指标解释和评价要点	评价标准	得分	评分依据
任务完成度	××	考核是否完成计划，取近三年平均数： "剧本创作扶持"完成率＝（实际扶持数 / 计划扶持数）*100% ……	任务完成率＝实际完成数量 / 计划完成数量，最高不超过该分值上限； "剧本创作扶持"完成率得分＝近三年平均完成率 * 该指标分值，［4 分］； ……	××	"剧本创作扶持"2016 年完成率 110%，2017 年完成率 103%，2018 年完成率 106%。近三年平均完成率 106.33%，完成了计划指标 ……
成片率	××	成片比率＝已完成的拍摄剧本数 / 扶持剧本总数	1. 成片率≥ 80%，［3 分］； 2. 70% ≤成片率 <80%，［2.5 分］； 3. 60% ≤成片率 <70%，［2 分］； 4. 50% ≤成片率 <60%，［ 5. 成片率 <50%，［0 分］	××	……截至调查日，拍摄完成电视剧 37 部，成片率 67.27%
电视台播出率	××	考核各电视台对扶持电视剧的认可程度 "剧本创作扶持"电视台播出率＝（在电视台播出的电视剧数量 / 拍摄完成电视剧数量）*100%	1. 播出率≥ 80%，［4 分］； 2. 70% ≤播出率 <80%，［3.5 分］； 3. 60% ≤播出率 <70%，［2.5 分］； 4. 50% ≤播出率 <60%，［2 分］； 5. 播出率 <50%，［0 分］。	××	……中完成电视剧拍摄 44 部，电视台实际播出 34 部，播出率 77.27%

绩效指标

对应流程环节，从时间、适量、质量、程度、风险 5 个方面识别绩效指标

（三）绩效评价指标提升框架

倚天咨询依据专项资金各项子任务完成指标类别和绩效评价指标体系模型，以弱项指标提升为重点，引入DMAIC（六西格玛）管理流程改善的重要工具，将项目评价及过程改进划分为定义（Define）、测量（Measure）、分析（Analyze）、改进（Improve）、控制（Control）五个阶段，结合专项资金执行数据、行业内专业数据等数据源，构建绩效评价指标提升框架（见图7），以此项目目标指标数据进行全过程深度分析，逐本溯源，挖掘效果弱项指标深层次原因，并以此制订弱项指标的提升建议。

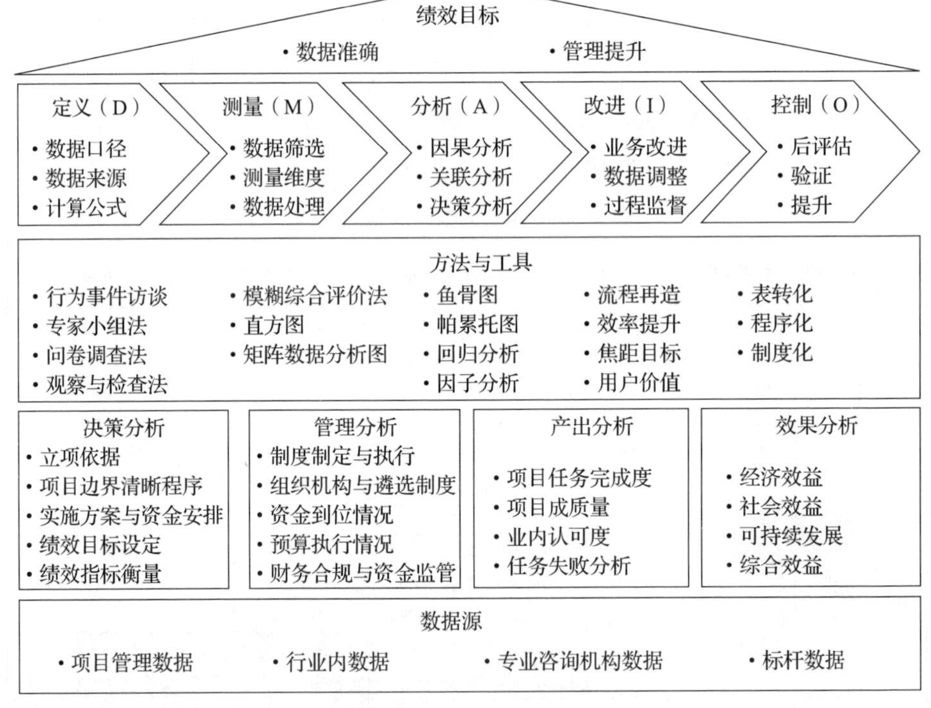

图7　绩效评价指标提升框架

倚天咨询基于DMAIC绩效评价指标提升框架，设计指标提升路径，明确各阶段关键环节，配置决策优化、跟踪检查、验证评估、调整提升等环节，确保项目绩效指标目标的达成。

四、项目效果说明

（一）项目可借鉴的经验

1. 预算绩效评价体系模型

倚天咨询根据预算绩效评价特点，创立绩效评价体系建设模型（如图 8 所示），项目评价都是围绕着以下四个方面进行研究并建立框架模型。

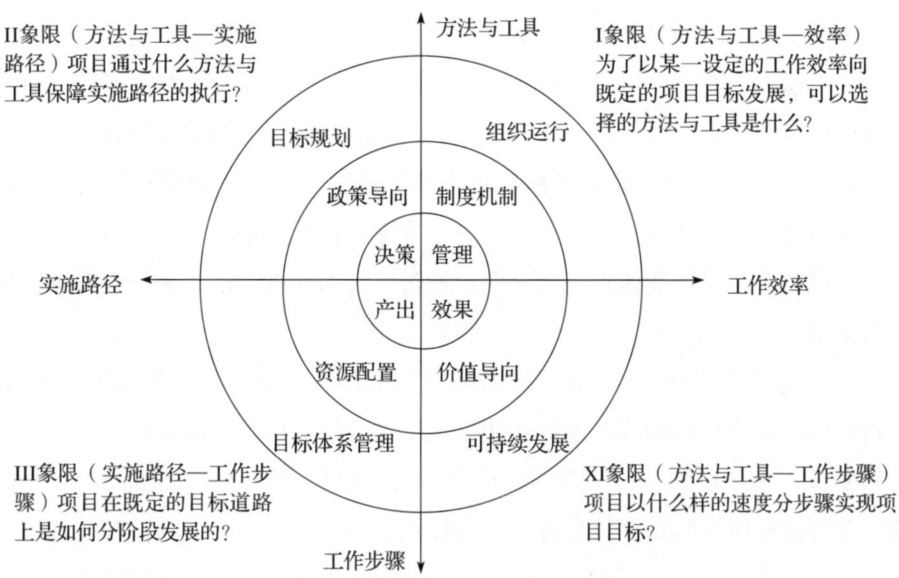

图 8　预算绩效评价体系建设模型

（1）实施路径，通过什么样的实施路径能实现项目目标？

（2）工作步骤，项目拥有明确绩效目标，设定了既定的实施路径，那么在实施过程中需要关注哪几个关键节点。项目应该通过分阶段、分步骤，渐次达到项目目标，需要通过阶段性目标来验证是否正确地走在了通往目标的道路上。

（3）工作效率，项目实施以什么样的效率和速度推行？如何安排项目的实施进度？

（4）方法与工具：为保障项目按既定节奏实现项目目标，可以选择的方法与工具是什么？

2. 体系建立的原则

（1）科学性原则。评价指标体系必须遵循经济规律和社会发展规律，采用科学的方法和手段，建立的指标必须是能够通过观察、测试、评议等方法得出明确结论的定性或定量指标。

（2）系统性原则。系统性要求绩效评价体系必须坚持全局意识、整体观念，指标体系要综合涵盖项目实施过程中各子系统、子项目、各要素相互作用，并反映彼此间的互动与影响的方式、强度和方向等各方面的内容。

（3）层次性原则。由于预算绩效评价内容涵盖的多层次性，绩效评价体系需要把各要素相互联系成一个有机体，从不同方面、不同层次反映项目运行的整体效果。一方面，绩效指标体系应从整体层次上把握评价目标的协调程序，以保证评价的全面性和可行性。另一方面，指标体系设置上按照指标间的层次递进关系，尽可能体现层次分明。通过一定的梯度，能准确反映指标间的关联关系。

（4）动态性原则。指标体系整体性的相互联系是在动态中表现出来的，项目运行会由于自身动因和人的作用导致变动。绩效评价标准就是一个动态发展的变量，由于影响项目实施的环境会随着时间和周围条件变化而随机变化，绩效评价指标应反映出评价目标的动态特点。

（5）综合性原则。任何整体都是由一些要素为特定目的综合而成，预算绩效评价作为一项系统性、综合性极强的工作，是由资源、环境等多种要素构成的综合体，这些要素需要多种结构联系、领域交叉、跨学科综合，仅仅根据某一要素进行分析判断，很可能做出不正确甚至错误的判断。绩效评价体系应综合平衡各要素，要考虑周全、统筹兼备，通过多参数、多标准、多尺度分析与衡量，从整体联系出发，注重多因素的综合性分析，求得一个最佳的综合效果。

（二）项目实施效果

1. 直接成果

项目报告根据项目调研、分析结论，从专业角度提出问题和建议。

在决策层面，针对如何最有效发挥资金对项目的“引导扶持”作用，提出首先应全面梳理相关资金政策，进一步明确界定本专项资金支持的范围和阶段，进而优化实施方案，针对行业客观规律和产业发展特点，明确“引导扶持”环节，聚焦资金力度。

在运行层面，针对如何落实既定项目目标，提出了“完善扶持项目遴选机制”“建立明确的专家评价体系和评分规则”“完善、细化专项资金使用管理暂行办法”等有效实施途径。

在管理层面，提出“建立评审结果反馈机制、加强事后跟踪问效效果”，建议建立涵盖事前审核、事中跟踪、事后检查的业务管理制度，研究分阶段拨款可行性，规范建立统一可行的约束机制。

在提升预算效果方面，按照加强全过程预算管理、提升预算编制精准度和预算执行率的要求，针对“错年预算情况”“信息公开”“预算编制方式”“资金拨付环节”“监管机制运行”等方面，提出相关的建设性意见。

2. 额外效益

协助财政部预算评审中心、梳理、核实项目数据 9 类共计 4 万多个，涉及相关专业领域和细分行业 6 个，为相关部门深入了解该行业绩效管理工作提供了扎实数据支撑。评价报告相关结论成为财政部评审结论和年度预算审批的重要依据。

3. 可持续效果

报告作为预算工作的重要成果，被提交至全国人大作为相关工作的信息参考和决策依据；报告中的核心建议也被该项目预算单位接纳，并体现在新修订完善的“专项资金使用管理办法”“年度专项资金使用计划”等工作文件中，成为项目后续实施的工作依据和管理标准。

4. 溢出效应

该项目评价指标的设计，收纳、反映了行业专家、从业机构、相关利益单位的共性意见、主体呼声，重点突出行业投入产出的重要环节，覆盖项目绩效效益评价的重点内容，为相同专业领域的项目评价提供了可直接使用的、经实践论证的评价指标和评价标准。

以文化视角透视潍坊农商银行的变革之旅

北京同心动力企业管理顾问有限公司　赵彦春

北京同心动力企业管理顾问有限公司（Topduty Management Consulting，以下简称同心动力），是中国著名的企业文化管理、组织品牌管理、组织转型变革咨询公司，是中国科技咨询协会副理事长单位、中国管理咨询委员会执行委员单位，中国管理咨询机构 50 大。

同心动力成立于 1999 年，肩负“共筑企业信仰，激发积极改变，助力永续成长”的使命，以“让每次改变都看见卓越”为品牌主张，坚持“引领性、创新性、实效性”的咨询原则，始终致力于与客户携手发展，先后为中国建筑、中国工商银行、德邦物流、中国电科等数百家知名企业提供管理咨询服务，培训华润集团、联想集团、百度、中国兵器、汇丰银行、摩根士丹利（中国）等上千家卓越企业，被誉为“管理咨询界的群体德鲁克”。

本案例项目组成员

赵彦春，曾就职于中国石化某直属企业、北京某管理科学研究院，现任北京同心动力企业管理顾问有限公司副总裁。研究方向为企业文化建设与管理、学习型组织创建与培训，曾负责与主持过中国中铁电气化局集团、神华神东煤炭集团有限公司、杭州地铁集团、山东太阳纸业有限公司、一汽－大众汽车有限公司、山东港湾建设集团、中国电子科技集团、中国民航局清算中心、亿利资源集团、山东能源枣矿集团、广州日报报业集团、中航信托、贵州电网公司、厦门雅瑞光学有限公司等大型央企、军企、民企及中外合资企业的企业文化一期、二期项目。

其他成员：赵静、樊伟杰

导读

潍坊农商银行企业文化管理咨询项目先后经历了两年、两个合同期的项目历程。项目一期的重点是构建文化、形成文化，项目二期重在落实文化、践行文化。

两年的时间，综合考评排名从2016年的山东省110家农商行法人机构的第103位上升到2018年年初的全省第26名。这家企业是如何做到的？

他们是如何以文化之力撬动管理变革的？

如何才能走出一条符合自身发展道路的特色银行、专业银行、区域银行、社区银行的经营战略转型之路？他们的探索之路是怎样的？

项目着眼变革、激发活力，实现了从共识到共享、从共享到共行。项目特色主要体现在：

- 活力激发从调研诊断开始；
- 行为转变从构建体系入手；
- 落地践行从文化众享出发；
- 对接管理从“同路人”行动起步；
- 文化变革从凝聚正能量起航……

在项目合同期结束后，企业文化常态化推进模式依然在正常运行，企业文化践行工作依然在持续推进和不断深化，从而有效确保了企业文化落地的效果。

以文化视角透视潍坊农商银行的变革之旅

北京同心动力企业管理顾问有限公司　赵彦春

一、项目背景

潍坊农村商业银行股份有限公司（以下简称潍坊农商银行）成立于2012年11月15日，是经中国银监会批准，在原潍城、奎文、坊子、寒亭四区农村信用合作联社基础上，以新设合并方式发起设立的股份制商业银行，服务范围覆盖潍坊辖内潍城、奎文、坊子、寒亭、高新、滨海、峡山七个区。目前，下设8家一级支行、1家营业部，118家二级支行，注册资本26.76亿元，在岗员工近1800人。

项目启动之初，企业面临经营压力较大、员工士气低落、合规意识淡薄等诸多问题和矛盾，给企业的生存发展带来了极大的困扰与障碍。“三座大山”压得企业喘不过气来。

（1）企业持续营利能力较差。多项重要指标在全省排名比较靠后，2016年在山东省110家农商行法人机构中排行第103位；

（2）正能量缺失、执行力和担当意识差。遇到问题推诿扯皮、能拖就拖，员工牢骚多、执行力较差；

（3）合规意识淡薄。不讲规矩，拿管理当权力，存在吃拿卡要报、关系贷、人情贷等不良现象。

在这种情况下，企业急需确立和形成正确的价值导向，用企业文化凝聚人心，汇集力量。

经过公开竞标，同心动力在数家竞争者中脱颖而出，走进潍坊，开启了与潍坊农商银行的合作之旅。

二、项目需求分析

（一）确立清晰的运作思路

同心动力从项目启动之日起，就确立了清晰的运作思路，在一期项目推进过程中就突破常规一期文化项目的边界与限制，着眼文化变革、突出文化执行，形成与构建可执行、可操作、能够持续深入落实的潍坊农商银行文化。

（二）给出系统的解决之道

首先在全面梳理潍坊农商银行的现实状况与存在问题的基础上，确立能够代表并引领潍坊农商银行的主流价值取向，并以梳理出的问题为导向，找准切入点，从关键问题入手，给出系统的解决之道。

（三）制定科学的推进路径

针对潍坊农商银行的工作实际，我们遵循从企业文化建设到企业文化管理、从企业文化管理到企业文化变革的原则，按照共识、共享、共行的推进路径，层层递进、步步深化。

（四）启用先进的工具方法

积极采用国内外最先进的咨询工具，不断探索最新的方式、方法，是同心动力一贯倡导和各项目团队的努力方向。潍坊农商银行也不例外，从调研开始就非常注重采用先进的工具与方法，在项目推进中，先后采用了 Work-out、World Coffee、Retreat、CVF 竞争性价值分析模型、价值观拍卖、价值观检视与对照、JPS 联合工作法、角色代入情景演练法、示范引路法、文化路演、共识营、共行营、众享会等，为项目的高效推进提供了可靠的工具和方法保证。

三、项目操作流程

（一）活力激发从调研诊断开始

以问题为导向，对潍坊农商银行进行全方位立体扫描与系统诊断，特别是在调研中引入 World Coffee 式的群体访谈方式，这样不仅便于高效获取信息和咨询，更有利于激发参与者的意愿和激情，让员工的活力从参与调研开始就逐渐地被激发、唤醒。

访谈调研历时 1 个多月，采取全方位、立体化 CT 扫描的方式，单访与群访相结合、定性与定量相结合，共访谈调研 491 人次，其中一对一访谈 43 人次，采用共识营形式群体访谈 9 次，共计 450 人，形成访谈笔录 12.9 万多字；在线问卷调研 1090 人，有效覆盖各类群体人员。

1. 深入挖掘潍坊农商银行的文化积淀

经过全方位的访谈调研，我们发现，潍坊农商银行虽然成立时间较短，但此前潍坊农信联社 60 多年的发展历程对农商人影响深远，潍坊农商银行有着较为深厚的历史文化积淀，员工对企业有着较高的忠诚度与归属感，与“三农”与中小企业有着天然的感情，这是企业变革发展的坚实基础（见图 1）。

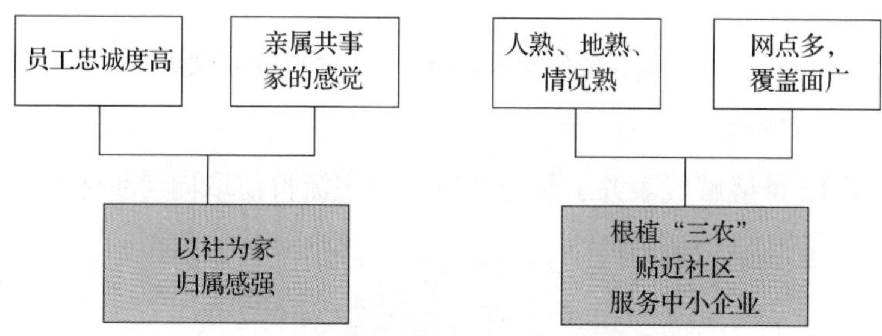

图 1　潍坊农商银行深厚的历史文化积淀

2. 充分厘清制约潍坊农商银行发展的关键问题

调研发现，影响和制约潍坊农商银行发展的主要问题涵盖人力资源、组织架构、制度流程、风险管控、客户服务、品牌形象等方面。但这些问题概括起来，无非就是两大类问题，即人的问题和机制问题，人的问题主要是思想根源层面的问题，包括员工士气、责任心、思维方式及执行力等方面；机制问题则涉及考核激励、组织架构、制度流程、风险管控、客户服务、品牌管理、员工晋升机制、员工培训等方面（见图 2）。

（1）如何激发员工活力，提振员工士气？

（2）如何强化执行，增强员工的责任担当意识？

（3）如何打破大锅饭，形成真正有效的激励？

（4）如何改变前台轻后台重、大总行小支行的现象？

（5）如何补上产品和服务创新不足的短板？

……

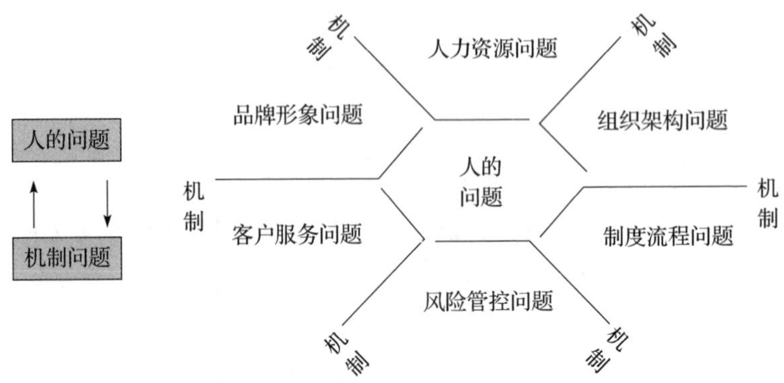

图 2　制约潍坊农商银行发展的关键问题

这一系列问题，成为摆在潍坊农商银行面前的重要课题。

3. 准确锁定潍坊农商银行的文化核心

确立了 12 条能够代表并引领企业发展的主流价值取向（参见图 3）。

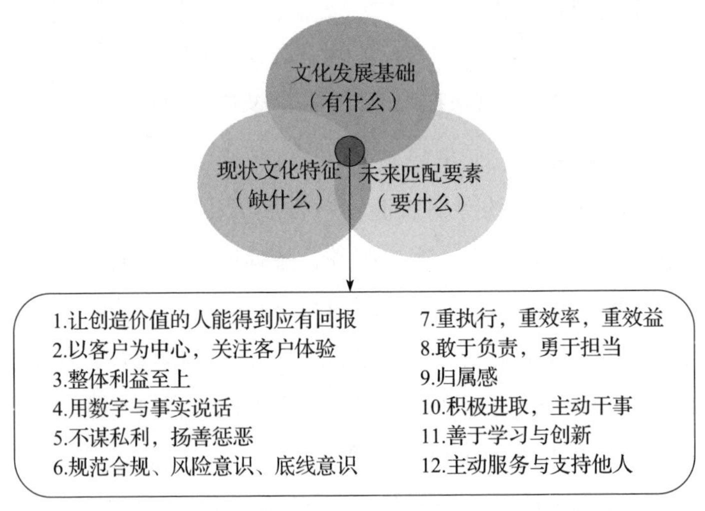

图 3　准确锁定潍坊农商银行的文化核心

（1）创造价值：让创造高绩效的人得到回报。

（2）客户导向：成为最贴近客户的金融服务商。

（3）大局意识：整体利益至上，破除个人和小团队的小九九。

（4）务实精细：用数字与事实说话。

（5）诚信正直：做人做事实实在在，关系简简单单，有正气，公平公正。

（6）合规控险：清晰底线，坚持原则，依法合规，管控风险。

（7）效益为先：以效益为中心，强化质量管理，控制运营成本。

（8）主动担当：主动干事，敢于担当。

（9）人本激励：尊重、欣赏、激励。

（10）高效执行：强执行，重效率。

（11）创新求变：向先进学习，向对手学习，不断创新。

（12）协作共赢：主动服务与支持他人，利人利己，合作共赢。

（二）行为转变从构建体系入手

企业文化是知与行的统一，在于知，更在于行。知是行之始，行是知之成。在潍坊农商银行企业文化体系构建过程中，我们立足知、着眼行，形成了“知篇”与“行篇”。“知篇”清晰、准确，重点突出；“行篇”针对性强，便于指导行为。

1. 知篇——核心理念体系

构建契合潍坊农商银行实际、高度凝练的核心理念体系。

（1）使命——服务成就价值。

（2）愿景——最贴心的金融伙伴，最具竞争力的精品银行。

（3）核心价值观——有担当、有价值、有创新、有规则。

2. 行篇——农商人行为 20 条

让“四有”价值观与行为对接，让每一条价值观都能落实到具体的行为当中，有效指导员工行为。比如，“有担当”，针对潍坊农商银行的现状，我们第一，指出信守承诺是担当的前提，要言必行、行必果、诺必践，形成“有诺必兑现，无信无以立”的行为准则；第二，指明为什么要有担当，形成“只有敢担当才能挑大梁”的行为准则；第三，有针对性地强调岗位责任，形成“岗位是责任，不是地盘”的行为准则；第四，强调协作、杜绝推诿扯皮，形成“协作协同不分你我，推诿扯皮就是搅局”的行为准则；第五，强调执行与效率才是担当的真正体现，形成“快速响应没有借口，完整执行不打折扣”的行为准则。

（三）落地践行从文化众享出发

文化众享，标杆引路，从个人到团队，从试点到示范，让“心共赢 · 新农商”的文化理念逐渐转化为员工的行为，落实到员工的工作与行动中，达到员工行为的“同化”，成为每一个潍坊农商银行人的自觉习惯。

1. 文化没有旁观者——文化众享，现身说法

在经过两轮企业文化共识共享之后，潍坊农商银行的绝大多数管理者与骨干员工都能够在本职岗位上主动践行企业文化，自觉按照企业文化的倡导和要求去做事。但也有不少的员工乃至行本部的部分管理人员自动自发的意愿还不够强烈，甚至还是在被动行事。经过分析，我们发现，尽管企业文化共识营、共性营已举办两轮，尽管已实现了支行与部门全覆盖，但参与的人员大多都是骨干以上的管理人员，近 2/3 的人员因为工作脱不开身的原因或活动安排的原因，始终无缘参与企业文化的统一活动，他们对企业文化还缺乏相应的认知，无法把自己与企业文化联系起来，缺乏参与企业文化践行的热情与意愿自然也就不难理解了。

鉴于此，项目组有针对性地设计了“企业文化落地践行众享会”。众享会设置三大环节：“现身说法”“现状研讨”和“现场点播”。一轮真正覆盖全员的“文化盛宴”正式上演，它像一张巨网撒向潍坊农商银行的各个条线、各个岗位、各个角落。行本部 6 场众享会，6 位行领导每人参与一场；8 大一级支行以二级支行为单位，无缝铺开。

企业文化落地践行众享会让每一个潍坊农商银行人都能够参与其中，引发每个人对于企业使命、岗位使命与个人使命的深深思考，迸发出积极践行文化的活力与热情（见图 4）。

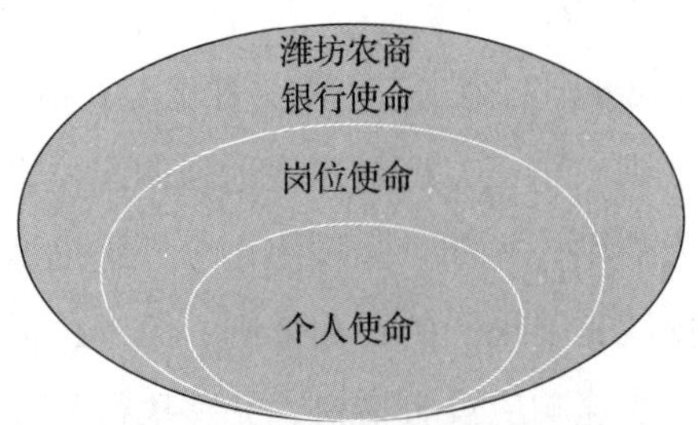

图 4　企业文化落地践行众享会

（1）浑浑噩噩的日子是不值得过的。

（2）对工作“尽力了、做到了”“尽力而为”了。

（3）成功人士都很注重如何服务他们的对象，而不是他们自己。

（4）找到人生的意义和个人的使命，并坚持下去。

……

2. 打造标杆引好路——试点培育，标杆示范

（1）企业文化落地实施究竟怎么推进？

（2）如何让文化与支行业务有效结合？

（3）企业文化落地如何才能更深入、效果更好？

（4）有没有可以借鉴的办法与模式？

……

对潍坊农商银行来说，企业文化实施的主体单位是支行、是部门，但大多数单位却不知道企业文化落地该做什么、从哪里入手。咨询顾问又不可能到所有单位一一进行现场的辅导与指导，这样做一方面效率太低，另一方面工作量太大。我们的做法是选取 3 家不同体量、不同性质的支行作为企业文化落地践行的试点单位，进行系统辅导，帮助试点支行建立健全企业文化落地践行的机制办法，同时发现问题，梳理经验，确定试点向示范迈进的 6 条推荐性标准，使之逐渐成为企业文化落地践行的标杆，从而在企业文化落地践行工作中能够充分发挥示范引路的作用。企业文化试点单位到示范单位的过程与路径如图 5 所示。

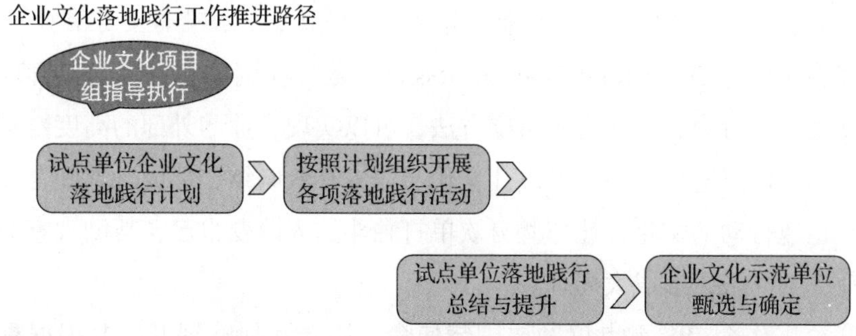

图 5　企业文化试点单位到示范单位的过程与路径

（四）对接管理从“同路人”行动起步

为了加深全员对“心共赢·新农商”核心理念的认知与理解，形成正确的文化导向，从根本上解决员工的思想认识问题，增强全体员工热爱农商银行、奉献农商银行的责任感和使命感，真正实现企业文化的强力统领，不断提升执行力和创新力，项目组相继组织与实施了中高层企业文化共识营、“同路人行动”企业文化共行营，从机关到基层、从部门到支行，从理念到行动、从共识到共行，全覆盖、无遗漏，先后两轮的全程共识性洗礼，首轮 9 场“共识营”侧重思想共识，重在激发基层与员工的参与热情，第二轮 9+1“共行营”侧重行动改变，重在与支行具体业务与指标的衔接，650 多人、全行 1/3 以上的人员参与，确保了各层面人员对企业文化的认知与认同、共识与共享。

1.“狼峡谷”情景演练——让责任与规则明晰起来

西方管理学最新的管理案例，令人扼腕的“狼峡谷”事件，通过 7 个不同角色的情景演练，引发每一个参与者对于责任、对于规则的深刻反思与启迪。

（1）“我”为什么会这么做？

（2）“我”应该这么做吗？

（3）“我”怎么做就有可能避免这场悲剧的发生？

（4）“我”这么做的前提是什么？

（5）在面对变化或突发事件时，究竟应当怎样选择、怎样行事？

2. 联合工作会 JPS——让企业与外部高度链接、让文化与业务有效联结

联合工作会 JPS（Joint Practice Session）是一项调动和督促企业管理者提升应变力、执行力、协作力的重要方法，可以实现企业与外部的高度链接，提升企业的整体反应能力；也可以让文化与业务有效联结，形成自觉配合、快速决策、迅速行动的文化，让那些喜欢单打独斗的人改变自己，帮助大家突破职能和业务的局限，形成大局观。

联合工作会 JPS 重点议题要围绕使命、愿景和战略展开，要根据重要性与紧急性的方式排序确定。

表1是潍坊农商银行支行联合工作会JPS的议题来源示例。

表1 潍坊农商银行支行联合工作会JPS的议题来源示例

工作类别	工作内容	工作目标或方向
经营工作	业务开展	存贷款目标
		不良贷款余额控制
		经营利润目标
组织转型工作	网点转型	向网点转型要人、要效益
		打造智能化网点
		开展特色支行和主题银行建设
		提高厅堂营销能力
管理提升工作	完善自主创新机制	制订出本支行提升创新能力的实施方案
	完善信贷业务运营机制	推行“快贷”模式
		完善尽职免责制度
		增强贷后监查独立性
	加强对制度执行的指导与监督	强化各部门的执行力
保障机制强化工作	强化从严治党，以党建统领各项业务发展	全面落实“一岗双责”责任
		加强党员教育管理，规范党组织生活
		以党的建设为统领，全面带动群团组织建设和企业文化建设
	强化作风建设	加强信贷作风建设
	强化企业文化建设	组织各项文体活动
	强化民生建设，提高员工满意度	“七件实事”工程

（五）文化变革从凝聚正能量起航

寻找正能量、凝聚正能量，放大正能量、传播正能量，让文化变革的星星之火形成燎原之势，以企业文化之力促进各项管理工作的有效融合与提升，形成一套符合潍坊农商银行实际的落地践行模式，实现企业文化落地践行的持续深入与常态化推进，鼓舞全员发展士气，积极推动业务发展。

1. 寻找正能量——价值观竞拍

潍坊农商银行的“四有”核心价值观是全体潍坊农商银行人共同的行事准则，需要每个人努力去践行、去捍卫。为此，项目组采用价值观竞拍的办法，加深对价值观的理解，强化对价值观的执行，推动价值观的落地，并从中找到价值观的“捍卫者”。这一活动也是寻找正能量的过程，也是凝聚正能量的行动。

（1）你的团队是否竞买到自己认为最重要的价值观？

（2）如果是，竞买到时的心情如何？

（3）如果没有竞买到心情又如何？

（4）你的团队最想竞买的价值观是什么？为什么它对你们那么重要？

……

2. 凝聚正能量——价值观检视与对照

变革源于心、始于行。如何行动、怎样行动？只有按照“四有”价值观的要求不断检视和对照自己的行为，逐渐转变行为方式，才能汇聚起积极向上的正能量，进而形成推动变革的强大力量。

为了确保行动的效果，采取了“通报 + 奖励”的方式，执行初期仅通报“优”和“良”，常态推进后则按“优”“良”“一般”“较差”全面通报并予以公示。图 6 为潍城支行价值观检视与对照情况。

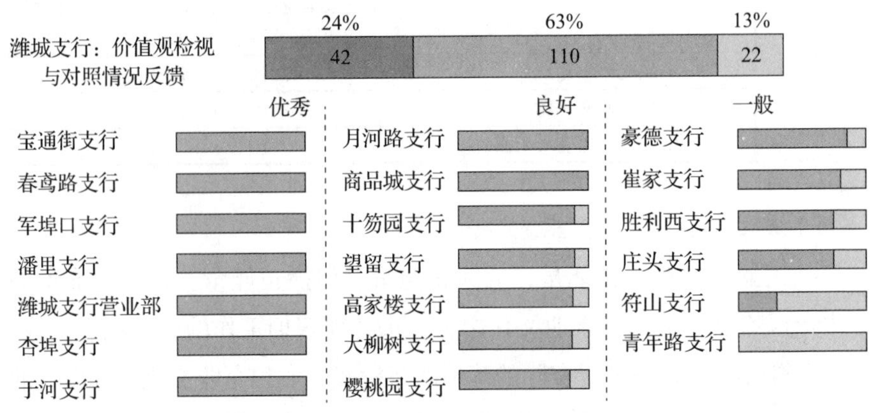

图 6　潍城支行价值观检视与对照情况

价值观检视与对照让每一个潍坊农商银行人时时检视自己的行为，不断改变自己的习惯。

针对阶段性工作要求，我们在价值观检视与对照中，还能得到很多有价值的意见和建议。

（1）“我”对提升信贷服务的意见。

（2）“我”对柜面业务一次办好的想法。

（3）“我”对规范化服务的建议。

……

3. 放大正能量——企业文化落地践行之星巡讲

第一，放大正能量。开展全行范围的文化落地践行之星评选活动，每季度评选 100 名，并进行大张旗鼓的表彰，进一步激发全行员工践行价值观的主动性和自豪感，形成人人积极践行文化的良好氛围。

第二，传播正能量。以“我讲、我听、我看、我行”为主要模式，开展潍坊农商银行企业文化落地践行之星的全行大巡讲，让身边人讲身边事，通过身边事感染身边人，能够更加有效地调动潍坊农商银行人践行企业文化的积极性，形成积极正向效应，不断推动企业文化落地践行工程的常态化与深入化。

四、项目效果，客户反馈

文化变革助力企业发展，潍坊农商行在短短两年的时间里，综合考评排名从 2016 年的山东省 110 家农商行法人机构的第 103 位上升至 2018 年年初的全省第 26 名。

潍坊农商银行人身上发生了巨大变化：

（1）员工的士气大幅度提升了；

（2）抱怨的少了，实干的多了；

（3）大家的心聚在一起了……

“去年（2017 年）以来，同心动力为我行的企业文化打造付出了艰辛的努力和大量的心血，最终形成了我们‘心共赢·新农商’的企业文化，这个文化是非常符合我们企业实际的。近期，通过多次与同心动力专家进行交流，我对企业文化又有了更多的体会与思考，今天在现场听到这么多员工的分享，我们的文化正在经历由知到行的转化，潍坊农商银行的文化在落地践行方面已经取得了很好的效果。我相信，经过我们的共同努力，我们的文化不仅能够很好地落地、生根，而且一定能够开出更加灿烂的花朵、结出更加丰硕的果实。在此，我对同心动力项目团队再次表示衷心的感谢。”

——潍坊农商银行行长　张友彪

“文化一定是要让我们达成共识之后才能共行，在过去的一年时间里，从我个人感觉讲，大家是有非常大的进步的，精神面貌发生了很大的变化，同心动力帮助我们做的企业文化起到了非常重要的作用，非常感谢同心动力项目团队付出的努力。实际上，‘同路人行动’企业文化共行营就是要让我们坚信我们的价值观，我们在做每一件事的时候是不是践行了这样的文化。我们如何去服务，在工作中成就什么样的价值，如何做到心贴心的服务，如何做到最具竞争力的精品银行……”

——时任潍坊农商银行纪委书记　周瑞清

北京首都国际机场股份有限公司安全文化评估项目

北京捷盟咨询管理有限公司　王京平

北京捷盟管理咨询有限公司（以下简称捷盟咨询）成立于1999年，长期致力于企业研究—咨询—培训一体化服务，为企业管理提供一揽子系统解决方案。著名经济学家魏杰教授为捷盟咨询的首席专家顾问。捷盟咨询崛起于清华、成长于市场，高层次、高起点、厚积薄发，是中国领先的集团化大型管理咨询公司。

捷盟咨询以“塑造最受尊敬和可信赖的咨询公司”为公司愿景，努力实践前沿的企业管理思想和务实的清华大学作风，利用专业、科学的工作和分析方法及系统完备的案例和信息资源，已成功地为众多国内各类型大中型企业和世界500强跨国企业提供了咨询服务。客户涵盖能源、建筑、交通、路桥、房地产、物流、制造、IT、电力、煤炭、通信、传媒、石油、化工、影视、医药、食品、水务、市政公共管理、旅游、园林、金融、保险、印刷、工艺美术、零售、农业等众多行业及政府机构，累计为1000多家客户提供了满意的咨询服务。

本案例项目组成员

王京平，北京捷盟管理咨询有限公司副总裁，中央财经大学管理学硕士，高级人力资源管理师，会计师，公司知识管理中心主任，《中外企业文化·智库》杂志编辑部副主编。作为北京市思想政治工作研究会长期合作顾问，具有16年管理咨询经验，擅长企业内控、品牌建设、企业文化建设、管理诊断、网站建设咨询。

其他成员：马健雅、任翀、郭莹、宋硕

导读

北京首都国际机场作为首都北京的第一国门，安全管理水平代表着北京，更体现着国家的形象。面对日益复杂的安全形势，安全管理必须向纵深发展、向文化要保障，只有安全文化建设才能确保首都机场长治久安，这已成为北京首都国际机场股份有限公司及首都机场安委会的共识。自2016年起，首都机场启动了安全文化“2.5版”建设工作，依托首都机场安委会的平台，开展了“国门真英雄”“安全随手拍”等系列安全活动，取得了很好的效果。2018年，为了进一步巩固安全文化建设取得的成绩，同时主动寻找差距，明确改进方向，聘请捷盟咨询共同对首都机场进行安全文化系统评估。

此次评估工作，共调研访谈了首都机场股份公司21个部门、安委会近30家单位和10家合约单位，掌握了首都机场范围内各单位安全文化建设的整体情况。如何评估安全文化建设所处的阶段，如何解决安全文化建设存在的问题，是本项目的两个关键任务。项目组依据杜邦安全文化建设四个阶段特征和安全文化金字塔模型原理，通过现场评估、问卷调查、专家打分，评估确认首都机场现正处于安全文化建设“2.5阶段”，并针对性地提出了首都机场安全文化建设的总体思路和阶段特征，创新构建了首都机场安全文化评估模型，同时为推进安全文化2.5向3.0阶段建设提出了一系列建议。

此次项目的成功在于项目组深入地研究、科学地建模、严谨地分析以及客户方大力地支持与建设性地碰撞沟通。相信经过此次系统评估，首都机场安全文化会更加健康持续发展，安全水平会进一步提升。

北京首都国际机场股份有限公司安全文化评估项目

北京捷盟咨询管理有限公司　王京平

一、项目背景

（一）客户基本情况

北京首都国际机场股份有限公司（以下简称首都机场股份公司）隶属于首都机场集团公司，于1999年10月15日成立，作为首都机场的管理机构，主要负责首都机场的安全和运营管理工作，包括首都机场的安全保障、运行服务、环境保护和公共事务管理，统一协调、管理首都机场的生产运营，维护首都机场正常秩序，为航空运输企业及其他驻场单位、旅客和货主提供公平、公正、便捷的服务。首都机场是全球第二大客运机场，安全管理工作一直在中国民航机场业保持着行业领先的地位。

为确保首都机场安全、正常及高效运行，根据民航总局令第191号《民用机场运行安全管理规定》要求，经各驻场单位协商，2008年6月27日首都机场安全管理委员会（以下简称安委会）正式成立，其成员包括国航、东航、南航、海关、边防、检疫、公安、安保等单位。近年来，首都机场股份公司与各单位依托安委全会积极开展安全文化建设，以“敬畏规章、诚实守信、落实责任、全员主动、打造安全利益共同体”为安全理念，以共同提升各成员单位安全管理水平为宗旨，以打造首都机场安全利益共同体为使命，共同携手提升首都机场安全管理水平。2018年首都机场创造了旅客吞吐量超过1亿人次的辉煌业绩，也实现机场范围内不安全事件万架次率0.2的近五年最好成绩。

（二）首都机场安全文化特点及难点

首都机场作为国内最大、最繁忙的机场，在安全文化建设方面的探索和实践经验，影响着国内机场企业的安全文化建设，成功的实践经验对于促进行业总体安全文化建设水平的提升，有着不可忽视的重要作用。

1. 驻场单位多，安全管理需要达成共识

首都机场相关方众多，安全管理难度大，部分安全管理要求很难有效传递到末端。相关方由于行业属性、隶属关系不同，对安全管理都有各自不同的规范标准和落实要求，且相关方各单位员工对安全管理的认识和重视程度也不同，促使首都机场需要通过安全文化建设达成各方对安全管理工作的高度共识。

2. 安全与服务、运行、效益关系需要理顺

首都机场作为国门、作为国际机场，安全状况备受国内外关注，机场安全管理问题具有政治敏感性，因此首都机场安全压力大，安全任务重，容不得半点儿松懈，长期实施严格的安全管理。且在实际工作中，安全与服务、安全与运行、安全与效益的关系需要进一步理顺，形成互促互补的关系。

3. 专业安全管理能力和员工素质有待提升

由于内、外部环境复杂，首都机场安全形势越来越严峻，对员工的专业安全能力和素质要求越来越高。目前部分单位的安全监管能力和执行能力不能完全满足日益提升的要求，部分员工的安全意识和行为与首都机场倡导的主动安全还存在一定差距，需要通过安全文化建设促使员工的安全意识进一步提高，安全素质进一步提升。

（三）项目需求

2016 年，首都机场股份公司启动了安全文化“2.5 版”建设工作。通过逐步完善安全规章制度和安全责任拼图，不断强化全员遵章守规和风险防范的主动意识，同时通过评选“国门真英雄”，积极开展“安全随手拍”“制度找茬”“向违章说不”等安全活动，营造了积极的安全氛围。经过两年多的安全文化建设，安全文化 2.5 阶段的特征已逐步形成，安全工作转化为日常其他工作的基础。然而，在日常运行中仍然出现大量员工违章的行为，与所倡导的安全文化建设达到的主动安全行为还有一定的差距。因此，首都机场股份公司亟须对股份公司及首都机场范围内相关单位进行整体安全文化评估，找出差距，形成制度，达成共识，提出改进措施，从而更好地向安全文化建设“3.0 版”迈进。

基于以上项目背景及原因，首都机场股份公司通过招标筛选，确定了由

捷盟咨询作为合作方开展此次首都机场安全文化评估工作。

1. 安全文化现状评估

诊断首都机场目前整体所处的安全文化发展阶段，评估首都机场安全文化水平，找出存在的差距，并提供解决方案和措施，首都机场安全文化建设与其他安全管理要素的关系，以及相应关联度，形成《首都机场股份公司安全文化评估报告》《首都机场关键相关方安全文化评估报告》等报告。

2. 规范安全文化管理机制和建立相关制度文件

评估目前首都机场现有安全管理机制的合理性。进一步明确首都机场安全文化管理机制，明确首都机场安全文化管理要素、管理方法及相应具体措施，形成《首都机场安全文化建设白皮书》《首都机场安全文化管理制度》等报告。

3. 建立首都机场安全文化评价体系及方法

结合杜邦安全文化的四个发展阶段，将成熟度概念引入到首都机场安全文化管理评价体系中。制定首都机场安全文化成熟度的等级标准、评价维度及指标、测评方法和评分细则，客观的测量准则和系统的测量指标来确定安全文化成熟度等级，形成《首都机场安全文化成熟度评价指标体系》报告。

4. 开展其他行业安全文化交流培训

组织首都机场安委会有关管理人员开展核电安全文化、航天安全文化等其他行业经验交流培训，赴大亚湾核电站、西昌卫星发射中心，现场实地了解其他行业安全文化建设情况，学习其他行业安全文化管理经验。

二、调研与诊断

（一）调研概述

项目于2018年8月14日正式启动，捷盟咨询项目组进行了为期两个月的调研，通过资料研究、访谈调研、问卷调研，专题研讨，从定性和定量角度全面深入了解、研究首都机场安全文化建设水平，并根据调研结果进行充分研讨、缜密分析。

1. 资料研读

资料调研是管理问题诊断的重要环节。捷盟咨询项目组收集了首都机场股份公司包括《首都机场安全十三五规划》《首都机场SMS管理体系手册》

《首都机场安全工作报告》等大量资料，及安委会各成员单位关于安全管理和安全文化建设的相关资料进行认真研读，另一方面研读了国家法律法规、行业资料、世界先进机场的安全管理案例等相关外部资料，为更加准确地判断首都机场的安全文化现状及改进方向打下了良好的基础。

2. 访谈座谈

在首都机场股份公司质安部通力配合下，捷盟咨询项目组完成了对首都机场股份公司 21 个部门及国航集团、南航股份、航空安保有限公司、北京航空食品有限公司、中航油等 30 家安委会成员单位和 10 家合约商共计 624 人次的调研访谈工作。访谈调研的主要目的是对首都机场的安全文化建设现状进行定性分析，并为问卷设计提供辅助支持；同时通过与员工互动进行安全文化建设方面的探讨，了解大家对安全文化建设的想法及建议。

3. 问卷调研

此次为了使安全文化问卷调研更具有针对性，捷盟咨询项目组根据调研对象——股份公司、安委会成员单位、合约商分别量身设计了三种调研问卷，分别从安全价值共同体、安全管理体系、安全管理组织、主动安全责任、主动安全氛围、合约商管理等多个维度进行调研，并征集建议上千条，形成数据分析报告。

调研问卷总回收 21081 份，其中股份公司回收问卷 935 份；安委会成员单位回收 19806 份问卷；合约商回收 340 份问卷。其中有效问卷 20095 份，合格率 95.3%。

项目调研诊断工作纲要，如图 1 所示。

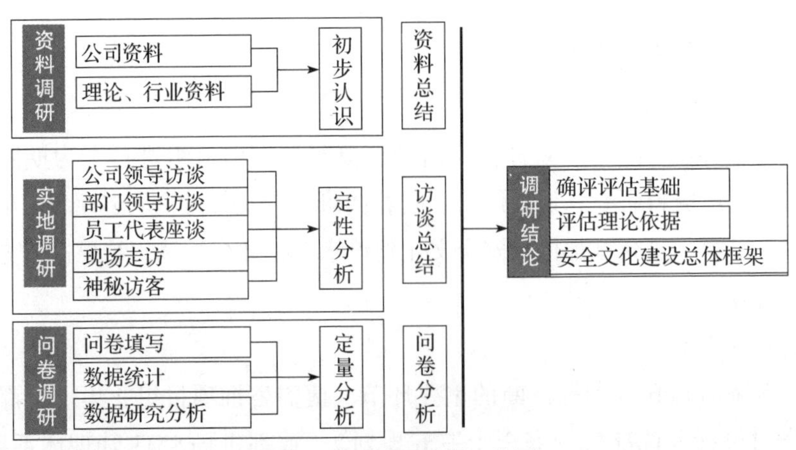

图 1　项目调研诊断工作图

（二）调研结论综述

捷盟咨询项目组对首都机场安全文化建设进行科学的调查研究，归纳总结首都机场在安全文化建设方面取得的良好效果及有待加强及改进的方面。

1. 安全文化建设取得良好效果

（1）在安全价值方面。首都机场的安全理念落实较好，员工具备较强的守规意识、责任意识和诚信意识。安全隐患零容忍态度已达成共识。形成了以正向和负向激励相结合的激励机制。

（2）在安全管理方面。大部分单位安全管理制度、标准建立健全，安全政策、安全目标能够落实到位，为产生良好的安全绩效起到基础保障作用。

（3）在安全组织方面。安委会已成为首都机场安全文化建设的重要平台，建立了沟通协调、信息共享、监督评价、奖励激励四大职能，并发挥较好的作用。

（4）在安全责任方面。“有感领导”落实程度较好，通过持续的安全网格化工作增强了员工的安全责任感，大部分员工能够主动制止违章行为。

（5）在安全氛围方面。首都机场安全氛围良好，近年来安委会在首都机场组织的一系列安全活动，各方面反响良好，已成为推动安全文化建设的重要力量。

2. 目前安全文化建设存在有待加强及改进的方面

在上述总结的同时，项目组对首都机场在安全文化建设中存在的主要矛盾与问题也进行了系统分析与归纳。如在安全管理方面，存在着制度解读培训效果不佳等问题，个别单位的部分员工对新出台的安全制度、流程、标准熟知程度不足，理解与执行中易出现偏差，对相关方制度管理需要加强提升；对“一切事故皆可避免”的认识并未取得完全共识的安全价值观等。

三、捷盟咨询解决方案

捷盟咨询项目组全面、系统地梳理了首都机场的安全文化及安全管理问题，并在进行深入总结的基础上，根据杜邦关于安全文化四个阶段的理论知识及美国安全文化专家 Patankar（帕坦卡）和 Sabin（萨宾）关于安全文化的金字塔模型，并结合国内的主流安全文化理论，为首都机场量身设计了安全文化建设评估体系。在深化“2.5 版”建设方面，项目组也提出了在未来三年要以安全文化“2.5版”建设为抓手，依托安委会平台持续不断地进行安全文化建设的原则和任务。

（一）评估基础

首都机场近几年经过不懈的安全文化“2.5版”建设，营造主动安全氛围，在安全管理各方面取得了阶段性进展，2012—2018年，安全绩效持续提升；其中责任原因不安全事件呈现下降趋势；机场范围内事故证候呈现下降趋势；机场范围内不安全事件呈现下降趋势。

1. 安全管理机制逐步完善

完善隐患管理机制，修订隐患管理相关制度，实现隐患治理常态化，隐患风险动态管理，推行全过程风险控制，主动防范能力得到了加强；健全相关方管理机制，加强相关方监管责任的落实，机场各方整体安全能力普遍得到了提升；首都机场推进落实“安全网格化”“安全责任拼图”管理方法，实现安全体系制度化，使得安全责任更加明确，主动安全意识明显加强。

2. 安全运营环境持续改善

首都机场推进科技创新应用，助力实现科技兴安，安全管理信息平台等科技投入不断增加；加强专项安全工作，稳固整体安全形势，强化安全管控能力，严守机场安全底线，对标完善反恐机制，物防技防等的不断加强，使安全环境持续改善。

3. 安全文化建设继续深入

首都机场着力建设安全文化“2.5版”，营造主动安全氛围，分层实施安全培训，提升安全队伍效能；开展“三创促三基”班组建设；依托安委会平台开展各项特色活动和安全培训并形成了良好的机制，很好地激发了全员特别是一线员工的主动安全意识；扎实推进安全文化建设，营造“安全为基”的文化氛围，将安全发展融入日常管理之中。

（二）评估理论依据

安全文化水平的不断提升是从对安全实践的认识和深入研究总结而来的。先进的安全实践为我们提供了可借鉴的经验，杜邦提出了“一切事故皆可避免”的理念，大亚湾核电站提出了“一次把事情做好”的核心价值观，而“安全文化金字塔”又为我们揭示了从安全价值、安全策略、安全氛围到安全绩效的安全原理。可以看出，无论是杜邦理论还是安全文化金字塔模型，安全文化的最终安全目标是一致的，改变人的行为是本质安全的关键。

1. 杜邦安全文化

借鉴杜邦安全文化 2.0 和 3.0 两个阶段的主要特征，结合首都机场安全文化建设特点，捷盟咨询项目组从安全文化五维度，即安全价值、安全管理、安全组织、安全责任、安全氛围来评估首都机场安全文化所处的阶段，分析 2.0 向 3.0 阶段过渡时期即 2.5 阶段（也简称安全文化“2.5 版”）的主要特征。

杜邦理论认为安全文化建设具有规律性，基本分为“自然本能、严格监督、自主管理、团队管理”四个递进的阶段（见图 2）。

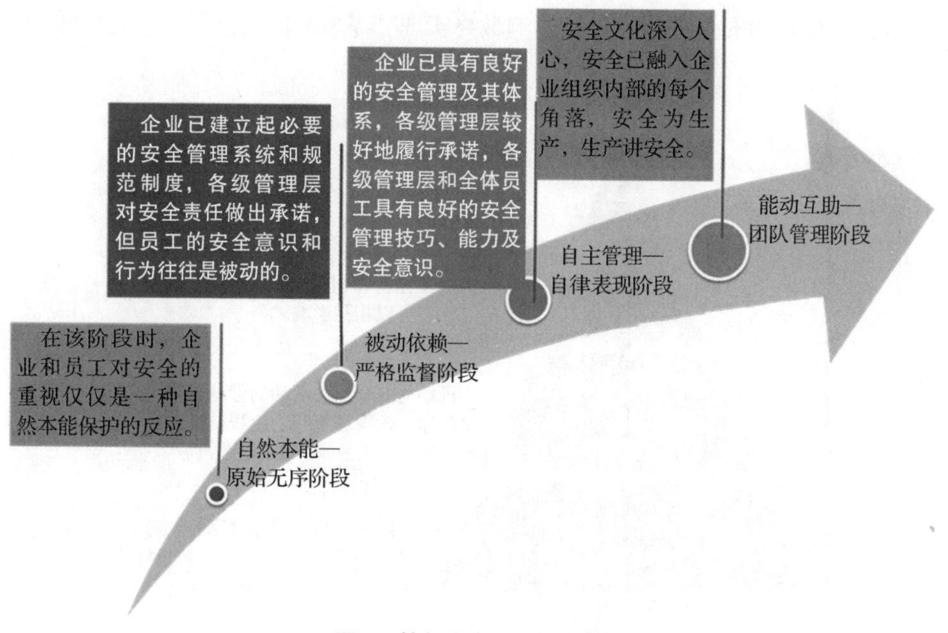

图 2　杜邦安全文化四阶段

第一阶段即“自然本能—原始无序阶段”。在该阶段时，企业和员工对安全的重视仅仅是一种自然本能保护的反应。

第二阶段即“被动依赖—严格监督阶段”。此阶段主要是企业已建立起必要的安全管理系统和规范制度，各级管理层对安全责任做出承诺，但员工的安全意识和行为往往是被动的。

第三阶段即“自主管理—自律表现阶段”。此阶段企业已具有良好的安全管理及其体系，各级管理层较好地履行安全承诺，各级管理层和全体自律员工具有良好的安全管理技巧、能力及安全意识。

第四阶段即“能动互助—团队管理阶段”。此阶段安全文化深入人心，安全已融入企业组织内部的每个角落，安全为生产、生产讲安全。

2. 安全文化金字塔

安全文化金字塔建设理论依据，美国安全文化专家帕坦卡和萨宾认为安全文化存在多维度和动态本质，在此基础上提出安全文化金字塔模型（见图3），从安全文化角度（安全价值、安全策略、安全氛围）阐述了对安全绩效（安全行为）的影响，与杜邦的安全文化建设将影响最终实现“零事故的安全目标”是一致的。

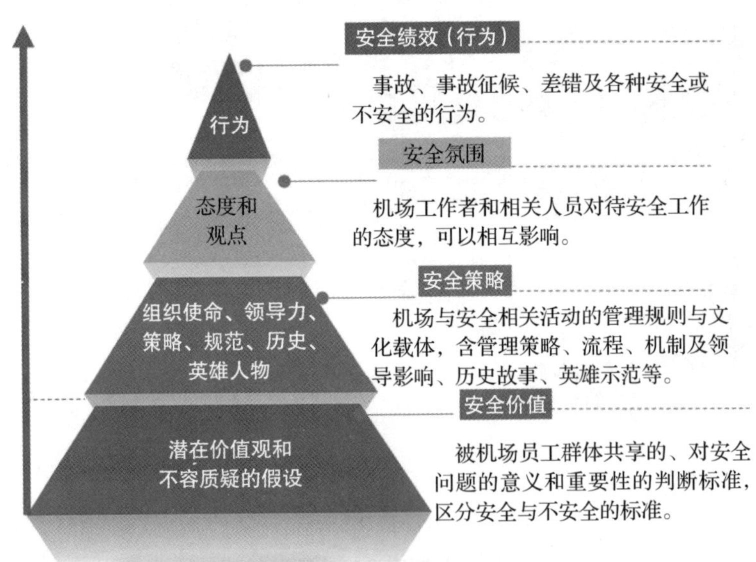

图3 安全文化金字塔模型

（三）安全文化评估体系设计

首都机场安全文化评估模型的构建依据杜邦安全文化建设四个阶段主要

特征和安全文化金字塔内容，并结合首都机场安全管理重点工作及安全文化建设的实际开展情况，量身设计安全文化评估体系。

1. 指标设计

评估模型共包含5个维度、17项要素，构成首都机场安全文化评估指标体系。5个维度（见图4）是安全价值、安全管理、安全组织、安全责任、安全氛围构成一级评估指标；安全假设等17项要素形成安全文化评估指标体系的二级指标，从评估属性上又分为两类，一类是状态评估指标，另一类是工作评价类指标。状态评价指标共有7个，分别是安全假设、安全理念等；工作评价指标共包含10个，分别是：安全政策、安全目标等。

（1）安全价值是关注人的思想观念对安全行为的影响，是安全文化的核心，因此放在首位来进行考察。

（2）安全管理是安全政策、目标、制度作为指导员工思想和行为的规范准则，是机场安全文化建设中的隐形标准，机场对安全管理重视程度越高，安全管理越规范。

（3）安全组织是安全文化建设的重要保障，只有具备了健全的组织体系、高效的组织效能以及专业的人员素质，才能实施安全管理，实现有效的安全管理。

（4）安全责任是安全文化建设的核心要素，领导、员工、相关方三个维度相互关联，来考察机场安全管理重点工作，是安全行为的直接表现。

（5）安全氛围在首都机场安全文化建设中发挥着重要的影响作用，良好的安全氛围濡染着安全观念，对正确安全行为的养成起着促进作用。

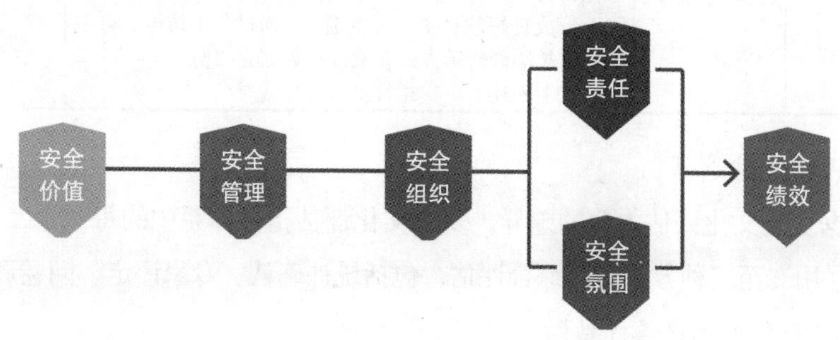

图4　安全文化评估五维度模型

2. 权重及赋值的设计

捷盟咨询项目组在首都机场多方调研安全文化建设情况，从评估问题的本质、要素的理解出发，摸清各指标要素对安全文化的影响程度，结合国内外安全文化评估指标的案例研究，再综合捷盟咨询项目组安全文化专家的打分及意见评议各指标重要程度后确认指标的权重。

确定好指标权重后，根据每个指标的实践安全要求设定参考评分标准，评分标准是指标评分的主要依据，主要针对二级指标的评分，一级指标的评分可由对应二级指标的评分求和得出。

安全文化评估指标及评估内容，如表1所示。

表1　安全文化评估指标及评估内容

一级指标	二级指标	评估内容	权重
安全价值	安全假设	“一切事故皆可避免”的本质安全认知	20%
	安全理念	首都机场安全理念知晓、认同、落实情况（5项量表）	

安全氛围指标评分标准及指标赋值，如表2所示。

表2　指标评分标准及指标赋值（安全氛围）

一级指标	二级指标	评分标准	指标赋值
安全氛围	自主学习	指标类型：状态评价类 实践要求：倡导学习型组织的建立，鼓励员工通过个人学习和团队、班组学习的方式开展自主学习活动，不断充实自身的业务知识和安全知识技能，营造良好的自主学习氛围 参考评价标准： （1）建立并持续完善自主学习的激励机制（例如开展读书分享会、建立在线学习平台，设置自主学习奖学金等）：1分 （2）形成良好的自主学习氛围（可通过员工访谈、自主学习时长小调研等方式获取评价数据）：2分 注：以上表述与事实相符得对应分数	3

3. 评估方法选择

根据安全文化评估内容的差异，安全文化评估指标体系中的每一个二级指标可分别采用二至三种方法进行综合评估，包括统计确认、专家评定、问卷调查等。

（四）安全文化建设评估结论

根据首都机场实际情况而定制的安全文化成熟度评分体系，依据杜邦安全文化四个阶段特征分别给予赋值：低于60分为本能阶段；60～80分为依赖阶段；80～90分为自主阶段；90～100分为团队阶段。首都机场安全文化成熟度经过评估，表明安全文化状态整体较好，对应安全文化成熟度等级为依赖阶段向自主阶段过渡的2.5阶段，如图5所示。

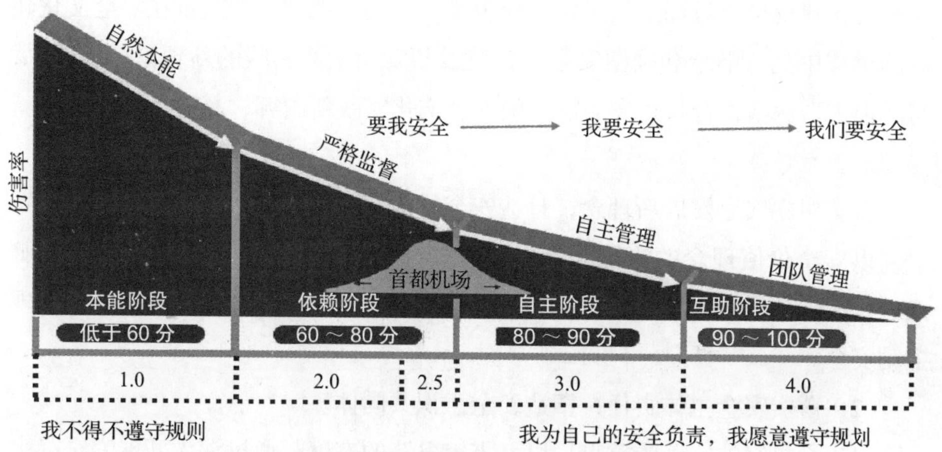

图5　首都机场安全文化成熟度评分

（五）安全文化建设提升建议

在对首都机场安全文化建设评估的基础上，捷盟咨询项目组提出了深化首都机场安全文化“2.5版”建设的建议，进一步推进安全文化与安全管理的融合，实现文化与管理的有机统一。

1. 遵循三原则

（1）围绕发展，融入管理。

将安全文化建设与首都机场安全发展紧密结合起来，结合安全管理的实际情况，将安全价值理念和安全文化管理的思想渗透到现场管理、班组建设等各个环节，通过理念引领、方法创新，使安全文化能够切实指导安全管理工作的各个方面。

（2）对接文化，持续创新。

安全文化是企业文化重要的子文化，要把安全文化建设作为首都机场各个单位企业文化建设的重要内容，安全管理部门与企业文化建设部门协同配合，统筹安排，载体同构，平台共享，在推进安全文化实践创新的同时促进企业文化的建设。

（3）系统推进，与时俱进。

按照安全文化四个层面的文化内容系统考虑，问题导向重点发力，依据安全文化建设阶段目标落实责任，分步骤、有秩序推进。并注重在安全文化建设的过程中充分继承和吸纳安全文化建设与安全生产实践的新理论、新成果，与时俱进地探索适合长远发展需要的安全文化实践新内容、新途径和新方法。

2. 重点任务

（1）树立安全发展新理念，打造安全价值共同体。

以安全价值理念的深植为核心，通过宣贯引导、实践渗透，使理念入脑入心，达到全员的高度认同，发挥强大的凝心聚力作用，员工知行合一，实现主动安全。

（2）落实安全主体责任，塑造安全意识共同体。

以运行机制的完善为重点，以“零容忍”的态度，通过深入开展安全隐患自查，丰富安全载体建设，切实强化安全责任体系，让每一个员工都落实主人翁的安全责任意识。

（3）提升安全文化竞争力，形成同频共振的安全氛围。

以规范行为为途径，通过教育引导、责任落实、行为塑造，提高全员安全素质，使员工自觉遵循安全价值理念要求，养成安全行为，使员工的价值追求与首都机场整体的安全诉求高度统一，形成良好的安全氛围，实现首都机场全体员工共同的安全发展。

3. 行动方案

重点从以下六个方面深入推进安全文化“2.5 版”建设。

（1）明确首都机场安全文化理念，凝聚安全文化共识。

（2）加强落实有感领导，提升专业安全人员能力。

（3）促进全员自主学习，开展学习型组织建设。

（4）挖掘首都机场安全活动潜力，提升安全活动内涵。

（5）建立安全文化观察员机制，增强全员安全责任感。

（6）开展相关方安全文化共建，促进首都机场安全文化氛围整体提升。

（六）经验交流培训

为了加强首都机场各单位对安全文化建设工作的重视及学习其他行业的安全文化经验，此次安全文化评估项目增加了安全文化外出交流培训的内容。捷盟咨询经过前期考察，周密安排，与参观方多次沟通、确认交流培训内容，圆满完成了此次活动，并受到了首都机场各方的好评。

此次经验交流培训活动首都机场股份公司及安委会相关方成员单位参与人数近40人，为期5天，分别对西昌卫星发射中心和大亚湾核电运营管理有限责任公司两地进行了安全文化交流培训。

2018年12月18日，捷盟咨询承办首都机场安全文化交流活动之旅在西昌正式启动，学员们来到西昌卫星发射中心，学习了航天知识，领略航天文化和航天人为国奉献的精神，并针对航天安全进行深入的交流和培训。随后，学员们来到大亚湾核电站，参观了核电站公关中心展厅、技能训练中心、培训中心模拟机和岭澳一期等地，并接受培训，对核电文化及安全管理有了深刻的体会。

此次经验交流培训活动给参与代表们留下了深刻的印象，参与人员学习到了实用的安全管理理念与方法，如大家对大亚湾核电运营管理有限责任公司提出的“一次把事情做好”的核心价值观深受启发，“现场观察法”“点赞卡”等管理方法和经验对首都机场的安全管理同样是可以借鉴使用的。

四、项目成效

在对首都机场安全文化成熟度进行评估的基础上，为更好的帮助首都机场开展安全文化建设工作，促进安全文化管理提升，捷盟咨询项目组完成了《首都机场股份公司安全文化评估报告》《首都机场关键相关方安全文化评估报告》《首都机场安全文化建设白皮书》《首都机场安全文化管理制度》《首都机场安全文化成熟度评价指标体系》等一系列项目成果，取得了良好成效。

（一）帮助首都机场进一步明晰了安全文化建设思路

捷盟咨询项目组通过开展首都机场安全文化“2.5版”建设评估工作，确定了首都机场安全文化的发展阶段，从评估结果，虽然首都机场整体已处于安全文化 2.5 阶段，但从五个维度的指标来看，发展是不均衡的，特别是一些关键指标还需加强。因此，审视新的环境与要求，项目组提出，首都机场必须全面谋划，安全管理机制不断完善，安全管理责任层层落实，安全管理体系不断健全，安全基础不断夯实，首都机场各单位安全文化融合发展，广大员工安全意识和安保能力不断提高，各级领导以身作则，带动全员主动学习遵守规章、主动履行岗位责任、主动识别控制风险，让主动安全意识逐渐融入大家的血液，加快从 2.5 阶段向 3.0 阶段迈进的速度。

（二）让首都机场安全文化建设更加深入人心

通过开展安全文化“2.5 版”建设评估工作与培训工作，让首都机场各方单位进一步认识到，安全文化必须依靠企业全体成员的共同努力才能建立和完善，只有将先进的安全文化融入安全行为中，企业才能有良好的、持续的安全绩效，才能确保首都机场的本质安全。首都机场安全文化建设需要在把脉首都机场各个环节的基础上，以塑造共享的安全价值为目标，依托规范的管理体系，通过强有力的组织推动，从硬环境到软环境，进行主动的安全文化建设，才能最终实现最大的安全绩效——平安机场。

五、总结

此次捷盟咨询项目组经过与客户的紧密合作，高质量地完成了此次对首都机场的安全文化评估工作。这个项目是捷盟咨询众多安全文化项目中较为特殊的案例，客户方的相关方单位众多，涉及行业、政府机构多，因此评估难度较大。但经过捷盟咨询公司的坚定支持和项目组的努力，圆满完成任务，并得到了客户的好评。

中交一公院人才战略实施项目案例

北京知本创业管理咨询有限公司　刘航

北京知本创业管理咨询有限公司（以下简称知本咨询）是一家以管理技术为核心竞争力的管理咨询公司，汇集了由中国人民大学、北京大学等知名高校管理学研究专家与世界领先咨询机构高管等综合背景人士共同组成的核心管理层和专家团队。在过去的近二十年中，知本咨询已经为数百家中国 500 强企业的跨越式成长提供服务，是中国大企业管理咨询与实施的最佳合作伙伴之一，也是中国目前具有最多原创管理技术、成长最快的专业咨询机构之一。

本案例项目组成员

刘航，具有多年管理咨询经验，服务过中海油、陕鼓集团等多家大型央企及地方国有企业，在企业战略、组织管控、人力资源方面具有丰富的项目经验。

其他成员：汪云泽、周清、李玉珠

导读

中交第一公路勘察设计研究院（以下简称中交一公院）是我国交通工程咨询、勘察、设计、研究领域大型骨干企业。为支撑一公院十三五战略规划目标的实现，中交一公院拟全面推进人才发展战略，打造具备国际化经营能力、管理理念先进、业务能力卓越、勇于担当、开拓创新能力突出的人才队伍。为此，项目组为中交一公院提供了基于人才优先发展战略的咨询服务，为中交一公院确立了全院统一的人才观和人才管理理念，并帮助中交一公院建立了职业通道和各类高端人才的选拔和培养方案，为中交一公院实现双一流战略目标提供了有效的机制保障。

中交一公院人才战略实施项目案例

北京知本创业管理咨询有限公司　刘航

一、项目实施背景

（一）转型升级中的中交一公院

中交第一公路勘察设计研究院有限公司（以下简称中交一公院）始建于1952年，前身为交通部第一公路勘察设计院，1999年改制并入中国路桥（集团）总公司，现隶属于中国交通建设股份有限公司，是我国交通工程咨询、勘察、设计、研究领域大型骨干企业。作为拥有60多年发展历史的老牌设计院，中交一公院在公路勘察设计行业拥有较高的品牌知名度，技术实力及科技创新能力非常突出，科研平台建设效果显著，生产运营能力强，并且在设计咨询、监理、养护等行业已形成品牌优势，已发展成为资产总额逾30亿元，年新签合同额超过20亿元的世界综合交通领域的卓越技术服务商。

传统的公路勘察设计行业经过“十二五”期间的大发展，已经进入大变革、大调整时期，行业竞争趋于完全，供求关系发生了深刻改变，传统的业务模式和服务方式难以完整涵盖立足于未来的业务顶层设计。基于行业发展情况及自身定位，以“五化一公院”为定位，中交一公院持续寻找产业结构转型升级的路径，并逐步确立了多领域、全产业链的业务格局，制定了“双一流”的战略目标及“四轮驱动”的实现路径。依据“双一流”的战略目标及“四轮驱动”的实现路径，中交一公院重点布局城建市政领域，在工程项目总承包、PPP等方面也持续进行商业模式上的拓展，依托于中交一公院的大平台，新业务增长迅速，项目总合同额也在短时间内达到了可观的数字，并建立了一定规模的专业化团队。

产业结构的转型升级，并不会一蹴而就。从传统的勘察设计行业转型为多领域、全产业链的国际化工程咨询集团背后，需要的不仅是简单的战略规划的调整，更多地需要组织结构、管理模式、人才结构甚至是人才理念的转型升级。

诚然，人才资源是中交一公院的第一资源，也是最优势资源。无论是产业结构转型升级还是组织结构、管理模式转型升级都要依托人才资源来实现，着力发挥中交一公院的人才资源优势。然而，中交一公院的人才资源又面临怎样的问题呢？

（二）转型升级中的人才挑战

中交一公院现有职工近4000人，其中，外籍院士1人，国家勘察设计大师2人，享受国务院特殊津贴22人，百千万人才2人，交通科技青年英才3人，在站博士后3人；全院共有教授级高工137人，高级工程师415人，工程师282人，各类职业注册人员近200人，全员中级以上专业技术职称人员占比逾50%，形成了专业结构合理、梯队层次分明的人才队伍。

从人员数量上来说，企业的人员总数较多，但企业发展急需的“商”人才、国际化人才、高层次和复合型人才急缺，特别是金融、城市交通建设等领域人才急缺。结构性缺员成为转型升级中的首要矛盾。

从质量上来说，存量人才队伍整体上还不能完全适应企业转型升级的要求，适应转型的新思维、新本领迫切需要提升，适应转型的高层次和跨界型、复合型人才紧缺。人才质量的不足还表现在拔尖人才、专家群体的缺乏，与公司综合实力在行业内的地位不太相符。

从活力方面来说，人才理念、人才环境、人力资源管理水平有待提高，人才的使用效益不高，人才的作用没有得到充分发挥。尤其是当前还存在一定的“官本位”意识。行政职务晋升是相对单一的晋升路径，造成了以干部职务高低论“英雄”，千军万马过独木桥，严重影响了人才的选拔、发展和队伍的持续性建设。企业发展的活力和动力，迫切需要畅通职业成长通道，实现价值分流，让各类人才都有施展才华的广阔天地，能够切实使优秀人才脱颖而出。

二、调查分析

（一）分析思路与诊断框架的确定

我们认为，中国交建人才战略是为确保“五商中交”战略顺利实现，牢固树立人才优先发展理念，进一步提升中国交建人才工作的战略地位。“五化一公院”的战略目标体现了中交一公院在业务边界、管理模式边界、区域边界的创新。因此，我们认为，为实现“五化一公院”的整体要求，打造综合交通领域国内一流、国际知名的工程咨询集团公司，中交一公院的人才体系建设也应进行相应创新。具体来说，“五化一公院”战略目标的实现需要人才体系的三个创新，即：人才管理的“观念创新”、人才管理的“机制创新”和人才管理的“组织创新”。

那么如何围绕三个创新的机制具体开展中交一公院人才体系建设呢？项目组结合管理诊断的基本工具和中交一公院需求的实际情况，建立了以人才战略需求为核心的诊断框架，即以企业的战略需求为核心，找到战略目标与人才需求之间的对应关系，并对人才队伍管理的现状与人才需求之间的差异进行对比分析，从人才战略目标、人才队伍建设、组织管理体系、人力资源管理体系等多个层次进行对比分析，通过分析得出解决方案，如图 1 所示。

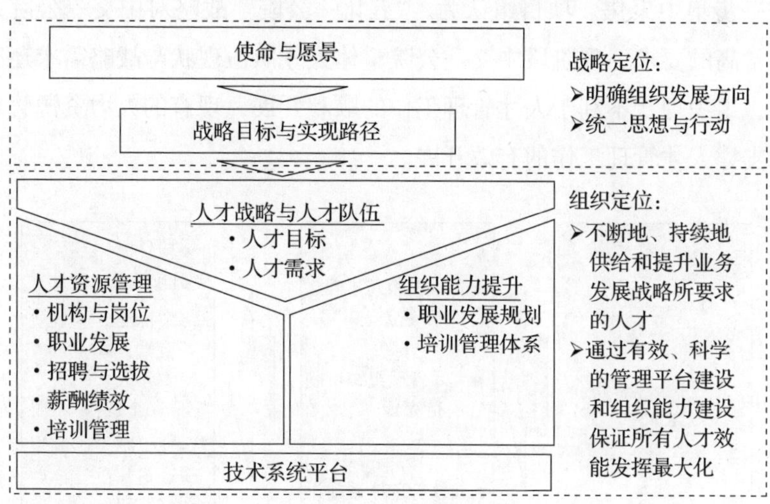

图 1　中交一公院人才建设的基本框架

（二）调研诊断的实施

2018 年 5 月，项目组正式进驻中交一公院并启动调研工作。根据对比分析的要求，项目组开展了一系列的内外部访谈调研工作。一方面，项目组对中交一公院内部各个部门、生产单位、子公司进行了详细的深度访谈，从多个角度反馈人才队伍建设的现状和问题，对现有人才管理体系执行中出现的问题和可能的调整模式进行了具体的交流，并对中交一公院的人才现状进行了盘点和分析。另一方面，项目组进行了针对性的外部研究，对人力资源管理的标杆企业、同行业上市公司及体系内兄弟公司三类企业的人才管理现状进行了分析对比，并实地考察调研了部分代表性企业，重点从人才理念、队伍建设思路、激励模式等方面进行了研究和对比分析。

通过诊断，项目组认为，中交一公院人员总量充足，但人才结构不合理，高端人才、复合型人才、新兴业务关键人才较为缺乏。部分员工科学发展意识不强、因循守旧、满足于短期业绩。从制度体系方面看，激励体系不健全，没有充分激发出员工价值创造的活力，过去粗放的管理模式和经营模式难以发挥集团化勘察设计企业的“聚合效应”。

项目组对反馈问题进行集中梳理后，与院领导进行了针对性沟通，并将问题进一步集中聚焦。项目组认为，“五化一公院”战略对中交一公院人才提出了非常高的要求，现阶段中交一公院整体人才队伍现状与战略需求还存在一定差距，组织现状不利于人才管理工作的顺利开展，现有的人力资源管理体系不足以支撑人才管理工作的有效开展。

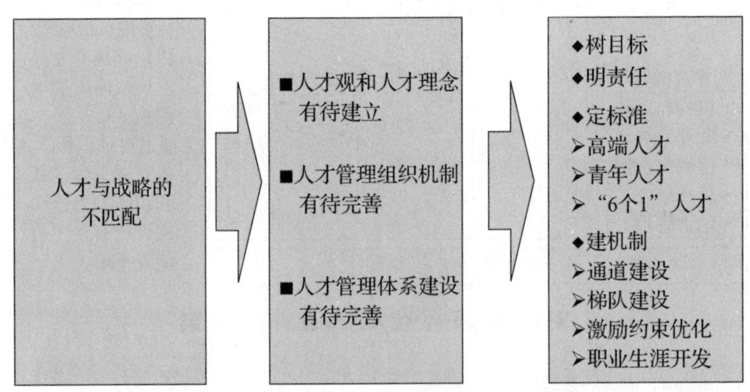

图 2　中交一公院人才建设的目标框架

因此，项目组提出，中交一公院应紧紧围绕战略发展目标，通过树立目标、明确责任、制定标准、建立机制的系列工作，实现系统的人才管理体系建设，以满足战略发展的需求，并最终确保战略目标的实现，如图 2 所示。

三、解决方案的设计框架

（一）定理念

根据项目组对中交一公院现状的了解，项目组与院领导明确了“理念先行”的思路，以统一整个人才工作的思想和思路。据此，项目组帮助中交一公院梳理并形成了“以价值创造者为本”的人才观，及“建价值创造者平台、做价值创造者伯乐、让价值创造者出彩”的人才管理理念。围绕人才观和人才管理理念，构建全院层面的人才发展组织体系、树立各级组织的责任体系，完善价值评价激励体系的。

（二）定方案

鉴于中交一公院的人才建设是一个系统性强、周期长的工作，项目组与院领导就围绕如何推动人才体系建设的路径进行了详细的讨论，并在项目初期就明确了分阶段、分层次的思路。项目组在调研后，确定通过先高端、后整体，先布局、再细化的方式，构建“高端引领—机制保障—动态优化”三步走的整体解决方案。

所谓高端引领，即以职业通道为基础，以高端人才识别、选拔和培养为引领的工作思路。高端引领是本次人才工作的第一步。打通全院人才的上升通道，建立高效的激励、分配与人才成长体系，是解决中交一公院多年来单一的行政发展通道的关键一步，更是激发全院人才，尤其是技术类人才价值创造活力的重要一环。项目组对同行业职业通道搭建进行了针对性研究，发现行业内各类企业的通道设置多有不同。既有应用较多的“管理、技术、操作”的三类序列，也有以专业类别区分的多条序列，其中后者达 20 余条序列。项目组认为，序列的设置方式并无明确的优劣之分，需要依据企业发展的现状进行针对性分析。因此，项目组在深入分析中交一公院的业务结构、人才结构后，依据人才布局的问题，对职数、职种进行了划分，并将人才队伍分为管理类、职能类、技术类、工程类等人才模块，并对技术类人才进行不同类别的划分，最终

确定了面向全院人才的七条职业发展通道。项目组认为，这样的通道设置，一方面使不同类人才可以依据对应通道上升，拓展了人才上升的路径。另一方面，也给予了各层单位评价、定级的权限，在统一体系内，各单位可以自行实现差异性布局。配套通道的搭建，项目组制定了职业通道的运行办法，明确了通道各级的水平、差异，并制定了通道之间的横向流动和纵向流动机制，在全院形成"能者上、庸者下"，不以身份定价值而"以价值体现价值"的氛围，让机会和资源向价值创造者、持续贡献者倾斜，激发价值创造活力与能力，实现人才与企业的共同发展、相互成就。

为解决中交一公院高端引领能力不足的问题，项目组从中交一公院实际出发，结合中交一公院现有的人才建设体系思路，把高端引领的人才依据纵向的梯队建设和横向的专业划分，分成了顶尖人才、梯队人才和专业人才三个领域的针对性建设，并相应制定了首席专家人才队伍建设、青年精英人才队伍建设、"6个1"人才培养三大重点人才工程。具体来说，第一是让首席专家"压担子"。为院选拔实现战略目标所需要的最核心人才，并形成具有高超的学术造诣、精深的专业技能、权威的行业影响力的首席专家队伍，建立首席专家的选拔、使用、考评、激励机制，充分发挥首席专家在院最高技术层面的引领与带头作用，引导首席专家在专业能力建设、重大项目重难点攻关、人才队伍建设、专业影响力提升等方面发挥技术引领作用，带动院的技术升级和人才升级，保障院战略目标的顺利实现。第二是给青年人才"搭梯子"。识别和选拔一批工作表现优异的高潜力青年人才作为青年精英人才，建立青年精英人才与院的"共识、共担、共创、共享"机制，充分发挥青年精英人才的中坚作用，推动青年人才更快、更好地成长与发展，为院持续发展提供最优秀的青年人才储备。第三是对专业人才"给路子"。根据"五化一公院"战略落地所需的关键人才类别，划定了六类不同的重点人才队伍，建立重点人才队伍的选拔、培养、评价机制，建立优质的、规模化的人才库，为院发展提供强有力的人才保障。

所谓"机制保障"和"动态优化"，则是在职业通道运行和高端人才建设的基础上，梳理并优化现有的岗位管理体系、职业发展体系、培训管理体系、考核评价体系、薪酬激励体系，建立配套的保障措施，实施效果评价反馈与优化调整机制，用 3 ～ 5 年的时间形成中交一公院完整的人才发展体系。项目组与院领导反复沟通后，确立了院人才战略的中期目标，即建立起与国内一流、国际知名工程咨询集团相适应的人才工作体系和运行机制，具备一支管理理念先进、业务能力卓越、敢于担当、开拓创新能力突出的人才队伍，人才优势充分转化为企业核心竞争优势。

四、案例项目评估和绩效说明

项目主体工作完成后，项目组联合中交一公院人力资源部门对项目成果进行了大量的反馈和征集工作。各部门在积极给予反馈建议的同时，对各项管理成果给予了高度的评价，认为职业通道的建立和三类人才的建设将切实改变现有的管理模式，有提升员工的发展动力。

2018 年 10 月 26 日，中交一公院召开了首届人才工作会，在工作会上，正式发布了此次项目产生的五项人才管理成果，并由相关领导进行了详细解读，作为全院层面的纲领性文件正式启动执行。2019 年，依据院人才发展战略纲要，配合职业通道的建设，已全面启动实施了相关机制的持续建设工作。

本次咨询工作为中交一公院确立了全院统一的人才观和人才管理理念，发展通道的建立，打通了员工的上升路径，激发了人才的价值创造热情，首席专家、“6 个 1” 人才、青年精英人才的选拔和培养方案确立，对中交一公院的人才梯队建设提供有效支撑。为中交一公院人力资源转型升级，全面推进人才发展战略，打造具备国际化经营能力、管理理念先进、业务能力卓越、勇于担当、开拓创新能力突出的人才队伍打下了牢固的基础。

五、思考与启示

人才是企业发展的第一动力，人才资源是企业第一资源，在产业转型升级的过程中必须发挥好人才的引领作用，实现产业和人才的同步升级转型。设计院是典型的人才、技术密集型企业，其人才价值毋庸置疑。但是，正是大量优秀人才集聚容易产生人才被埋没的风险，所以要从健全制度体系和强化人才理念，牢固树立“各级管理者都是人力资源主管”的理念，统筹全局，全力构建多级人才优先发展责任体系，让人才理念成为一种企业文化，根植于企业每一位领导、每一位员工心中，让每一位优秀的人才都能够脱颖而出。

人才价值的发挥很大程度上依赖于企业制度的完善，尤其是激励制和成长体系的搭建。一个纵向贯通、横向互通的职业发展通道，可以明确人才职业发展蓝图，搭建员工多序列发展平台，引导员工通过学习提高能力、通过实践拓展能力、通过业绩证明能力，从而获得职业发展机会。

人才工作是系统化、体系化的工作，并不是简单孤立的一个制度文件，制度的实施要有保障体系，包括机制保障和组织保障，否则只能是案头上的一摞纸，永远无法落地。领导挂帅，把人才工作作为自上而下的重点工作，从宣传宣贯、培训指导到有效的反馈机制，才能真正保障制度被有效的贯彻实施。

浙能集团滨海热电全员绩效管理项目

汉哲管理咨询（北京）股份有限公司　姚文超

汉哲管理咨询（北京）股份有限公司（以下简称汉哲咨询），成立于2003年（2008年更名），2015年7月21日登陆全国中小企业股份转让系统，由此成为中国管理咨询领域首批公众公司之一，标志着中国管理咨询业资本化时代的开始。

咨询服务是汉哲咨询的核心业务，汉哲咨询同步运营“汉哲管理咨询”与“汉哲人力资源顾问”两大品牌，创立以来，汉哲咨询已服务企事业单位千余家。当前，汉哲咨询拥有全资、控股及关联类管理咨询机构8家，资本、商学、软件企业3家，在北京、上海、成都设有3大运营中心，在天津、深圳、南昌、南宁、西安、武汉、济南设有分支机构及办事处，服务网络覆盖全国。

汉哲咨询是经中国企业联合会评选的中国管理咨询50大企业，并先后获得“中国著名管理咨询品牌”“中国管理咨询行业最具影响力十大品牌机构”“中国管理咨询行业最具公信力典范品牌”“2016值得信赖的中国管理咨询机构”“2017中国十佳管理咨询诚信服务机构”“2017中国产品创新品牌”等数十个荣誉称号。

本案例项目组成员

姚文超，南京工业大学企业管理硕士，具有8年以上管理咨询行业经验、6年以上企业管理工作经验。擅长的专业方向是战略规划、组织管控、人力资源、战略绩效；行业方向是医药/生物工程、房地产/建筑/物业、制造/加工、能源/化工、连锁/商贸。主持和推动近50家不同行业、不同类型、不同发展阶段企业的管理变革咨询项目，取得客户认可和较好的实施效果。

其他成员：孙超、姚祥辉

导读

浙能集团绍兴滨海热电是国内最大的绿色环保型热电联产企业之一。经与滨海电厂的相关领导沟通，我们了解到，目前滨海电厂正在推行组织职能优化与任职资格体系设计两个管理体系的建设工作。在组织职能优化部分，梳理部门和岗位的职能分工，明确工作要求。在任职资格体系工作上，明确公司不同序列、不同岗位人员的任职条件，输出公司的用人标准。

汉哲咨询认为，推进全员绩效管理工作可以将组织职能优化工作和任职体系设计工作有效落地。第一，岗位是公司内部管理的基础单位，部门内部不同岗位的职责输出导向部门的绩效结果的达成，如何明确各部门、岗位的职责要求，以此为基础进行绩效指标的开发，分析各岗位的关键行为与结果指标，将绩效工作真正落到实处，是滨海电厂应予以考虑的问题。第二，任职资格体系的推出，使得公司对员工的职责与任职条件有了一套系统、明确的要求，要求如何落地，如何让员工关注并持续向公司要求的方向去努力，需要由员工岗位级别的绩效体系助力。第三，全员绩效管理工作是公司内部管理的主要抓手，通过合理的价值评价与价值反馈机制设计，可以在公司内部营造“奖勤罚懒”“做多做少不一样、做好做坏不一样”的良性组织文化，绩效的结果可以直接应用在员工的绩效工资、年度奖金、晋升调岗、培训发展等众多管理工作中。绩效数据的积累，让管理工作有了相对合理的数据支撑。

浙能集团滨海热电全员绩效管理项目

汉哲管理咨询（北京）股份有限公司　姚文超

一、案例背景

浙江浙能绍兴滨海热电有限责任公司（以下简称滨海热电）隶属于浙江省能源集团有限公司，为国内最大的绿色环保型热电联产企业之一。是浙江省“十一五”期间重点建设工程之一，是省政府为解决浙江二次能源供应总量不足以及绍兴地区环境污染等问题而着力打造的新型热电联产企业，面向社会提供电能和清洁热能。

公司现有一期 2×300MW、二期 4×53MW 燃煤供热机组，供热能力 2100 吨 / 小时，三期扩建工程已于 2018 年 11 月获得项目核准，预计于 2020 年投产运行。公司遵循习近平总书记提出的“绿水青山就是金山银山的”科学论断，注重绿色、环保、可持续发展，积极抢抓机遇，拓展空间，致力打造区域性综合能源供应服务平台。

公司坚持“以德立人、以能立业”的核心价值观，在企业发展中不断提高员工的综合素质，并秉承“以人为本”的理念，为广大职工提供了广阔的发展平台及有竞争力的薪酬福利水平。多年来获得“全国‘安康杯’竞赛优胜企业”“华东电力系统一流火力发电厂”“浙江省‘五一’劳动奖状”“浙江省文明单位”“浙江省党建带工建模范职工之家”“浙江省工人先锋号”“浙江省治安安全示范单位”“浙江省先进团委”等众多荣誉称号。

在同行业内的国有企业中，该公司无论在对管理的重视程度上还是在业绩上，都是比较不错的。由于国家政策的变化，该公司未来的发展面临很多不确定因素。为此公司从前几年开始，着手从企业内部管理上进行突破，取得了一定的成效。

绩效管理工作是公司重点投入的一项工作。公司的高层领导非常重视，人力资源部负责绩效考核制度的制定和实施。人力资源部在原有的考核制度基础上制定出了《中层干部考核办法》。在每年年底正式进行考核之前，人力资源部出台当年的具体考核方案，以使考核达到可操作化程度。

经与滨海热电的相关领导沟通，我们了解到，目前滨海热电正在推行组织职能优化与任职资格体系设计两个管理体系的建设工作。在组织职能优化部分，梳理部门和岗位的职能分工，明确工作要求。在任职资格体系工作上，明确公司不同序列、不同岗位人员的任职条件，输出公司的用人标准。

汉哲咨询认为，推进全员绩效管理工作可以将组织职能优化工作和任职体系设计工作有效落地。第一，岗位是公司内部管理的基础单位，部门内部不同岗位的职责输出导向部门的绩效结果的达成，如何明确各部门、岗位的职责要求，以此为基础进行绩效指标的开发，分析各岗位的关键行为与结果指标，将绩效工作真正落到实处，是滨海热电应予以考虑的问题。第二，任职资格体系的推出，使得公司对员工的职责与任职条件有了一套系统明确的要求，要求如何落地，如何让员工关注并持续向公司要求的方向去努力，需要由员工岗位级别的绩效体系助力。第三，全员绩效管理工作是公司内部管理的主要抓手，通过合理的价值评价与价值反馈机制设计，可以在公司内部营造“奖勤罚懒”“做多做少不一样、做好做坏不一样”的良性组织文化，绩效的结果可以直接应用在员工的绩效工资、年度奖金、晋升调岗、培训发展等众多管理工作中。同时，绩效数据的积累，让管理工作有了相对合理的数据支撑。

二、调查分析

（一）诊断方法与理论依据

1. 诊断方法

本次调研诊断由五个部分组成：项目启动会、项目小组研讨会、中高层领导深度访谈、资料调阅和问卷调查。

2. 诊断理论依据

本次项目的推进以汉哲战略人力资源系统模型（见图 1）为整体指导。

（二）综合诊断

1. 战略与组织诊断

滨海热电是浙能集团重要的业务单元，其战略服从于浙能集团的整体布局，其主营业务是服务于周边印染产业园中印染企业的蒸汽供应，余热发电上网，业务模式比较简单。组织架构和集团兄弟单位保持高度的一致性，组织的效率对战略的支撑度较高。

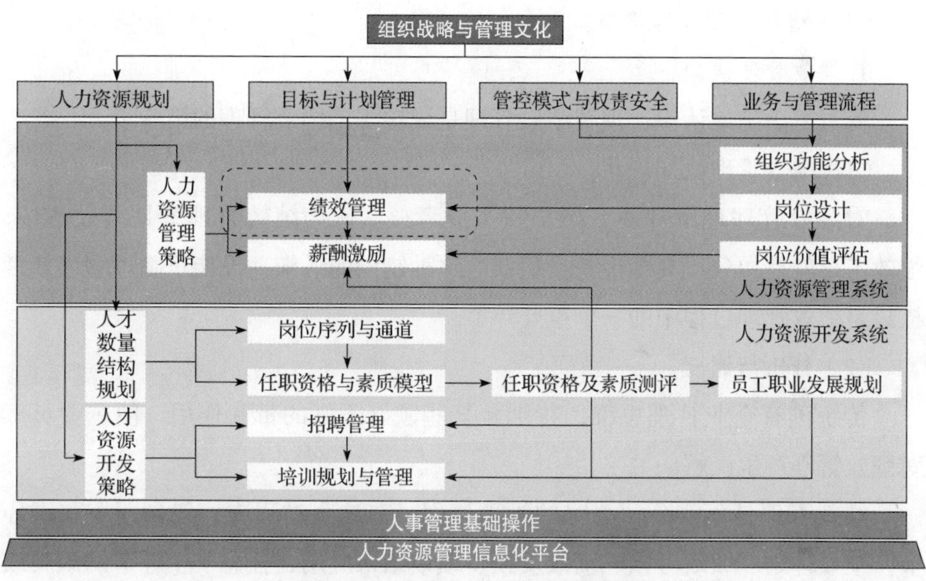

图 1　汉哲战略人力资源系统模型

2. 人力资源管理

部分部门反映编制较少、人员配备不齐全。一方面，导致人均工作量大，管理人员忙于处理日常事务性工作，无暇顾及部门管理及员工发展。另一方面，导致生产部门消缺及时率不如以前。

由于公司历史发展原因，导致员工年龄结构不合理，年龄结构呈哑铃状态，人才梯队出现断档，这是影响企业发展的一个重要因素，已经引起公司领导的高度重视。

3. 任职资格

公司缺少相关的激励措施和职业发展通道，导致员工工作积极性不高。

人才梯队断层，后备人才不足；非管理类岗位职业发展通道不畅，导致人员流动偏向科室；员工能进不能出，岗级能上不能下，员工没有压力和危机感；岗位任职资格标准不合理，同时缺乏岗位评聘机制，导致部分部门人岗不匹配。

4. 流程制度与部门职责

流程多、制度多、职能部门多。个别部门之间存在职责交叉的情况。没有将工作内容进行梳理，造成权责不明确，相互推诿扯皮，工作效率较低。

（三）绩效管理专题诊断

1. 绩效管理认知

使员工正确地认识、理解绩效管理是成功实施绩效管理的第一步。

（1）绩效管理认知现状。

对绩效管理理解片面，把罚款当成考核。认为绩效管理就是绩效考核，绩效考核就是扣分，其结果就是罚钱。这种错误的认知，没能正确理解绩效考核只是绩效管理过程中的一个重要环节。

（2）分析与建议。

传统国有企业管理思维，特别是某些领导不好的带头作用，使企业员工对绩效管理产生误解。

绩效管理是落实公司战略的管理过程。在这个过程中，包含四个关键环节：绩效计划、绩效考核、绩效反馈、绩效结果应用，任意一个环节的缺失或不完善都会造成管理“短板”，影响整个绩效管理体系的运行。

公司的绩效管理现状直接导致了“绩效管理无效”“高薪酬低激励效果”“优胜劣汰机制的缺乏”“培训和人才开发的无目的性”。

2. 绩效计划

绩效计划是被考核人和考核人双方对员工应该实现的工作绩效进行沟通的过程，并将沟通的结果落实为订立正式书面协议即绩效计划和评估表，它是双方在明晰责、权、利的基础上签订的一个内部协议。绩效计划的设计从公司最高层开始，将绩效目标层层分解到各级子公司及部门，最终落实到个人。绩效计划是绩效管理的起始环节，应在集团公司战略指导下制定，承接集团战略，将公司战略按时间维度和组织维度进行分解，考核人和被考核人应该进行充分的沟通。

（1）绩效计划现状。

公司的绩效计划主要根据对浙能集团公司的绩效指标进行分解，集团总部和下属企业有一定的沟通过程。

目前，滨海热电的绩效计划只是到部门负责人（含部门副职）这一层，普通员工没有绩效计划。部门负责人的绩效计划用集团公司分解到本公司的主要经营业绩指标代替。年终考核时还有民主评议和加减分项。

在访谈调研中我们发现一种奇怪的现象，部门绩效突出，但企业战略目标却未能实现，造成这一现象的根本原因在于战略与绩效管理相脱节，即战略的制定和实施未有效融入绩效管理中，形成一体化的战略性绩效管理体系。

（2）分析与建议。

绩效计划应根据公司的战略目标分解、制定，从而保证员工的行为与公司整体的发展目标相一致；绩效计划的制订一般应建立在关键指标体系的基础上；绩效计划应具有完整性，对所有岗位制订相应的绩效计划，以保证在整个绩效管理体系的运转过程中的上下协同一致；同时绩效计划的制订必须进行充分的沟通，以保证绩效计划对员工的行为具有真正的指导意义。

3. 绩效面谈

绩效面谈是现代绩效管理工作中非常重要的环节。通过绩效面谈，实现上级主管和下属之间对于工作情况的沟通和确认，找出工作中的优势及不足，并制订相应的改进方案。就某一项完整的工作而言，根据工作的进展程度，绩效面谈可以分三类：即初期的绩效计划面谈、进行中的绩效指导面谈、末期的绩效考评总结面谈。

（1）绩效面谈的现状。

公司的绩效面谈主要通过各部门定期报送指标执行情况和日常经营管理活动的监督实现；由于公司绩效计划工作的不完善性，导致绩效面谈工作基本处于空白状态。工作量分配不均，同时缺乏有效的评价和激励机制，导致干多干少一个样，部分员工工作消极。

（2）分析与建议。

绩效面谈应该是双向的活动过程，也是考核者和被考核者共同实现目标的过程。考核者有责任辅导被考核者改进工作方法，提高工作技能；被考核者有责任向考核者汇报工作进展情况，就工作问题向考核者求助；绩效面谈过程是信息收集的过程，考核者应通过建立、完善信息收集渠道，确保考核信息的充分性和准确性；通过不断地沟通了解绩效目标的实际完成情况；通过监控来确保被考核者行为与绩效计划的一致性。

4. 绩效考核

通过绩效考核，可以找出绩效计划与完成情况的差距，以确定下一阶段的绩效计划和改进目标。

（1）绩效考核的现状。

以往的考评过于感性化，缺少量化评价指标。绩效考核指标缺少充分沟通，年底考评拍脑袋；公司的绩效考核的主要依据是目标责任书与完成结果的对照，简单且易操作；但绩效考核由于绩效计划的不完善性和评价方法的缺乏，导致了绩效考核环节的虚化和绩效反馈环节的缺失，对后续的绩效管理造成了障碍。

（2）分析与建议。

绩效考核结果的准确与否会影响绩效结果使用的公平性、针对性、科学性；绩效考核对于不同岗位，其运用方法应该有所区别：比如考核者的选择、考核周期等；绩效考核必须包括绩效反馈的过程，在反馈过程中才能真正找出现实与目标之间的差距。通过反馈、总结，为再次制订计划提供依据；考核者与被考核者沟通如何弥补差距，可以通过培训等方式来实现；为考核结果的使用提供准确依据。

5. 绩效考核结果应用

（1）绩效考核结果应用现状。

绩效考核结果应用单一，主要用于薪酬分配；部分部门绩效考核流于形式，薪酬二次分配没有起到作用，基本上是按照岗级平均分配。对于奖金的分配，部门负责人没有建议权。

（2）分析与建议。

绩效考核结果的运用是多维度、全方位的，不只是局限于奖金的发放，一般建议从以下几个方面考虑。

工资调整：根据绩效考核结果，对优等绩效人员晋升岗位工资，体现对员工的长期激励；同时对不及格员工的工资降级；

奖金分配：体现对员工的及时、短期的激励；

任职资格：把绩效考核结果作为任职资格认证的一个标准；

晋升调配：升职和干部选拔，对员工一定时期连续优秀绩效的肯定；

优胜劣汰：强化企业的人才流动机制，可实施强制分布和优胜劣汰，对于长期绩效不良的员工进行调岗、待岗或退出；

培训教育：根据绩效结果建立有针对性的培训机制，对绩效结果与组织要求差距的弥补和各种能力的提升；

个人发展：工作的改进和潜能的开发，帮助个人制订职业生涯发展的规划。

6. 绩效管理组织

（1）绩效管理组织现状。

明确计划经营部负责对经营指标的考核，民主评议与加减分项考核由办公室负责；绩效考核委员会没有及时发挥作用，以及对员工考核的组织部门缺失。

（2）分析与建议。

对于公司普通员工的考核组织基本缺失，无从开展对总部员工的考核；对于不同层面的被考核者建立不同组织形式，定义不同的组织者、考核者、最终审定者。

7. 绩效管理制度

（1）绩效管理制度现状。

公司制定了绩效考核制度，但是考核管理制度不完善，缺少指标体系、考核申诉，考核结果应用范围单一。

（2）分析与建议。

对考核的原则、对象、组织体系、内容、程序、反馈申诉等方面制定绩效考核制度；建立完备的绩效考核指标体系；健全绩效考核结果使用方案。

8. 绩效管理流程

（1）绩效管理流程现状。

集团公司总部绩效管理核心流程未明晰。对于各项具体工作没有明确的子流程来指导，考核者、被考核者、同级员工、党委、人力资源部、公司领导、考核委员会之间如何协同、信息如何传递等都没有明确规定。

（2）分析与建议。

在绩效管理制度的基础上建立绩效考核核心流程；建立针对各项具体考核工作建立规范的流程文件，明确各责任部门、岗位在流程各环节的操作内容，明确各环节的时限要求，明确流程信息的流转、格式、存档要求。

梳理绩效管理流程和薪酬管理、培训管理流程等其他人力资源管理流程之间的关系。

三、解决方案的设计框架

强调咨询方案的设计思路，解决问题的独特视角及对咨询方案的评估与筛选过程。

（一）项目设计思路

绩效管理（见图2）是一种通过绩效计划、绩效面谈、绩效考核、绩效兑现四个不断循环的步骤来完成对被考核人持续的绩效评价，并将评价结果应用于企业日常经营管理活动中，以激励和帮助企业和员工进行持续的绩效改进并最终实现企业的战略和目标的管理活动。绩效考核与企业所有部门都有关系，绩效管理的作用重在通过绩效面谈提升员工工作绩效，而并非单纯的考核与惩罚机制。

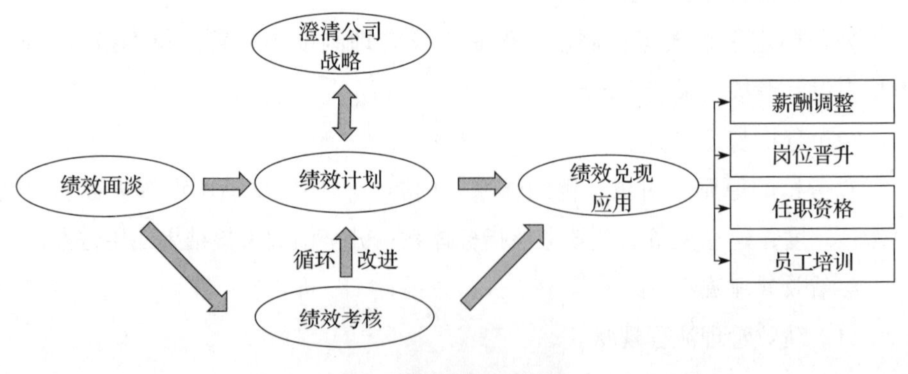

图2　绩效管理逻辑图

因此，对滨海热电绩效体系的建立分成以下几个步骤。

第一步：理解企业的战略规划和业务模式。

第二步：梳理部门职能和岗位职责。

第三步：提升绩效管理理念。

通过绩效管理培训，加强员工对绩效管理的认知，利用绩效管理工具明晰企业价值导向，将公司级战略目标层层分解，实现经营压力的层层传导；加强绩效沟通，推动组织效率提升。

第四步：优化考核指标体系。

将考核指标与公司战略相衔接；增加量化考核指标，减少主管评价的指标；精简指标数量，加大关键指标考核权重；增加对流程节点指标的考核。

第五步：提升绩效考核结果应用的有效性。

将考核结果与个人实际收入挂钩；将绩效考核结果与个人薪酬调整、岗位晋升相衔接；建立绩效分析能力，加强绩效管理过程的监督与指导。

第六步：优化绩效考核管理流程、制度、表单。

（二）创新解决方案

1. 平衡计分卡分解公司级战略目标

以平衡计分卡管理思想分解公司的公司战略目标，首先按时间维度将公司战略分解到战略规划期的每一年，并实施“3+1”滚动修订；再按照组织维度将战略目标分解到各业务单元和职能部门，形成业务单元和职能部门战略目标，用价值树原理对目标进行层层分解，寻找深层次的业绩驱动因素，以此明确绩效考核指标，将每一个指标任务落实到岗位，实现化战略为行动，将公司的战略目标转变成为每个员工的日常工作。

2. 用价值树寻找深层及业绩驱动因素

价值树模型（见表 1）是一种有效的指标分解工具，将企业最终担负的重点指标根据指标项目构成和企业业务特征层层分解，直至可以直接发现业绩改善潜力并形成改善举措的杠杆。对价值树的应用一般有以下三个方面。

（1）制定关键业绩衡量指标，通过价值树对经营目标的层层分解，帮助企业经营者 / 部门负责人了解每个部门 / 岗位对于价值树具体“枝叶”的贡献，从而为设计部门 / 岗位关键业绩衡量指标打下结构性基础。

（2）通过价值树的分解，能清晰地发现具体经营业绩问题及差距所在，一方面落实责任人，另一方面有助于制订具体改进计划（战略行动计划）。

（3）分析业绩未达到目标或出现滑坡的原因，制订企业经营计划，从企业战略目标分解中明确经营计划应重点启动的杠杆和实施方向，增强企业经营计划完整性及经营目标可说服性。

表 1　价值树分解示意图

战略目标与主题	关键绩效指标	关键成功因素	关键绩效指标	关键成功因素	关键绩效指标	主要负责部门
提高全面预算的准确性和指导性	预算执行偏差率	完善全面预算管理流程制度	流程制度编制及时性			财务部
		建立全面预算管理的组织机构	机构健全			全面预算管理委员会
		提升预算编制的准确性	数据完备性	预算编制的计划管理	预算编制的及时性	
				基础数据和边界条件的准备	数据完备性	相关部门
				积累定额数据	数据完备性	相关部门
				提升全面预算管理责任意识	全面预算管理培训	财务部
				加强预算编制说明的审核	预算编制说明的完整性	相关部门
		加强预算执行与监控管理	预算调整合理性、预算执行偏差率	提高预算分解有效性	预算分解有效性评价	
				加强预算执行过程监控	定期跟踪	
				预算执行偏差分析	预算执行偏差率	
				规范预算调整管理	预算调整合理性评价	
				预算执行专项分析	分析结果落实情况	
		实施预算考核	月度预算执行准确率			
			年度预算执行合理性			

3. 部门协同战略指标提炼

有些具有明确战略导向性的指标，不是只依靠某一个部门就能完成的，需要几个部门同心协力才能做好。比如质量问题指标，造成产品质量问题的原因很多，可能包括研发缺陷、采购原材料不合格、生产良品率低、检验不严格、运输过程粗暴、安装调试不规范，因此就需要几个部门协同解决，同时将选择绩效指标落实到相关部门。

4. 五因素分析法提取岗位绩效指标

大多数情况下，岗位职责并不能直接生成绩效指标，而需要借助一定的方法进行分解和转化。常用的绩效指标提炼方式有很多种，但不能深入分解企业业务模式和岗位工作特点，从而导致以偏概全，忽视考核重点。

格里波特（Glibert，1992）提出了绩效管理四分法，提出从质量、数量、成本、时效四个方面衡量绩效的论点，格利波特的四分法一方面能够帮助使用者寻找关键业绩指标；另一方面，还在深层次解决了绩效的制衡问题。

绩效管理的指标本身就是矛盾的，如果只追求数量指标，必然带来质量指标的隐患。这也不意味着单纯追求质量指标就是好的，这同样将导致成本和时效方面的隐患，它们是一对天然矛盾。因此在设计关键业绩指标时应注意：在考核四分之一的时候，另四分之三也可以考核的。

在咨询实践中将绩效管理四分法进行了拓展，增加了“风险”因素，从而构成五因素分析法。我们可以把它表达为“多、快、好、省＋风险”，“多”对应数量的多少；“快”即时效，时间的长短；“好”对应质量；“省”对应成本。

5. 建立指标筛选模型

五因素分析法（见表 2）能够帮助我们寻找到岗位关键业绩指标，但是没有解决相关指标的制衡问题。这样我们就开发出来指标筛选模型（见表 3），对相应指标进行筛选，同时对核心关键指标进行敏感度分析。

表 2　岗位绩效指标推导表

维护部综合班班长岗位绩效指标推导表							
岗位名称	职责描述	五因素分析法					建议指标（KPI/GS）
		数量	时间	质量	成本	风险	
综合班班长	组织本班人员定期进行现场检查、季节性安全大检查和安全月活动，及时消除设备缺陷，落实上级和公司下达的反事故措施，确保所管辖设备经常处于良好状态，对不能解决的重大设备缺陷或隐患应及时向上级有关部门提出报告，并提出相应的处理意见和建议，设法加以消除	★	★	★			现场检查计划完成率 消缺及时率 消缺率 反措落实率 设备完好率 设备运行率（停机次数）
	监督检查本班组成员正确使用各种安全用具、电动工具和仪器仪表，监督检查本班组工器具按《安全工器具管理规定》的有关规定和要求进行定期校验、试验，并做好登记、记录，不符合规定要求的严禁使用					★	工器具使用违规次数
	组织全班人员认真学习安全规程和操作规程及有关安全生产的制度、规定，并认真贯彻执行。及时组织学习上级事故通报，认真吸取教训，积极采取措施，防止同类事故重复发生。对违章、违纪者进行批评教育，性质严重、不听劝阻的违章、违纪人员，应立即停止其工作，并向上级报告	★					事故复发次数

表 3　绩效指标筛选模型

指标名称	与责任者相关性	指标的可控性	指标获取成本	指标可信度	与战略阶段的一致性	对战略的贡献度	备注
消缺率	Y	Y	Y	Y	Y	Y	上级关注指标
反措落实率	Y	Y	Y	Y	Y	Y	上级关注指标
设备完好率	Y	N	N	N	Y	Y	不好定义，很难获取
工器具使用违规次数	Y	Y	Y	N	Y	N	管理规范，发生次数较少

根据评价结果，对于拟设立之指标，分为“采用”“监控”“下一层考核”“取消”四种处理方式。

“采用”即表示可用于考核，“下一层考核”即可作为下一层组织考核的备选指标，而“监控”即表示不直接用于考核，只用于检测和跟踪。

6. 交互式分析法设计指标权重

学术研究上确定指标体系权重的方法可分为主观赋值法和客观赋值法两大类。主观赋值法，即计算权重的原始数据主要由评估者根据经验主观判断得到，如主观加权法、专家调查法、层次分析法、比较加权法、多元分析法和模糊统计法等。客观赋值法，即计算权重的原始数据由测评指标在被测评过程中的实际数据得到，如均方差法、主成分分析法、熵值法、CRITIC 法等。这两类方法各有优缺点，主观赋值法客观性较差，但解释性强；在大多数情况下，客观赋值法确定的权重精度较高，但有时会与实际情况相悖，而且解释性较差，对所得到的结果难以给出明确的解释。

但是在咨询实践中，一般采用经验法，但在权重不易确定的情况下，可运用交互式分析法（见表 4），通过两两比较，计算出指标的相对重要性。

表 4　交互式分析法

交互式分析法计算权重												
指标名称	KPI1	KPI2	KPI3	KPI4	KPI5	KPI6	KPI7	KPI8	KPI9	合计（D）	KPI10	D/P/%	权重/%
KPI1		2	1	3	1	3	2	2	2	1	17	9.71	10
KPI2	1		2	1	1	1	1	2	2	2	12	6.86	5
KPI3	2	2		2	1	1	1	2	2	2	15	8.57	10
KPI4	2	3	2		1	1	1	2	3	2	17	9.71	10
KPI5	3	2	3	3		1	2	3	2	2	21	12.00	10
KPI6	2	3	2	3	3		2	2	1	2	20	11.43	10
KPI7	3	3	3	3	2	2		3	3	3	25	14.29	15
KPI8	1	2	2	2	1	1	1		3	2	15	8.57	10
KPI9	3	2	1	1	2	1	2	1		3	16	9.14	10
KPI10	1	2	3	2	1	2	1	2	3		17	9.71	10
总计（P）											175	100	100

使用说明：

（1）通过两个指标对比分析，如果选 1，则表示相对比较的 KPI 指标不重要；如果选 2，则表示与之比较的 KPI 指标一样重要；如果选 3，则表示相对比较的 KPI 指标更重要。

（2）从横向上把每个指标相比较的分值加总为 D，把所有指标相比较的分值加总为 P，将每个指标的合计分值除以所有指标加总的分值，即 D/P，每个指标的权重取与 D/P 值接近的 5 的倍数。

权重的大小取决于该项指标的重要程度，正常情况下优先凭经验来判定，除非双方在理解上存在重大分歧时，可考虑用上述方法来设定。

7. 规范绩效解释表

规范绩效解释表（见表 5），明确指标名称标准、指标性质、指标定义及计算公式、评价标准、考核周期、信息来源主导部门、信息来源文件。定期对绩效解释表进行修订维护。

8. 绩效考核信息化实现

为了减少重复劳动，提升手工统计工作的效率，客户提出了绩效考核信息化需求。结合客户信息化绩效管理的需求为背景，通过深入调研，针对信息化绩效管理的现状、特点以及需求，以软件工程的思想作为指导，设计和开发了基于 B/S 模式的信息化绩效管理系统，从而实现信息化绩效管理需求。在系统的设计和开发过程中，我们采用了 UML 面向对象的分析方法，对系统进行分析和设计，并运用 J2EE 技术作为开发平台，以 JAVA 作为系统的开发语言，以 Oracle 作为系统的后台数据库，并结合三层架构的设计思想对系统加以实现。

基于绩效考核优化方案，从系统设计概述、系统需求分析、系统总体设计三个方面，对绩效考核信息系统进行了设计，初步完成了系统开发的需求分析和总体设计工作，为系统的后续自主研发或联合开发提供了设计依据。借鉴传统绩效考核存在的主要问题，提出基于信息化环境下的优化方案，旨在规范人员绩效考核管理流程，提高绩效考核管理效率，减少管理成本，形成高效、快捷的信息化绩效考核模式，实现绩效管理效益显著提升的目的。同时，也为其他公司绩效考核信息化建设提供参考。

表 5　绩效解释表

××× 部门 ×× 岗绩效指标解释表								
序号	指标名称	指标性质（KPI/GS）	指标定义及计算公式	评价标准	考核周期	信息来源主导部门	信息来源文件	备注
1	现场检查计划完成率	KPI	实际检查次数 / 计划检查次数 ×100%	现场检查计划完成率应达到 100%，达到 100% 得满分；每少一次扣 1 分	月度	设备管理部	设备巡检报表	
2	消缺及时率	KPI	消缺及时率 = 统计期内及时消缺总数 / 统计期内缺陷总数 ×100%	消缺及时率应达到 82%，高于 82% 时，每高 1% 加 1.5 分（整点计算）；低于 82% 时，每低 1% 扣 1.5 分（线性插入计算）	月度	设备管理部	消缺报表	
3	消缺率	KPI	消缺率 = 统计期内已消除的缺陷数量 / 统计期内缺陷总数 ×100%	一、二、三类缺陷消缺率应达到 95%，高于 95%，每高 1% 加 1.5 分（整点计算）；低于 95% 时，每低 1% 扣 1.5 分（线性插入计算）。	月度	设备管理部	消缺报表	
4	反措落实情况评价	GS	落实上级和公司下达的反事故措施，确保所管辖设备经常处于良好状态	根据上级或公司对反措落实情况评分 × 权重，作为本项考核得分	季度	维护部	反措评价表	
5	设备完好率	KPI	设备完好率 = 完好设备总台数 / 生产设备总台数 ×100	无		设备管理部	设备报表	
6	设备运行率（停机次数）	KPI	考核方式有俩种：一种是根据设备的运行时间来考核，设备运行率 = 设备运行时间 /（设备运行时间 + 设备停机时间）×100%；另一种是根据设备的产能来考核	本班组所维护设备，不允许出现停机状况，每出现停机事件，本项得分为 0	月度	设备管理部	设备报表	
7	工器具使用违规次数	KPI	员工没有按《安全工器具管理规定》使用工器具，导致工器具使用违规次数	员工每违规使用工器具一次扣 1 分，班长扣 1 分	月度	维护部	记录表	
8	事故复发次数	KPI	已经发生的事故再次发生的次数	只要是已发生的事故再次发生，按次数纳入统计，每复发一次扣 5 分	月度	维护部	事故记录表	

（1）目前解决的问题。

①年终绩效成绩统计。对年度绩效成绩的统计，没有采用常用的简单算术平均法，而采用下述公式，在软件系统中自动实现：

100-∑（月度指标权重（分值）-∑月度得分值/12）+∑（季度指标权重（分值）-∑季度得分值/4）+∑（年度指标（权重）分值-年度指标得分值）

②员工绩效成绩同比分析。分析相同岗位员工的绩效差异，以及一年内员工绩效成绩的变化规律，从而为员工招聘、培养、培训提供技术支持。

③员工绩效成绩环比分析。分析员工在一个周期内绩效变化情况，寻找绩效优秀和绩效下滑的原因。

（2）未来要解决的问题。

经过与客户的沟通，未来绩效考核系统将进行升级。

目标管理可视化，通过手机端口应用程序，使员工和管理者可以随时关注每天的工作任务及完成情况，及时进行跟踪改进。通过有效设定组织的经营发展目标，合理地分解展开使目标得以达成。透过对目标达成过程中的自我管制和结果进行自我反省，提升团队管理水平、工作效率和合作精神。合理有效地进行绩效评估，明确工作成果，有助于绩效的提高。

考核指标数据提取自动化，解决数据接口，以及指标提取问题，针对本项目的特点设计了绩效管理软件，从根本上解除了绩效考核中手工提取数据等烦琐性工作。

四、案例项目评估和绩效说明

项目自2019年3月正式实施，短期内效果没有完全展示出来，但是已经看到了很多积极的变化，主要体现在以下几个方面。

（1）绩效考核覆盖群体更加全面，过去绩效计划仅覆盖部门负责人，难以落实到基层员工，基层员工绩效表现难以体现和衡量，绩效体系优化后，绩效考核对象覆盖全员，增强了企业整体绩效意识，提升了全体员工的工作积极性；绩效考核范围覆盖率由过去20%，优化后增加到100%，实现全覆盖。

（2）绩效考核体系更加科学合理，过去考核指标体系多以定性评价为主，主观性强，受行政管理人员主观影响程度大，考核结果权威性，科学性不高，员工的绩效意识及考核认可程度不够，积极性不高。优化后，考核指标体系由定性为主变为定性与定量化结合，指标体系更加完善，绩效表现更加科学准确。原有定性指标占 50% 以上，优化后，定量指标占 80%，对其他指标也尽力做到了量化处理。

（3）岗位职责更加明确。岗位职责考核标准更加细化明确，岗位任职资格标准更加清晰，岗位人员匹配度进一步优化。

（4）员工奖金分配较为合理，员工满意度上升。绩效优化前，存在岗位职级贡献度收入水平相似的现象，员工绩效水平难以体现，实施全员绩效考核后，员工收入差距呈现分化趋势，优秀员工岗位收入得到提升，员工工作积极性得到释放。

（5）企业经营管理水平得到提升。通过优化绩效考核体系，员工的成本意识、安全责任意识、工作效率得到提升。特别在安全管理方面，消缺率、消缺及时率分别由原来的 85%、90% 提升到优化后的 90%、93%，有了明显提高。

广发银行全行流程体系建设咨询项目

汉哲管理咨询（北京）股份有限公司　叶涛

汉哲管理咨询（北京）股份有限公司（以下简称汉哲咨询），成立于2003年（2008年更名），2015年7月21日登陆全国中小企业股份转让系统，由此成为中国管理咨询领域首批公众公司之一，标志着中国管理咨询业资本化时代的开始。

咨询服务是汉哲咨询的核心业务，汉哲咨询同步运营“汉哲管理咨询”与“汉哲人力资源顾问”两大品牌，创立以来，汉哲咨询已服务企事业单位千余家。当前，汉哲咨询拥有全资、控股及关联类管理咨询机构8家，资本、商学、软件企业3家，在北京、上海、成都设有3大运营中心，在天津、深圳、南昌、南宁、西安、武汉、济南设有分支机构及办事处，服务网络覆盖全国。

汉哲咨询是经中国企业联合会评选的中国管理咨询50大企业，并先后获得“中国著名管理咨询品牌”“中国管理咨询行业最具影响力十大品牌机构”“中国管理咨询行业最具公信力典范品牌”“2016值得信赖的中国管理咨询机构”“2017中国十佳管理咨询诚信服务机构”“2017中国产品创新品牌”等数十个荣誉称号。

本案例项目组成员

叶涛，东北大学管理学硕士，近10年管理咨询经验，CMC国际注册管理咨询师。任汉哲咨询副总经理、高级总监，担任多家企业常年顾问。咨询服务客户70余家，服务客户包括但不限于广发银行、湖南高速、四川高速、陕西交通、中航工业、湖南发展、首创爱华、汇纳科技、力生制药、舒泰神生物、青青稞酒、保利影业、长庆油田等。

其他成员：段磊、巩永旭、田松、杨晓东

导读

广发银行长期以来十分重视流程建设，持续开展了数百项流程优化项目，并提出要以流程银行为导向，打破部门和条线藩篱，精简流程手续。为深化流程银行建设，广发银行发布了《流程管理行动纲要》，提出“打基础，建体系”“做项目，解决问题”两大流程管理推进路径。流程体系建设是一项系统性、全局性、复杂性工程，为确保“打基础，建体系”工作的快速有效推进，广发银行决定与汉哲咨询合作。

汉哲咨询与广发银行运营及流程管理部流程管理处快速组建了联合工作组，并得到了运营及流程管理部总经理黄惠亮的深度参与和支持，这样既发挥了双方团队的优势，又提高了项目推进效率。具体项目工作按照八个步骤循序推进：第一步，全面流程梳理，完成了对近 200 个处室的流程调研；第二步，基于行业对标，建立广发银行流程分级分类体系；第三步，建立从行领导到业务主管的流程所有者机制，并推动任命；第四步，开展流程成熟度评估，找差距；第五步，建立流程监测体系，开展试点流程监测；第六步，编制流程管理技术标准手册，对流程体系建设的系列规则、标准、方法、成果固化；第七步，样板流程优化选择与流程优化方法培训，推动流程建设从体系走向项目应用；第八步，流程体系宣贯、培训，并对流程体系持续更新与动态管理。

通过以上工作的实施，广发银行目前已初步搭建起了符合当前发展阶段的流程管理体系 1.0 版本，为后续流程体系的优化、流程项目的实施形成了统一语言、系统界面。

广发银行全行流程体系建设咨询项目

汉哲管理咨询（北京）股份有限公司　叶涛

一、申报案例背景描述

（一）企业概况

广发银行成立于1988年，是国内首批组建的股份制商业银行之一。广发银行致力于为客户提供高质量、高效率、全方位的综合金融服务。在北京、天津、河北、山西、辽宁、吉林、黑龙江、上海、江苏、浙江、安徽、福建、江西、山东、河南、湖北、湖南、广东、广西、重庆、四川、云南、陕西、新疆等境内24个省（直辖市、自治区）100个地级市及以上城市和澳门特别行政区设立了44家直属分行、862家营业机构，并与全球100多个国家和地区的1 319家金融机构建立了SWIFT密押关系，为30多万对公客户、3 700多万个人客户、4 600多万信用卡客户和3 600多万移动金融客户提供了优质、全面的金融服务。

（二）项目背景与咨询需求

广发银行长期以来十分重视流程建设，专门成立了运营及流程管理部，并下设流程处，专项推进流程体系建设和流程项目优化工作。近几年来，持续开展了数百项流程优化项目，并提出要以流程银行为目标，打破部门和条线藩篱，精简流程手续。为深化流程银行建设，广发银行在2018年发布了《流程管理行动纲要》，提出“打基础，建体系”“做项目，解决问题”两大流程建设推进路径。

为确保“打基础，建体系”工作的快速、有效推进，广发银行经过多家机构筛选，最终选定与汉哲咨询合作，共同推进流程管理体系建设工作，希望结合广发银行实际情况，对业务流程进行分级、分类全面梳理，描绘流程图谱，诊断业务流程现状，打通壁垒，打通流程逻辑，建立起与广发银行现有组织架构相适配的流程脉络体系。从总行管控视角理清业务流程架构，建立分级、分类流程管理基础体系，建立能评价、能自我持续优化的闭环管理体系。

二、诊断分析

（一）调研分析思路与方法

工作组采取流程清单梳理、流程成熟度评估、内部资料研读、流程对标等方式进行了全方位的调研。

本次项目的有效推进，还得益于双方组建了强有力的联合工作小组，运营及流程管理部总经理亲自领导并深度参与项目推进，流程处组建专业化的专人团队全程参与项目推进。

1. 流程清单梳理

考虑到本次项目的特点，工作组决定采用自下而上的方式开展流程现状调研与清单梳理工作，如图 1 所示，按照现状调研与流程识别、汇总整合、分类分级三个步骤，并在流程清单梳理的过程中，收集和分析流程问题。

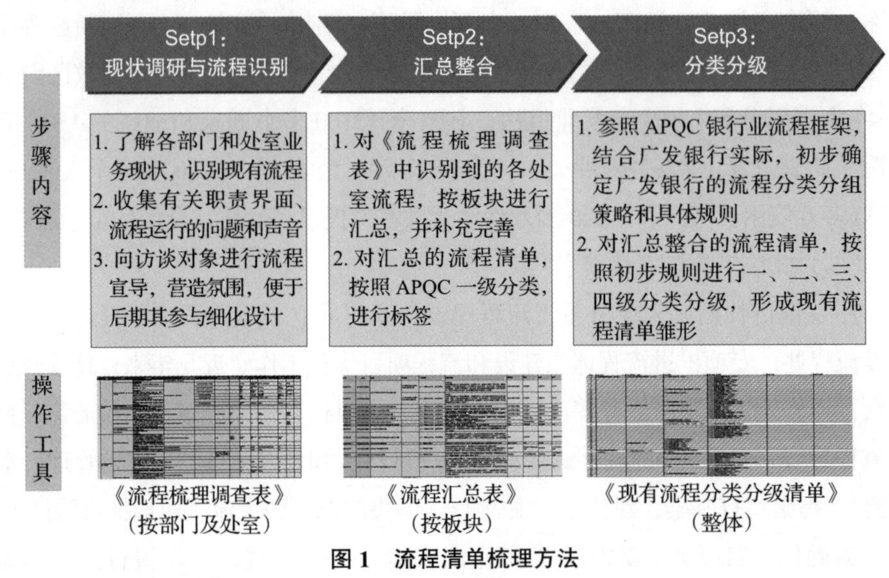

图 1　流程清单梳理方法

在流程清单的识别过程中，工作组采用 SIPOC 工具（见图 2）进行流程要素梳理，进一步进行流程验证，也为后续流程关系脉络的梳理奠定基础。

2. 流程成熟度评估

为了直观地了解广发银行流程管理的水平，工作组组织总行主管及以上管理人员进行了总体成熟度评估（见图 3），和零售、公司、金市三大业务板块的单体流程成熟度评估。

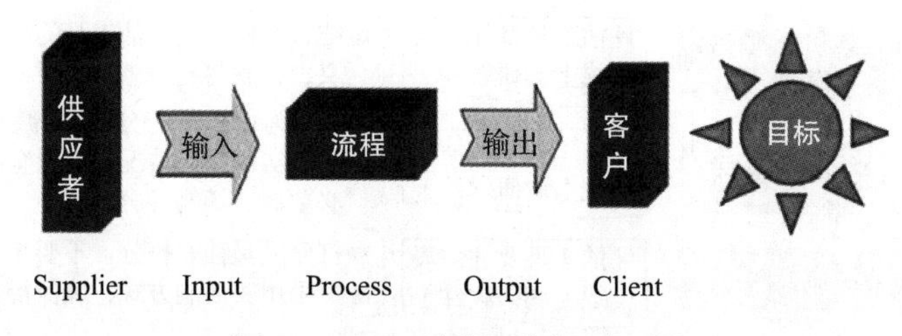

图 2　SIPOC 流程要素识别工具

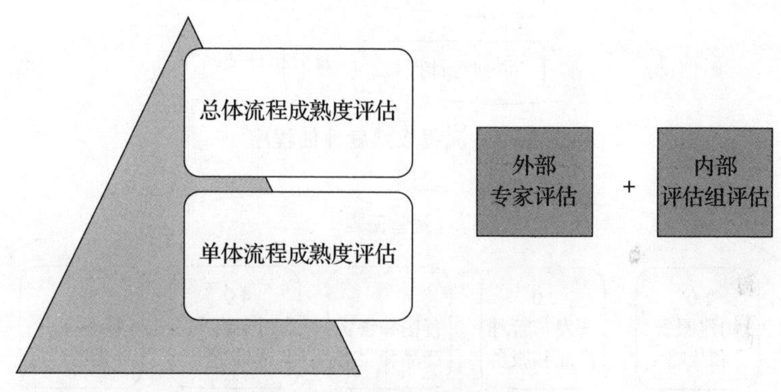

图 3　流程成熟度评估思路

为确保评估结果的有效性，工作组制定了科学的评估工作开展程序（见图 4），保证了评估工作的顺利开展。

3. 内部资料研读

收集广发银行的领导讲话、组织架构与部门分工、人员基础信息、流程管理相关资料，各类制度文件等多项资料，其中查阅的制度文件多达几百份。通过对内部文件资料的阅读，更加全面地了解了广发银行的业务流程和管理现状。

4. 流程对标

从流程清单架构上，工作组借鉴研究了 APQC（美国生产力与质量中心，American Productivity and Quality Center）开发的银行业流程框架（Process Classification Freamwrok，简称 PCF）（见图 5），以此为标杆，分析广发银行当前流程清单架构的完整性及分布合理性。

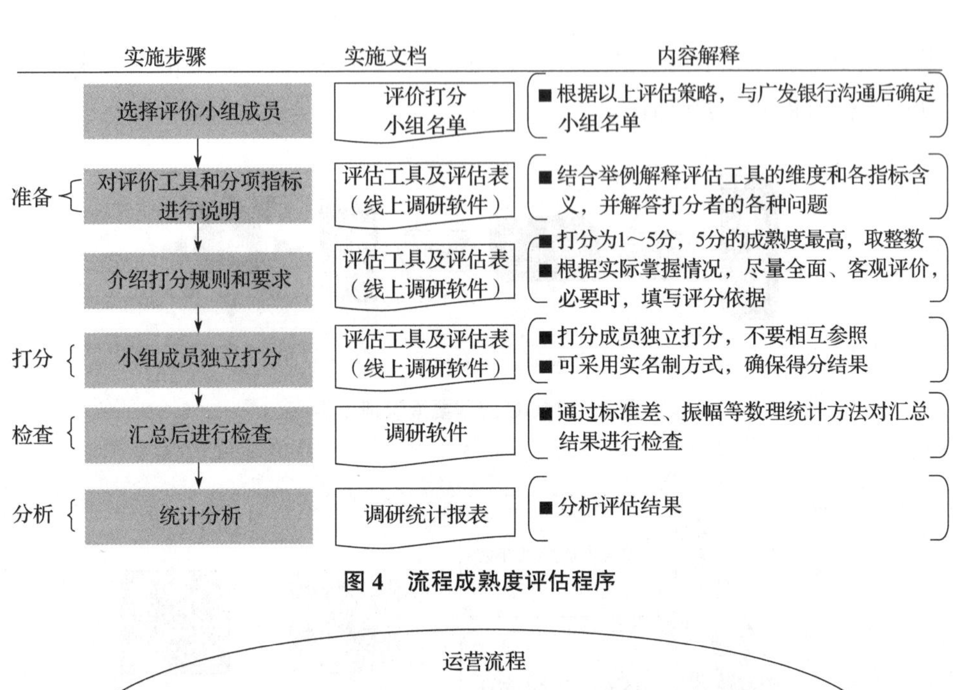

图 4　流程成熟度评估程序

图 5　AQPC 银行业流程架构

另外，工作组也选取了华为、中国人寿、建设银行、平安银行等其他行业和同业，在流程框架体系、流程建设思路与方法等方面进行对标借鉴。

（二）问题诊断

工作组基于以上调研信息，分别从流程框架结构分析、流程成熟度水平评估、关键流程问题分析三个方面进行诊断（见图 6）。

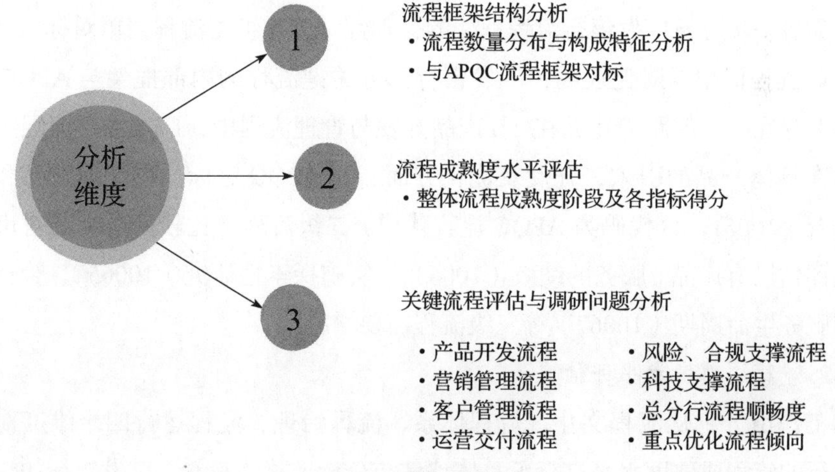

图 6　项目诊断框架

1. 流程框架结构分析

（1）流程一级分类下的流程分布特征分析。

按照 APQC12 个一级流程大类，对广发银行现有流程进行归类，并分析各一级大类下的流程数量分布特征。分析表明，广发银行一级流程分布总体符合银行业属性和当前管理重点。比如 4.0 产品交付流程多，符合银行业务总行集中处理的管理变化，但 5.0 管理客户服务、2.0 产品开发与管理两类业务流程占比明显偏少。

（2）板块分类下的流程清单分布分析。

按照零售、公司、金融市场、业务支撑、组织管理五大板块对梳理流程进行分类统计，分析其分布规律。比如从板块分布情况看，业务支撑和组织管理类流程占比偏高，三大业务类流程占比偏低，反映出在面向外部客户流程和

价值增值性流程上比重不足。而业务内部管控、综合管理与服务流程多，人员投入也对应增加。

（3）部门分类下的流程清单分布分析。

按照流程提取所属的一级部门（流程主责部门）统计，分析流程分布规律，以初步判断各部门的主要工作重心与内容。

（4）流程架构对标分析。

为进一步分析广发银行流程框架的合理性，工作组将流程清单对标 APQC 银行业流程框架。对比表明，广发银行部分关键流程的内部框架与 APQC 标准框架存在一定差距。比如在 2.0 产品开发与管理流程中，广发银行流程主要集中在具体产品的引入、开发及优化方面。与 APQC 对标，在管理产品和服务组合（10061，该代码为 APQC 流程代码）二级流程上比较薄弱，针对市场机遇评估已有产品 / 服务的绩效（10063）、实施探索性研究（10065）、管理产品和服务生命周期（10067）等三级流程需要增补。

2. 流程成熟度水平评估

工作组分别从流程文化、流程体系、流程治理、流程运行四个维度对广发银行的流程成熟度水平进行了总体评估与分析。总体来看，广发银行的流程成熟度处于规范化向体系化的过渡阶段。比如在流程文化方面，流程管理氛围已经形成，但流程管理思维和知识技能水平现状，与建成高成熟度流程银行的要求仍存在差距；在流程体系方面，存在“只见树木，不见森林”的现象。

3. 关键流程问题分析

调研中，工作组收集到了 262 条问题，分别从问题类型、所属流程、影响范围和解决难度四个维度进行了统计分析。比如从问题类型来看，效率类问题 105 条、质量类 64 条、风险类 59 条、成本类 34 条。效率问题主要体现在：一是跨部门流程沟通难度大，提高效率靠“刷脸”“找领导”；二是流程环节多，各类工作流程、管理流程冗长，“等会签”“等审批”“等领导”的低效能现象普遍；三是线下手工操作多，“有系统不用”与“无系统支撑”并存。

另外，工作组从流程管理端到端的视角，对广发银行的关键一级流程的实际运行情况和存在的问题做出了进一步剖析。比如在2.0产品开发流程中，工作组认为，广发银行目前仅有部门级、产品级客户画像，而全行级、板块级统一客户画像工作开展不到位，客户分类分级标签化管理和主动性管理工作还需提升。

三、解决方案的设计框架

（一）项目总体设计思路

本次项目以“打基础，建体系”为主要目标，为确保形成一套具有可操作性、系统性的流程管理闭环机制，工作组从流程框架、流程所有者、流程组织、流程评估、流程绩效、流程信息化、管理规范七个维度进行广发银行流程管理的体系搭建和规则设计（见图7）。

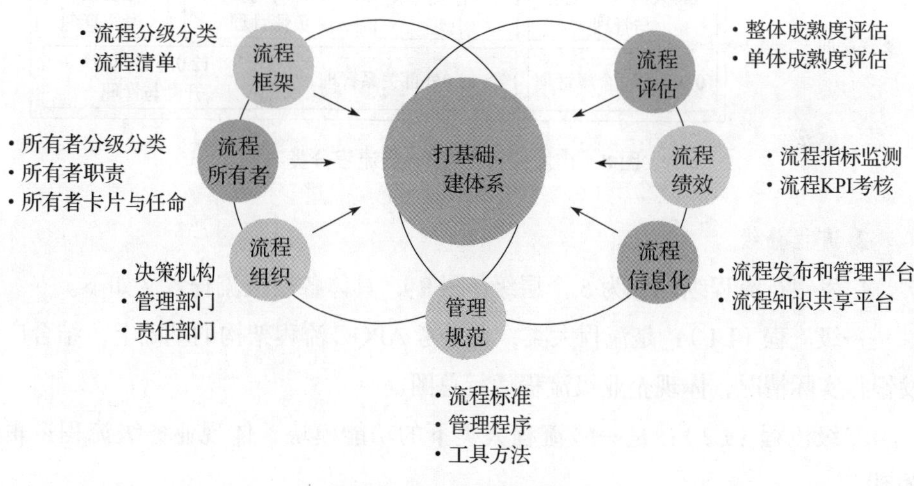

图7 项目总体设计思路

（二）流程框架

建立广发银行流程框架结构，包括流程的分级分类规则、流程清单梳理方法，并以此完成了广发银行1.0版本的流程框架和清单。

1. 流程分类

参考APQC银行业流程框架，结合广发银行实际情况，确立了广发银行 13 个一级流程分类，并划分为战略、业务、支撑三个层面，如图 8 所示。

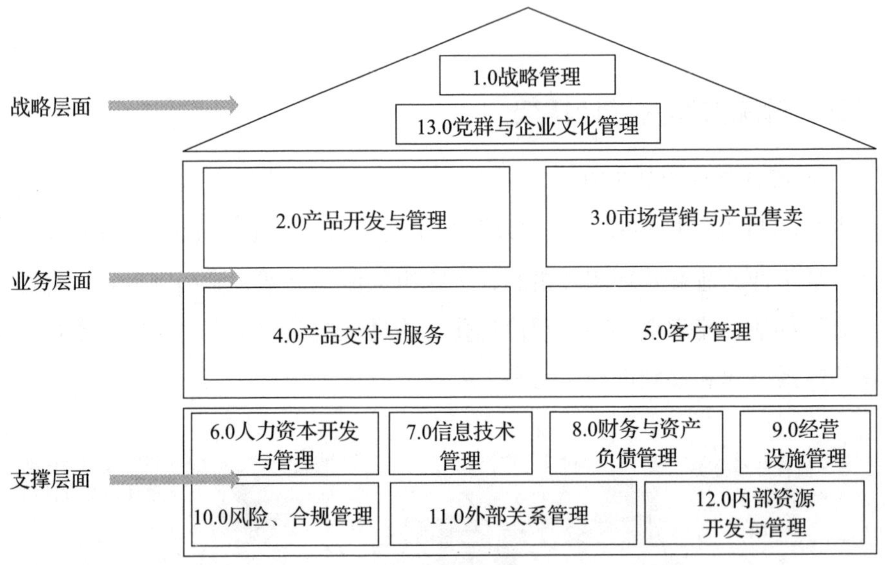

图 8　广发银行 13 个一级流程分类

2. 流程分级

广发银行流程纵向分为 5 个层级（图 9），具体各层级流程含义如下。

一级流程（L1）：是流程大类，在参考 APQC 流程架构的基础上，结合广发银行实际情况，体现企业级流程运行总图。

二级流程（L2）：是一级流程大类下的功能模块，体现业务级流程逻辑关系。

三级流程（L3）：是二级流程下的子分类或主要环节，是对二级流程内部结构的细化体现。

四级流程（L4）：是体现具体业务或管理活动过程的操作性流程，是能具体到岗位层面的工作流程。

五级流程（L5）：是四级流程的子活动，是四级流程中的细分业务或某个重要活动的进一步细化描述。

L1 ～ L5 是一个宏观到微观的过程，广发银行流程体系自上而下层层细化、操作化，自下而上层层支撑、模块化。5 个层级的流程也可分为两个大的层次。

第一次层次：L1 ～ L3，一到三级流程为框架流程，体现广发银行的流程架构体系，以归纳概括的方式形成。

第二层次：L4 ～ L5，四、五级流程为操作层流程，是广发银行具体各项业务活动中存在的主要工作流程，以流程调研从各处室的日常工作中梳理形成。

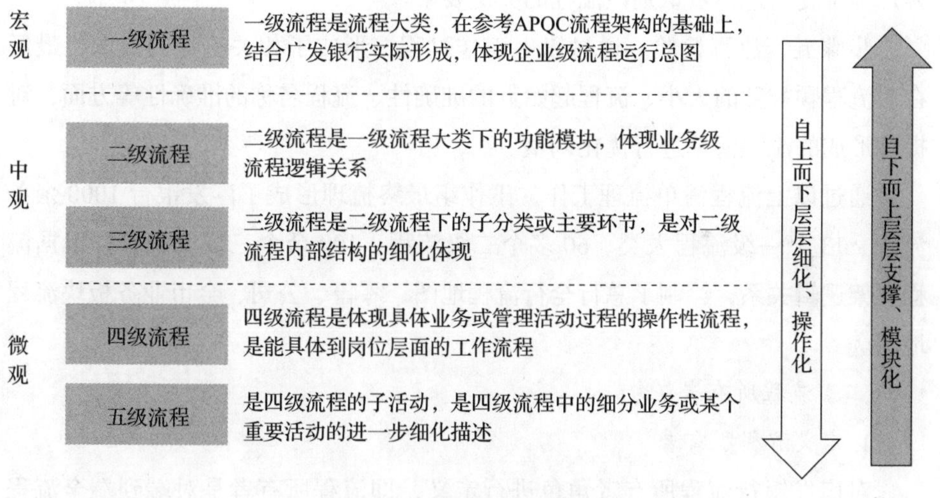

图 9　广发银行 5 级流程分级

3. 流程清单梳理

按照流程分级分类规则，对总行流程进行全面盘点和梳理，按照业务运作主线（从流程的视角，而非部门的视角）搭建起条线明晰、层次清晰的分级分类流程框架。

为固化流程清单梳理的工具方法，并推广到全员掌握，工作组提炼形成了流程梳理五步法，并开展了相关工作坊培训。

步骤一，组织功能分析。按照一级职能（工作模块）、二级职能（工作细项）两个层级，梳理出相关的工作事项。

步骤二，描述流程过程。根据二级职能的工作事项，进一步描述该工作的开展过程，按照先后顺序，以短语式语句逐个环节描述，最好明确每个环节的负责人或岗位。对于不具备流程过程特征的事项，可不做流程过程描述。

步骤三，提炼流程名称。根据流程过程的描述，提炼形成流程名称，流程名称应体现该流程过程的关键行为或流程起始。具体流程命名规则详见前文。

步骤四，识别流程要素。采用SIPOC模型，按照供应商、输入、输出、客户等维度，进一步识别该流程的关键要素。

步骤五，流程检验。通过以上工作过程，形成了相关流程的提取，最后在对流程颗粒度的大小、流程起始点的准确性、流程名称的准确性等方面，对提炼形成的流程清单进行优化调整。

通过以上流程清单梳理工作，工作组最终梳理形成了广发银行1000余条流程、13个一级流程大类、60多个二级流程、100余个三级流程。并根据流程框架逻辑关系，绘制了总行全行流程地图，零售、公司、金市业务板块流程地图。

（二）流程所有者任命

1. 定义流程所有者

对广发银行流程所有者角色进行定义，即流程所有者是对端到端全流程结果负责并以客户需求为导向的流程推进者、第一责任人。流程所有者履职目的主要为实施战略规划目标，打破部门壁垒，以客户为中心统筹协调各层级流程参与者完成流程执行与落实工作，推动流程参与者实现流程总体目标。

2. 流程所有者分级

根据广发银行流程分级分类规则，将流程所有者也确定为高阶、中阶、基础三个层次，并建立授权执行人机制。

高阶流程所有者：主要为行领导，针对一、二级流程进行确立（可指定授权执行人到部门总经理）。

中阶流程所有者：主要为部门总经理/副总经理，针对二、三级流程进行确立。

基础流程所有者：主要为处室高级经理/业务骨干，针对四、五级具体流程进行确立。

授权执行人：授权执行人由本级别流程所有者任命，在授权范围内行使该级别流程所有者权利，并履行相应义务。

3. 明确流程所有者职责

考虑到不同类型流程在价值链中的角色和作用不同，工作组将广发银行的流程所有者划分为业务类、支撑类、组织管理类三个类别（见图 10）。业务类流程所有者强调面向客户的高效运作，调动支撑流程；支撑类所有者强调快速响应支撑前端流程，同时管控业务风险；组织管理类流程所有者强调服务意识与服务能力提升。

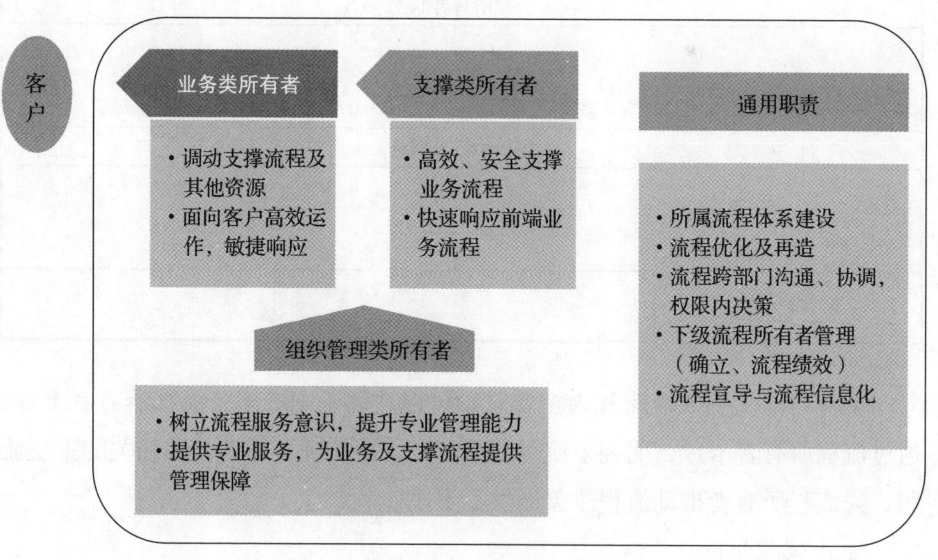

图 10　广发银行三类流程所有者职责界定

4. 建立流程所有者卡片

工作组开发设计了流程所有者卡片（见表 1），以作为流程所有者任命和管理的载体。流程所有者卡片是以流程为单位，对该流程及其所有者的基本信息、该流程的上下游与主要相关流程关系、流程所有者职责等内容的明确，是流程卡片式管理的重要工具。

表 1　广发银行流程所有者卡片

<table>
<tr><td colspan="4">×××流程所有者卡</td></tr>
<tr><td colspan="4">基本信息</td></tr>
<tr><td>流程名称</td><td></td><td>流程编码</td><td></td></tr>
<tr><td>流程所有者</td><td></td><td>职务</td><td></td></tr>
<tr><td>流程类别</td><td></td><td>授权执行人</td><td></td></tr>
<tr><td colspan="4">相关流程</td></tr>
<tr><td>流程关系</td><td>流程名称</td><td>所有者</td><td>所有者职务</td></tr>
<tr><td>上级流程</td><td></td><td></td><td></td></tr>
<tr><td>下级流程</td><td></td><td></td><td></td></tr>
<tr><td>直接支撑流程</td><td></td><td></td><td></td></tr>
<tr><td>相关业务流程</td><td></td><td></td><td></td></tr>
<tr><td colspan="4">流程所有者职责</td></tr>
<tr><td colspan="4"></td></tr>
<tr><td colspan="4">授权执行人职责</td></tr>
<tr><td colspan="4"></td></tr>
<tr><td>所有者签字</td><td colspan="3"></td></tr>
</table>

工作组以 1 ～ 3 级流程为主要对象，建立起了 100 多张流程所有者卡片，通过流程所有者卡片，明确了流程的负责人，并梳理了与该流程相关的主要流程，为流程所有者推动流程改善提供了手段。

（三）流程组织

为有效推动流程管理工作，需要建立流程管理的相应组织机构，明确职责，通过各级组织的立项落实流程管理各项工作。

为此，工作组搭建了如图 11 所示的广发银行流程管理组织架构，形成了决策机构、管理机构、执行机构的三个组织层次，并成立了客户流程工作小组和流程项目小组，推动跨部门的流程改善行动。

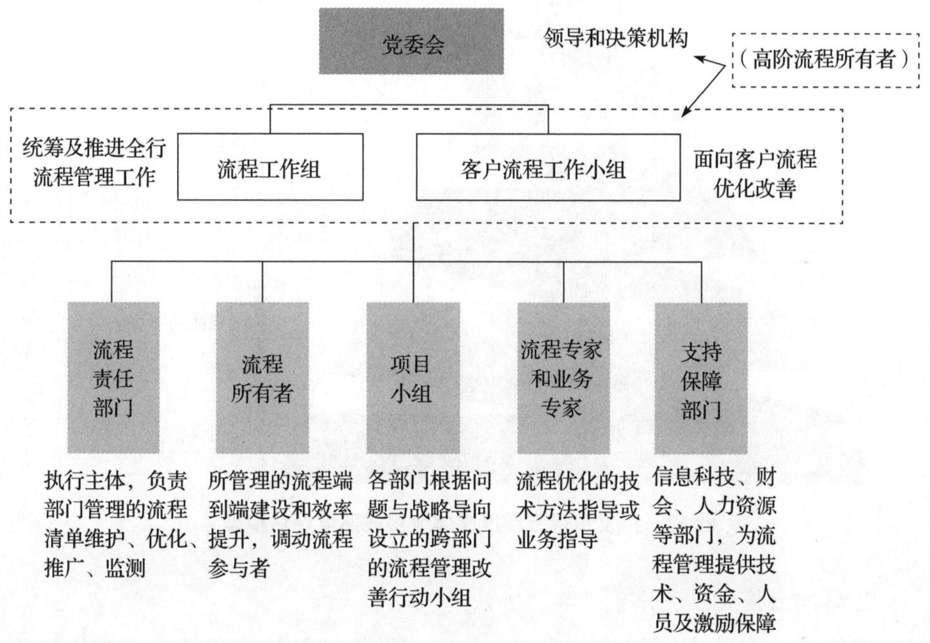

图 11　广发银行流程管理组织架构

（四）流程成熟度评估

广发银行的流程成熟度评估分为整体成熟度评估和单体流程成熟度评估两类。整体成熟度评估是对全行总体流程管理水平的评价，不针对某一具体流程。单体成熟评估是针对某些具体的流程。

1. 整体成熟度评估工具与方法

参考 BPMM、PEMM 等国际通用的流程成熟度评估工具，并立足广发银行流程建设的现阶段的特点，为更加准确和深入地反映广发银行当前流程管理水平，工作组针对性地开发设计了广发银行“五维度”评估模型（见图 12）。“五维度”评估模型从流程意识、流程制度、流程设计、流程运行效果、流程信息化五个方面对流程整体水平和发展阶段进行评估。评估结果参考通用评估模型，划分为 5 个成熟度等级。

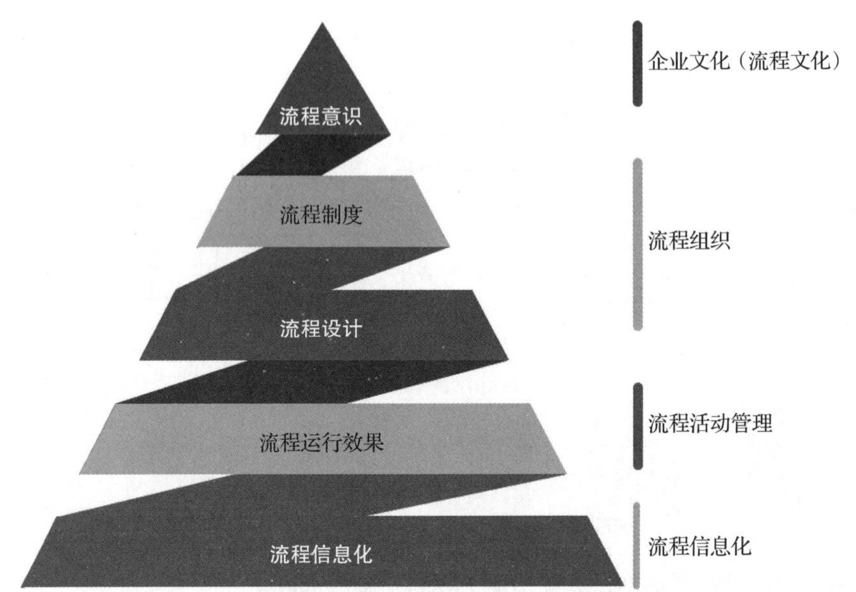

图 12　广发银行五维度整体流程成熟度评估模型

2. 单体流程成熟度评估工具及方法

单体流程成熟度评估（见图 13）是对广发银行具体流程子类或操作性流程的针对性、具体化评价。工作组开发设计了 DME 模型（设计 – 管理 – 效果）。DME 模型从流程设计、流程管理、流程效果三个维度出发，具体从权责界面、环节设计、信息化、管理机制、运行效率、风险管控和客户满意度等方面对单体流程进行比较全面、系统的评估。

图 13　广发银行 DEM 单体流程成熟度评估模型

工作组组织开展了广发银行的首次流程成熟度评估工作，其中整体成熟度评估、总分行流程成熟度评估参评人员200多人，零售、公司、金市三大业务板块单体流程成熟度评估参评人员700多人。通过成熟度评估，一方面能够直观、真实、量化地反映广发银行流程成熟度状况及存在的问题；另一方面，也是一种很好的流程氛围营造方式，通过评估，让更多的人员了解流程管理的意义和价值。

（五）流程监测

流程监测是通过流程运行过程或结果的关键指标，对流程效果进行观察、测量和评估的一种动态管理机制。建立广发银行的流程监测机制，一是能够强化客户导向、目标导向的流程意识和氛围，促使流程所有者和流程参与者更加重视和关注现有流程；二是能够借助流程监测积累流程运行数据，掌握流程运行现状，发现和分析流程问题；三是能够通过持续的流程监测，跟踪流程的改善过程，促进流程运行水平和流程管理能力的持续提升；四是流程监测是流程闭环管理的重要手段。

1. 流程监测工作推进原则

在推进实施广发银行的流程监测工作时，工作组充分考虑了流程型组织与传统职能型组织的差异，按照“循序渐进、分工推进、清晰可量、对标改善”的原则，逐步推进，试点尝试。

2. 监测流程的选择

具体监测流程的选择按以下特征进行。

（1）监测流程以改善呼声高、分行关注度高的流程为主，流程监测的目的在于改善流程。因此，监测流程的选择应从痛点流程着眼，通过流程内外部声音、流程成熟度评估等寻找改善诉求较强的流程。

（2）监测流程以重要性、关键性流程为主，直接面向客户，或与前端业务开展紧密关联的中后台流程。

（3）监测流程以系统线上运行的流程为主，监测流程的大部分环节，或者流程的关键节点实现了线上运行，以便于有效获取流程监测数据信息。对于虽然没有充分实现线上运行，但流程过程和结果有完善的数据记录可追溯和评价的流程，也可作为监测流程。但对于流程的关键指标，短期内无法数据化衡量的流程，暂不纳入监测流程范围。

（4）监测流程以四、五级具体流程为主，流程跨多个部门或岗位，且流程的内外部客户、流程的边界比较清晰。

3. 流程监测工具

流程监测指标坚持关键、量化、可衡量的原则选取，一般 2 ～ 4 个为佳，具体从质量、数量、成本、时效、风险、服务等维度提取。针对每个流程，建立流程监测表，明确流程监测指标，记录日常监测结果，定期分析对标，为后续流程分析改进提供依据。

通过各部门自主申报，共收集到 50 余条监测流程、100 多项监测指标，首批监测流程以时效、准确率等作为主要的监测指标。

（六）流程管理信息化

广发银行流程体系较为复杂，流程数量众多，为提高流程管理的便捷性、共享性、高效性，在广发银行运营及流程管理部、科技部门的协同下，开发了广发流程管理线上应用，实现了流程体系规划、流程文件设计、流程信息查询与检索、流程知识共享等功能的信息化。

1. 系统用户分类

广发银行流程管理系统将主要用户划分为管理员、设计用户、浏览用户三类，各自定义相应的权限。

2. 系统功能介绍

（1）流程体系规划。

流程体系规划是将流程清单按照分级分类框架，实现线上化、可视化的展示和管理。流程体系规划应用功能可以呈现结构化、可视化的流程体系图，并实现流程逐级分层分级呈现流程体系全景地图（见图 14）。

（2）流程设计。

流程设计人员可以通过流程管理系统，在线绘制流程图，填写流程基本信息，编辑流程说明，并实现现实审批与发布。

（3）信息查询。

用户根据权限，可以通过流程管理系统进行信息检索与查询，检索与查询内容包括流程体系查询、流程信息查询、流程合理化建议查询、流程知识查询等。

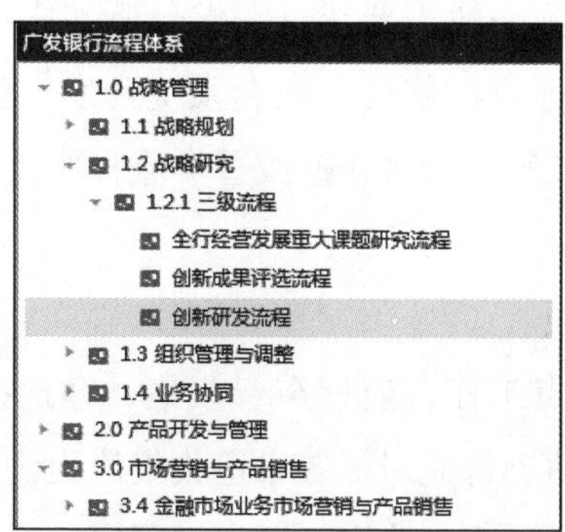

图 14　广发银行流程管理应用——流程规划

（4）流程统计与分析。

借助流程管理系统，可以统计各级各类流程数量、流程部门归属，统计各流程涉及的部门及岗位，基于流程监测指标和监测数据，统计流程运行状态，基于各类统计数据，开展流程管理的分析。

（七）流程管理规范

为便于流程管理体系向流程项目优化延伸，并规范广发银行流程优化项目的管理机制，工作组针对流程优化建立了一套比较完善的管理规范和方法工具，以便于流程管理知识和技能的标准化推广和应用。

1. 流程优化项目分类

流程优化项目根据改善程度、影响范围等的不同，可分为三个层次，具体如表 2 所示。

表 2　流程项目分类表

流程项目类别	改善程度	影响范围	改善说明
流程再造类	颠覆性	一般为全行或某个业务板块	一般为涉及全行价值链，或某个业务的全链条；是对原有流程全面、根本性改革，重新设计新的流程
深度优化类	重大改善	一般为跨部门	通过对现状问题分析，对原有流程从环节设计、组织分工、系统功能等方面进行比较重大的调整和变革，涉及范围较广，方案决策较为复杂
快速改善类	比较细微或较小范围的改善	一般为部门内部	主要是层次较低的操作性流程，对流程的某个环节、具体的操作规程、操作步骤等进行调整和优化

2. 流程优化项目实施程序与方法

流程优化项目的实施一般需要经过需求分析与立项、流程现状诊断、流程优化方案设计、方案评审与修订、配套系统开发、流程测试、新旧流程切换、项目评审结项八个步骤。针对快速改善类流程优化项目，在实施程序上可适当简化。

（1）需求分析与立项。

通过全行战略及重点工作、流程声音收集、客户投诉或满意度调查、流程监测、流程成熟度评估、行业对标等渠道收集流程优化需求，提出流程优化项目申请。根据优化项目类型，确定立项审批程序。对于全行级年度流程优化项目，或部门级年度重点流程优化项目，可通过优选模型进行项目筛选。

（2）流程现状诊断。

对现有流程绘制流程图，描述流程过程，进行流程再现。以此为基础，借助流程诊断十二问、七因素流程诊断法等工具，分析流程现状，诊断发现问题，明确优化方向和重点。

（3）流程优化方案设计。

在充分考虑组织架构、实施成本、监管要求的前提下，从流程优化的基本原则为思考点，借助流程优化工具方法提出优化方案。流程优化的常用工具方法有：流程活动增值分析（ASME）、ESIA分析、5W2H分析、六西格玛DMAIC流程优化法、Eliminate增值评估模型、AdeltaT流程时间分析法、ABC基于活动的成本分析法、最佳实践标杆对比法、失效模式与影响分析（DFMEA）、风险评估法、头脑风暴法等，根据项目特点选择某个或多个方法组合使用。

（4）方案评审与修订。

组织召开流程优化方案研讨会、方案评审会，广泛征求流程相关人的意见建议，对流程优化方案从成效、实施时长、实施成本、实施难度、客户要求维度进行优选评估。根据评估意见对优化方案进一步修订完善。

（5）配套系统开发。

对于需要系统支持的流程优化方案，需向科技团队提出系统开发需求，由科技团队实现优化流程的 E 化和系统支持。

（6）流程测试。

在新流程正式运行前，进行流程执行模拟测试，从实际操作层面收集存在的问题及改进建议，并进行改进完善。

（7）新旧流程切换。

通过流程测试后，准备流程上线，制订详细的上线运行计划，进行新流程的宣贯培训，进行新旧流程切换，并做好试运行期间的流程监测工作，确保新流程顺利运行。

（8）项目结项评审。

每年度组织项目结项评审会，从项目计划与进程管理、文档资料管理、项目过程实施、项目目标达成与成效等方面评审。建立优秀项目的激励机制，并通过标杆流程宣讲会、流程画册等手段，对典型项目进行全行宣传推广。另外，对于具备条件的项目，可提报参加外部流程改善项目评奖，向外宣传我行的流程建设实践。

（八）流程氛围营造与宣传

工作组在方案设计的同时，同步开展了系列流程管理知识小手册宣传、流程管理方法工具培训、流程工作成果汇报交流、流程体系微课堂等有助于流程氛围营造和知识传播的工作，如在项目调研初期，运营及流程管理部流程处的同事们精心制作了流程知识小手册，发放给被访谈人，共同开发录制了 5 次系列流程管理微课程（见图 15）。

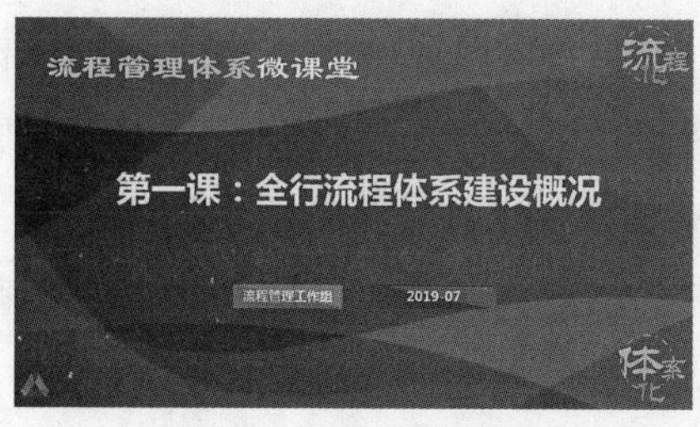

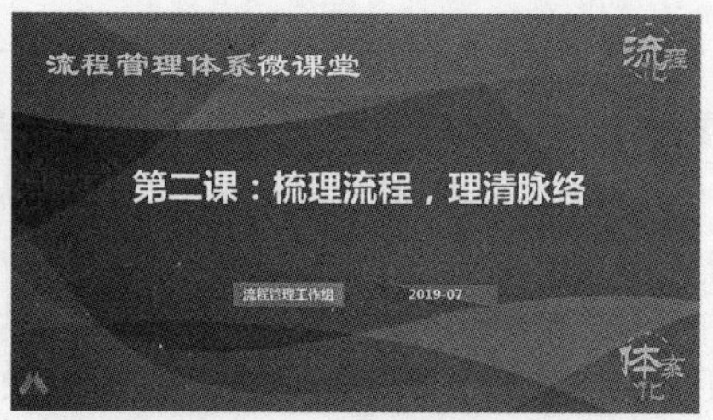

图 15　流程管理体系微课堂

四、案例项目评估和绩效说明

本项目自2018年下半年开始，2019年上半年主体项目工作基本完成。截至目前，各项流程管理机制初步建立，在管理成效方面还未完全显现。不过，总体来看，本项目“打基础，建体系”的目标基本实现，广发银行的流程管理体系初见雏形，为后续各项体系优化工作的开展奠定了基础。具体而言，本项目有以下价值。

第一，建立起了一套系统的流程体系闭环管理机制，为流程管理部门后续流程体系工作推进提供了系列工具、方法、机制。

第二，形成了一套广发银行流程语言规范，包括流程分级分类规则、流程所有者定义等，改变了过去大家对流程的认知不统一、理解不到位等问题。

第三，第一次全面再现了广发银行的流程全貌，并进行了流程成熟度评估，使中高层管理者能从全局看到所管理的流程及脉络关系，同时也发现了诸多流程架构上的不足和问题，促进了管理者重心的调整。

第四，流程诊断与评估提出的关键问题，引起了领导的高度重视，并已经采取了系列改善措施，如用户信息管理流程的整合优化、营销联动流程的机制优化以及客户服务流程的内容完善等。

第五，成立了三大客户流程小组，由主要领导牵头，并制订了2019年流程改善行动计划和流程优化项目清单，部分项目已经进入到流程分析改进和试运行阶段，相比过去的流程效果，有了明显提升。

五、总结与鸣谢

流程咨询项目通常因客户的企业特征和管理需求不同，在项目的目标、开展技术路线、成果交付等方面有所差异。广发银行全行流程体系建设咨询项目，是一次比较系统、深入的流程管理机制设计，不同于常规的流程优化，本项目更加注重流程管理的系列规则、机制的搭建，以此作为指导和规范流程优化工作开展的手段和基础。流程体系设计体现的是流程型组织的管理理念，这与传统职能型组织的管理思想有很大不同，因此流程体系落地的关键在于需要企业方有坚定的管理变革决心，以及循序渐进的变革方法，并且需要营造全员的变革氛围。流程体系的生根发芽需要一个长期的过程，不能一蹴而就。

在此，特别感谢广发银行运营及流程管理部黄惠亮总经理对项目工作的大力支持和推动，流程处何鑫高级经理、陈泽斌高级经理在项目实施中的有效组织，流程处工作组成员姚敏宁女士、陈晗女士、吴哲女士、肖卓立女士在项目实施中的高效协作。也感谢广发银行行领导、各部门总经理及各处室高级经理等人员在项目过程中的多次配合与参与。正是因为咨询方与客户方良好的项目协作，才得以确保项目工作的顺利完成。

本咨询项目的结束，也是广发银行流程管理体系深入落地推进的开始，我们希望，在 2 ～ 3 年以后，广发银行的流程成熟度水平能上升到一个新的台阶，与流程银行的建设目标更近，也预祝广发银行的转型发展在流程管理变革的助推下，取得新的辉煌。

A 公司内部控制评价项目

中财光大（北京）管理咨询有限公司　陈蕾洁

中财光大（北京）管理咨询有限公司（以下简称中财光大）是专业从事管理咨询业务的公司，总部设在北京。下设有政策与课题研究部、信息数据部、市场开发部、培训部、客户维护部、人力资源部、咨询四部、办公室、财务部等部室。主要业务范围涵盖企业管理咨询、企业策划、投资咨询、经济贸易咨询、公共关系服务、教育咨询等领域；重点围绕企业发展战略、人力资源管理、绩效管理与常年绩效评估、薪酬福利管理、品牌营销、营销管理、财务管理、税务管理、供应链管理、资产并购重组及企业改制、法人治理机制构建、管理制度体系规范、分支机构管理标准化、内控体系建设、流程信息管理、集团管控、企业办公及项目管理系统、股权投资与管理、尽职调查、组织管理综合诊断、外派长年顾问、企业文化、教育培训等业务展开；可按客户要求，为其提供有关方面的定制咨询服务与运营管家式管理服务，并受托承担对所有新三板企业在全国及各省市、相关行业所处的位置情况进行排名并定期向社会进行权威发布。

本案例项目组成员

陈蕾洁，中财光大（北京）管理咨询有限公司管理咨询部项目经理，中国注册会计师（CPA）、中级会计师。具有多年管理咨询经验，先后主导参与央企、大型国有企业、上市公司、行政事业单位的内部控制体系建设，企业内部管理制度的设计，内部控制评价及风险管理等企业活动。

其他成员：刘英斌、赵鲁生、闫玉康

导读

大唐山东发电有限公司（以下简称山东发电）是世界500强企业——中国大唐集团有限公司在山东省出资设立的国有独资公司。2009年1月9日登记注册，依照大唐集团公司授权，依法对山东省内的全资及参控股企业行使出资人职能和管理职责。

山东发电内部控制评价项目根据五部委有关文件要求，对内部控制评价的各项工作内容进行了深入分析，制定了《内部控制评价实施方案》，方案中明确内控评价的工作流程及方法，包括内控评价准备阶段、内控评价测试阶段、内控缺陷认定及整改阶段和成果上报阶段。

准备阶段重点工作内容为：组建内控评价工作组，通过召开内控评价项目启动会的形式加强对相关人员的内部控制及评价的教育和培训，收集公司的制度、表单等相关资料，确定重要及高风险业务流程，确定缺陷认定标准，制订工作任务及进度安排。

内控评价测试阶段重点工作内容为：开展内控评价测试，编制评价工作底稿，识别记录内控缺陷，提出整改建议。

内控缺陷认定及整改阶段重点工作内容为：认定缺陷重要程度，沟通确认内控缺陷及整改建议，整改并报告结果。

成果上报阶段重点工作内容为：编制工作成果，决策层审批工作成果，按时提交工作成果。

通过全面评价公司内部控制的设计合理性及运行有效性，及时发现各层面可能存在的缺陷或不足，进一步加强和规范了公司内部控制建设工作，提高了公司经营管理水平和风险防范能力。

A 公司内部控制评价项目

中财光大（北京）管理咨询有限公司　陈蕾洁

一、A 公司的概况

（一）公司基本情况及行业特点

A 公司成立于 2009 年，是由中央管理企业出资设立的全资子公司。A 公司依照集团公司授权，依法对省内的全资及参控股企业行使出资人职能和管理职责，负责集团公司发展战略在某地区的具体实施，重点开发和建设高效百万火电、热电联产、清洁能源发电及供热等国家重点支持项目。

A 公司作为集团科学发展的重要沿海战略支撑点，在集团公司的正确领导和各级政府的关心支持下，着力以国际一流先进指标为进军方向，通过加快大型百万千瓦级清洁高效煤电、热电联产、新能源项目建设，构建与新时代经济社会发展相适应的清洁低碳、安全高效的能源体系，全力打造集团的沿海效益基地，在集团公司建设世界一流能源企业新坐标中定位出清晰的区域“高质量发展”路线图。

（二）A 公司的咨询需求及目标

1. 外部监管要求

（1）财政部、证监会、审计署等五部委联合印发的《企业内部控制基本规范》(财政部等五部委财会〔2008〕7 号)；

（2）《企业内部控制配套指引》(财政部等五部委财会〔2010〕11 号)；

（3）《关于加快构建中央企业内部控制体系有关事项的通知》（国资发评价〔2012〕68 号)；

（4）《电力行业内部控制操作指南》(财会〔2014〕31 号)。

2. 内部监管要求

A公司应按照集团公司制定的《内部控制管理办法（试行）》《内部控制评价管理办法（试行）》执行，集团公司定期下发开展内部控制评价的通知，要求A公司按照《内部控制评价手册（试行）》开展内部控制评价工作，客观评价各级企业2018年度内部控制有效性，全面、真实、准确、完整地揭示并准确认定设计和执行缺陷，制订计划并组织开展缺陷整改，按时报告2018年度内部控制缺陷及整改情况。

二、项目总体思路

依据内部控制相关规定，结合A公司自身结构及经营特点，围绕内部环境、风险评估、控制活动、信息与沟通、内部监督等要素，内控评价项目组对A公司内部控制的设计合理性及运行有效性进行全面评价，及时发现公司各层面可能存在的缺陷或不足，进一步加强和规范A公司内部控制建设工作，提高公司经营管理水平和风险防范能力。

内控评价项目组制订的A公司内部控制评价项目的总体思路如下。

（一）准备阶段

在这一阶段，内控评价项目组与A公司内控评价归口管理部门共同制订内控评价工作方案，项目组协助A公司建立有效的内部控制评价组织体系，明确公司内部内控评价工作的领导、组织、执行工作的分工和责任，以及各部分工作的规范和流程，制订工作任务及进度安排。根据内部控制五要素的要求，结合A公司自身结构及经营特点，确定重要及高风险业务流程，确定缺陷认定标准。

组织召开内控评价项目启动会，开展高效的宣传培训工作，培养员工的内控意识。在此过程中，董事会和高级管理层应充分发挥主导作用，以身作则，为A公司建立良好的内部控制环境。

（二）测试阶段

明确A公司内控评价的工作方法和实施方案。对A公司现有制度规范、管理手册等进行梳理，按国家、集团公司相关文件的规定以及A公司内控管理要求开展内控评价测试，编制内控评价工作底稿，全面识别和恰当记录内控缺陷，对缺陷类型进行准确区分，并提出整改建议。

（三）缺陷认定及整改阶段

根据准备阶段确定的缺陷认定标准认定缺陷的重要程度，内控评价项目组与 A 公司各部门业务人员沟通确认内控缺陷及整改建议，完成内部控制缺陷认定及整改情况汇总表，A 公司各部门组织开展内控缺陷整改工作。

（四）成果上报阶段

内控评价项目组协助 A 公司按照集团公司的要求编制内控评价工作成果。A 公司董事会对工作成果进行审批，内控评价项目组协助 A 公司内控评价归口管理部门按时向集团公司上报。

三、项目实施的原则

（一）全面性原则

评价范围覆盖 A 公司本部及所属全部基层企业，涵盖各级单位的全部业务板块及业务流程，关注内部控制的设计合理性与运行有效性。

（二）重要性原则

评价工作应当在全面评价的基础上，重点关注重要和高风险业务流程、重要和高风险企业。

（三）合规性原则

内控评价项目组严格按照外部监管要求及集团公司、A 公司内部管理手册及制度文件的规定开展内控评价工作。

（四）客观性原则

以事实为依据，全面、真实地揭示 A 公司及所属基层企业经营管理的风险状况，准确认定内部控制缺陷，客观、完整地评价内部控制的设计合理性和运行有效性。

四、项目实施的内容

此次内控评价项目根据《企业内部控制基本规范》、应用指引以及 A 公司的内部控制制度，围绕内部环境、风险评估、控制活动、信息与沟通、内部监督等要素，结合A公司实际管理需求，对A公司现有业务管理流程进行梳理，遵循全面性原则，结合重要性原则对内控评价项目的评价内容进行确定。项目的评价内容如表1所示。

表1　内控评价项目内容列表

内控五要素	评价内容
内部环境	组织架构、战略规划及计划管理、人力资源管理、社会责任、企业文化、反舞弊、“三重一大”事项管理
风险评估	全面风险管理
控制活动	项目前期开发管理、项目投资管理、工程建设管理、生产管理、销售管理、燃料管理、采购管理、物资管理、固定资产管理、无形资产管理、股权管理、产权管理、预算管理、资金管理、担保管理、税务管理、财务报告编制、合同管理、法律事务管理、品牌形象管理、科技项目管理、综合事务管理、制度管理
信息与沟通	内部信息传递、信息系统管理
内部监督	内部控制管理、内部审计

五、内控评价项目的准备阶段

（一）组建内控评价工作组

中财光大内控评价项目组制定了《内部控制评价工作方案》并提交给A公司。公司董事会审议通过《内部控制评价工作方案》，并按照方案要求成立了内控评价工作组，由工作组和各部门风险管理工作联系人组成，工作组成员包括风险管理主管部门和中介机构人员，工作组和各部门风险管理工作联系人应形成联动机制，评价工作组成员具有独立性、客观性及专业胜任能力，能够真实、及时地开展内控评价工作。

（二）确定重要及高风险业务流程

1.识别重要业务板块

内控评价项目组确定利润总额、总营业收入和资产总额作为关键指标，用以识别重要业务板块。

（1）2017年度业务板块利润总额≥二级企业合并利润总额5%的；

（2）2017年度业务板块总营业收入≥二级企业合并总营业收入10%的；

（3）2017年度业务板块资产总额≥二级企业合并资产总额10%的。

经中财光大内控评价项目组确定，A 公司重要业务板块为电力板块。

2. 识别高风险业务板块

内控评价项目组在识别高风险业务板块时主要采取以下判断标准。

（1）近三年连续亏损的业务板块；

（2）近三年平均利润总额小于 0，且盈利水平呈下降趋势的业务板块；

（3）2017 年度资产负债率高于 85%，且经营亏损、现金流紧张的业务板块；

（4）新增业务板块；

（5）系统外收入≥板块总收入 10% 的板块；

（6）2018 年年初被评为重大风险的板块；

（7）其他认为风险较高的业务板块。

经中财光大内控评价项目组确定，A 公司高风险业务板块为电力板块。

3. 判断重要业务流程

内控评价项目组根据确定的整体重要性水平和科目层面重要性水平判断重要业务流程。

（1）整体重要性水平。

即对于 A 公司整体而言，可能导致整体财务报告重大错报或偏离目标的金额。按照孰低原则确定：

① 2017 年度合并报表总营业收入的 5‰；

② 2017 年度合并报表资产总额的 1.5‰。

（2）科目层面重要性水平。

通常为整体重要性水平的 50% ～ 75%，该金额可用于衡量和判断企业交易、业务的财务科目中哪些属于重要会计科目，并由此协助公司评估重要流程范围。同时，它亦是认定重要缺陷的定量指标之一。除了基于财务视角的重要性评估，2017 年度 A 公司内控评价中，缺陷数量排名前十的业务流程及集团公司 2018 年度重要业务流程，也应同步纳入最终的内控评价重要业务流程中。

经判断，A 公司的整体重要性水平为 2342 万元；科目层面重要性水平为 1171 万元（即 2342 × 50%）。通过科目层面重要性水平识别重要的会计科目为货币资金、应收账款、存货、长期股权投资、固定资产、预收账款、应付职工薪酬；结合 2017 年度 A 公司内控评价结果及本年度集团公司确定的重要业务流程，内控评价项目组确定 A 公司重要的业务流程为资金管理、销售管理、燃料管理、股权管理、资产管理、合同管理及人力资源管理。

4. 识别高风险业务流程

内控评价项目组在识别高风险业务流程时主要采取以下判断标准。

（1）2018 年年初风险评估评定的重大风险涉及的业务流程；

（2）年内新增的重大风险涉及的业务流程；

（3）2018 年度重大风险事件所涉及的业务流程；

（4）国资委集中重点检查等内外部检查发现问题较多的业务流程；

（5）集团公司已确认的高风险业务流程；

（6）其他认为的高风险业务流程。

经内控评价项目组成员确定，A 公司高风险业务流程为资金管理、销售管理、燃料管理、工程建设管理、项目投资管理、生产管理、固定资产管理、合同管理及“三重一大”事项管理。

（三）确定缺陷认定标准

内控评价项目组对缺陷认定采取定量标准和定性标准两种方法，将缺陷等级分为重大缺陷、重要缺陷、一般缺陷。

1. 定量标准

以确定的整体重要性水平为基准，对于财务报告内控缺陷，按照财务报表潜在错报金额（X）与重要性水平的大小关系；对于非财务报告内控缺陷，按照缺陷导致的直接损失（X）与重要性水平的大小关系（见表 2）。

表 2　缺陷判断标准

缺陷类型	判断条件
重大缺陷	X ≥ 2342 万元
重要缺陷	468.4 万元（2342 万元 ×20%）≤ X<2342 万元
一般缺陷	X<468.4 万元（2342 万元 ×20%）

2. 定性标准

对于无法量化的缺陷，内控评价项目组采取定性标准对缺陷类型进行判定。

（1）财务报告内控缺陷。

当内部控制存在下述迹象时，为重大缺陷。

①董事、监事和高级管理人员舞弊，并对企业造成重大损失；

②企业更正已公布的财务报告，并对企业造成重大影响；

③当期财务报告存在重大错报，而内部控制在运行过程中未能发现该错报；

④内部审计职能对内部控制的重要业务监督无效，并对企业造成重大损失。

当内部控制存在下述迹象时，为重要缺陷。

①其他员工发生较严重的集体舞弊行为，并对企业造成较大损失；

②企业更正已公布的财务报告，并对企业造成较大影响；

③当期财务报告存在重要错报，而内部控制在运行过程中未能发现该错报；

④内部审计职能对内部控制的重要业务监督无效，并对企业造成较大损失。

（2）非财务报告内控缺陷。

当缺陷很可能或已经造成的经济损失无法被具体衡量时，对公司以下内控目标（包括但不限于）产生直接或潜在的重大/较大负面影响的内部控制缺陷为重大/重要缺陷。

①公司战略：对公司战略目标的影响；

②社会责任：对安全生产、环境保护、人员健康的影响；

③企业经营：对公司正常运行、持续经营能力和发展能力的影响；

④企业声誉：对公司声誉造成的影响；

⑤合法合规：对公司一贯执行国家有关法规的影响。

非财务报告内部控制存在下述迹象时，为重大缺陷。

①企业缺乏民主决策程序、决策程序不科学，导致决策失误，很有可能给企业造成重大损失；

②违反国家法律、法规，受到监管机构处罚，并对企业造成重大负面影响或造成重大损失；

③管理人员或技术人员纷纷流失，并对企业运营造成重大影响；

④媒体负面新闻频现，导致企业声誉受到重大影响或造成重大经济损失；

⑤内部控制评价的结果，特别是重大缺陷未得到整改；

⑥重要业务缺乏制度控制或制度系统性失效，很有可能给企业造成重大影响。

非财务报告内部控制存在下述迹象时，为重要缺陷。

①企业违反民主决策程序、决策程序不科学，导致决策失误，很有可能给企业造成较大损失；

②违反国家法律、法规，受到监管机构处罚，并对企业造成较大负面影响或较大损失；

③管理人员或技术人员流失严重，并对企业运营产生较大影响；

④媒体负面新闻经常出现，导致企业声誉受到较大影响或造成较大经济损失；

⑤内部控制评价的结果，特别是重要缺陷未得到整改；

⑥重要业务制度控制不健全，很有可能给企业造成较大影响。

除上述重大、重要缺陷之外的其他内部控制缺陷为一般缺陷。

（四）制订工作任务及进度安排

内控评价项目组根据A公司及基层企业的业务量和集团公司的要求，制订内控评价项目的工作任务，并对时间节点安排如表3所示。

表3　工作任务及进度安排表

工作任务	A公司	基层企业
准备工作	2018年11月1日	2018年11月1日
评价测试	2018年11月15日	2018年11月15日
缺陷汇总及整改	2019年1月18日	2019年1月14日
成果上报	2019年2月18日	2019年2月15日

六、内控评价项目的测试阶段

（一）开展内控评价测试

通过内部控制评价测试，验证控制的设计及运行有效性。本次A公司内部控制评价项目选择的方法主要为个别访谈法、调查问卷、穿行测试、实地查验与抽样法。

1. 个别访谈法

（1）选取访谈对象。

内控评价项目组成员选择各部门经理及业务活动主要负责人员作为被访谈对象，与被访谈人员约定访谈时间，按照提前编制的访谈提纲开展访谈工作。

（2）进行访谈工作。

访谈中重点围绕项目组识别的关键风险和现有管控措施，通过访谈了解 A 公司业务流程的管理现状。获取以前年度内控评价的缺陷认定结果，关注内外部环境是否变化，历史问题是否完成整改，内部控制管理情况是否有所改善。

（3）梳理访谈结果。

对访谈所了解的内控管理现状进行详细记录，初步确定潜在发现的问题，观察相关业务活动、检查相关表单及文件资料，验证访谈内容的真实性、客观性。在内控评价工作中，个别访谈法需与其他方法结合使用。

2. 调查问卷法

对控制环境的评价主要采取调查问卷法（见表 4）。内控评价项目组成员根据 A 公司各部门实际业务内容及范围，编写相应的调查问卷，设计相应的问题，用于了解 A 公司各部门整体业务现状，重点关注现有管控措施及关键风险点。

3. 穿行测试

穿行测试主要用于评估控制设计的有效性。在使用时，任意选取一笔交易作为样本，追踪该交易从最初起源直到最终在财务报表或其他经营管理报告中反映出来的过程。穿行测试要对控制点的所有情况进行测试，比如 100 万元以上的合同审批与 100 万元以下的合同审批路径不一致，则需同时抽取一笔 100 万元以上合同和一笔 100 万元以下合同测试。

穿行测试要跟踪交易全过程，要保持同一个样本的专一性。

表 4 控制环境调查问卷（部分节选）

控制环境调查问卷							
受 A 公司委托，中财光大内控评价项目组正在与贵公司一道，共同开展内部控制评价工作。此次调查问卷的主要目的是协助咨询项目组有效了解贵公司当前控制环境方面的内控设计及执行的有效性。希望您能够完整、客观、真实地反映具体情况，并对我们的工作提出宝贵意见和建议							
序号	所属部门	所属模块	问题简述	是	否	不适用	备注
1	综合部	组织架构	2018 年度公司是否存在新设、撤销部门或增加定员编制的情形				如有，请提供部门设置 / 调整方案及相关审批记录
2			2018 年度公司是否存在调整部门内部职责或机构的情形				如有，请提供部门职责调整方案及相关审批记录
3			2018 年度公司是否存在办理授权委托书的情形				如有，请提供授权委托书申请表、授权委托书
4			公司是否对组织架构的设计与运行的效率和效果进行定期评估				如有，请提供定期评估报告等相关记录、文件
5			2018 年度是否向管理层提出组织机构运行情况报告				如有，请提供组织机构运行情况报告
6			2018 年度组织架构是否进行调整				如有，请提供组织架构调整方案及相关审批记录
7	……	……	……				
8	……	……	……				

此次内控评价工作中，项目组对招投标采购的评价采取了穿行测试的方法，现对穿行测试的过程进行详细说明。

通过招投标，A 公司确定了 ABC 供应商，并向其采购 X 原材料，到货期为 30 天，入仓库的 B-1 库位。那么，项目组对采购流程的穿行测试所需要的资料为。

（1）招投标的过程文件，比如招标公告、招标文件、投标文件、评标文件等；

（2）已与 ABC 供应商签订完成的《采购合同》；

（3）采购台账（对于到货的适当沟通机制）在 30 天内至少有一次跟踪；

（4）× 原材料到货通知书，检查到货日是否在规定的天数之内；

（5）到货验收记录（是否在到货当日及时记录，日期和到货通知匹配）；

（6）仓库台账（是否记录了 × 原材料的信息）；

（7）存货管理系统记录的库位信息；

（8）入库单（× 原材料的入库信息是否和合同信息、到货信息一致）；

（9）发票（× 原材料的发票信息是否和入库单、合同一致）；

（10）财务入账凭证（入账是否及时、是否满足财务截止性测试要求、入账信息是否与发票信息一致）。

在穿行测试过程中，缺失的文档不需更换，记录为缺陷；测试结果与管理手册中控制标准内容不符的，应及时记录；样本应选择近期的，与现状相符。在对 A 公司招投标采购业务流程的穿行测试中，A 公司控制标准设计得当、执行到位，相关过程文件全面，穿行测试结果有效。

4. 实地查验

在 A 公司内控评价工作中，实地查验法与抽样法结合使用，主要用于对资产安全性目标的实现情况进行评价。内控评价项目组成员获取 A 公司仓库列表和资产清单，结合 A 公司的实际管理规定及资产价值，抽取部分仓库和资产进行实地查验，观察该项业务活动中各业务人员的表现，检查 A 公司是否定期进行盘点、清查，是否留下控制痕迹，对存货等实物资产的出入库环节进行检查，确定其是否满足 A 公司相关制度及管理手册的规定，对实地查验的结果进行详细记录，对发现的问题及时与现场管理人员进行沟通确认，提出相应的整改建议。

5. 抽样法

抽样法是控制测试的常用方法，用于评价控制执行的有效性。内控评价项目组整理出 A 公司各项具体业务流程中设计有效的关键控制点，按照业务发生频率及固有风险的高低，从确定的样本库中抽取一定比例的业务样本，对业务样本的控制水平进行判断，进而对整个业务流程的内部控制有效性做出评价。

（1）明确纳入控制测试的关键控制点。

在开始测试前，内控评价项目组通过查阅管理手册、规章制度、集团或公司下发的各项通知文件等，或通过访问执行人或观察等方法，取得对被评价的业务流程的全面理解，了解该业务流程各环节中涉及的工作步骤与内容、责任部门 / 岗位、控制类型、支持表单及时间频率要求等内容。

（2）明确抽样期间、样本总体、样本量、抽样方法。

按照《 A 公司内部控制评价手册（试行）》中规定的抽样规则，抽取恰当、有效且真实发生的样本进行控制测试，同时严格按照制度中的样本量参考数量，确保抽取数量充足，满足控制测试的检查要求。

抽样期间为 2018 年 1 月 1 日—2018 年 12 月 31 日；

样本总体为所有符合控制点要求的样本；

测试样本量按照抽样规则表格（见表 5）确定样本量；

抽样方法：确保抽样过程随机性、样本应当覆盖整个测试期间、样本选定后不能人为修改或毫无理由地替换样本。

表 5　样本量确定表

控制运行频率	控制运行总次数	样本量
每年	1	1
每季度	4	2
每月	12	2 ～ 5

续表

控制运行频率	控制运行总次数	样本量
每周	52	5 ～ 15
每日	250	20 ～ 40
每日多次	大于 250	25 ～ 60
业务发生时	具体计算	具体计算

（3）根据测试程序，开展测试工作。

针对选取的控制测试样本，内控评价项目组按照工作底稿中列示的测试程序，对所取得的证明文件进行审查，实施测试。

（4）对比分析差异及缺陷，记录测试过程与结果。

对测试结果进行分析，与控制活动的负责人进行沟通确认，得出适当的测试结果（见图 1）。

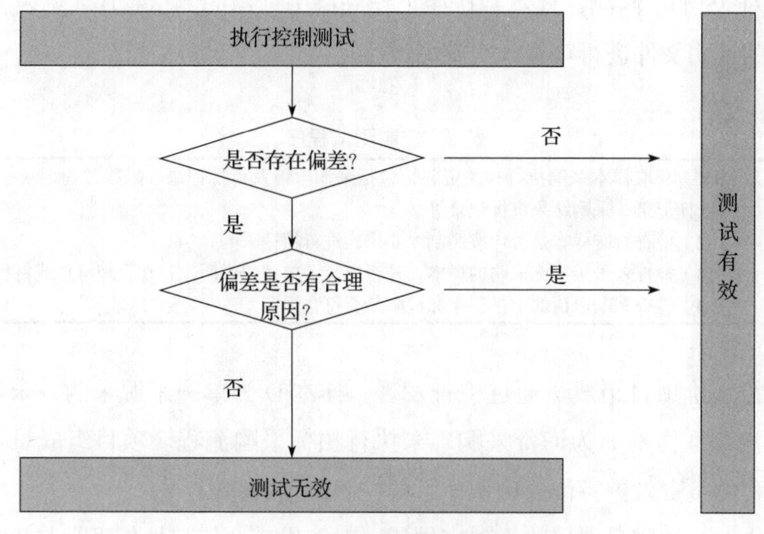

图 1　控制测试结果分析

以 C-7 采购管理中，关键控制点 C-7.2.1.1 招标范围的识别与确认为例，对内控评价项目组执行的控制测试进行详细说明。

A 公司采购管理制度及管理手册中明确招标范围确认的控制标准：服务类

单项合同估算价在50万元以上的；物资类单项合同估算价在100万元以上的；施工类单项合同估算价在200万元以上的；上述范围以外确定可以招标的采购，应采取招标采购。

抽样期间：2018年1月1日—2018年12月31日

样本总体：获取采购合同台账，参照A公司《采购管理制度》要求，从中筛选出符合招标采购要求的采购合同（服务类合同>50万元，物资类合同>100万元，施工类合同>200万元），并作为样本总体（共筛选出269笔符合要求的采购）。

测试样本量：按照样本总体数量，对照测试样本量确定表格（见表5），确定需选择样本数量（随机抽取25笔）；

抽样方法：确保抽样过程随机性、样本应当覆盖整个测试期间、样本选定后不能人为修改或毫无理由地替换样本。

针对25个控制测试样本，按照工作底稿中列示的测试程序（见表6），对所取得的证明文件进行审查，实施测试。

表6 控制测试程序

测试程序	（1）获取样本采购执行相关资料，包括采购申请及审批记录、采购过程记录、供应商选择记录、采购结果审批记录等 （2）检查所有样本是否均按照制度要求，进行招标采购 （3）检查未采用招标采购的样本，是否出具了单独的说明、存在合理解释或特殊情况 （4）检查采购申请的审批程序和权限是否符合规定

内控评价项目组成员通过检查发现，样本D为单一来源采购，未执行招标采购流程。样本F为询价采购，未执行招标采购流程。项目组成员与该项业务流程的负责人进行沟通确认，了解控制偏差的原因。

样本D：该原材料采购为独家供货，对该供应商依赖性较强，与该供应商建立长期合作关系，故直接沿用了上一年的招标结果，本次采购经过管理层有效审批，属于非控制偏差，在测试底稿中对偏差情况进行详细的描述。

样本F：确实应执行但未执行的招标采购程序，认定为控制无效，在测试底稿中记录为执行缺陷，对缺陷进行详细描述，并提出整改建议。

（二）编制评价工作底稿

在工作底稿（见图 2）的各测试底稿页，将测试结果进行记录，并与标准流程要求进行对比，分析存在的差异及其原因，找出内部控制缺陷。

采购管理子流程 内部控制评价工作底稿				
抽查人			复核人	
抽查时间			复核时间	
控制标准编号	C-7.5.1.2			
控制标准	往来账管理 采购需求部门财务管理部对下属公司每年的供应商的应付账款、预付账款进行对账监督，如有差异，及时查找原因，并进行调整			
补偿性或替代性控制活动				
测试程序	检查往来账款对账记录，检查财务部是否对下属公司进行往来账监督			
对询问结果的必要说明				
控制方式	手工控制			
控制频率	每年一次			
全年发生交易	1 次			
全年发生交易计算说明	每年进行一次			
样本量	1 个			
序号	样本信息	是否满足测试程序的要求	说明	未达标样本编号
1	A 公司 2018 年度往来账款核对表	是		
测试结论	达标			
测试发现				

图 2　内部控制评价工作底稿

（三）识别记录内控缺陷，提出整改建议

内控评价项目组按照内部控制缺陷认定及整改情况汇总表模本（见表 7），完整、真实地记录内控评价过程中发现的各类内控缺陷。记录尽可能清晰、完整、简明，列明制度依据、发现方法、缺陷描述、成因分析、可能导致的风险及合理化建议。

表 7 内部控制缺陷认定及整改情况汇总表（部分节选）——缺陷信息

序号	分子公司名称	缺陷涉及企业		缺陷信息					
		涉及单位数量	涉及单位名称	一级流程名称	二级流程名称	三级流程名称	缺陷名称	缺陷描述及影响	改进建议
1	A 公司	3	A 公司本部、基层企业 B、基层企业 C	采购管理	招标采购管理	招标采购范围确认	部分采购事项未严格履行公司招标采购程序	根据 A 公司采购制度规定：物资类单项合同估算价在 100 万元以上的应采取招标采购。我们获取了测试期间的采购清单，在 100 万元以上物资采购事项中随机抽取 8 项进行检查，发现其中 2 项未执行招标采购程序，分别为 2018 年 × 月、× 部门 × 采购，采购金额 268 万，采用单一来源采购；2018 年 × 月、× 部门 × 采购，采购金额 105 万元，采用询价方式采购。通过与采购负责人与经办人沟通，第一项采购为独家供货，对该供应商依赖性较强，与该供应商建立长期合作关系，故直接沿用了上一年的招标结果，本次采购经过管理层有效审批；第二项采购应执行但未执行招标采购程序。对于金额满足招标要求但未严格执行招标程序的采购事项，可能造成所选择的供应商无法满足采购需求或采购物品质次价高，损害公司利益	建议采购部严格进行采购方式的选择，根据采购制度要求实施采购，若存在特殊情况，则需进行书面说明并经适当审批
2	A 公司	……	……	……	……	……	……	……	……
3	A 公司	……	……	……	……	……	……	……	……

七、内控评价项目的缺陷认定及整改阶段

（一）缺陷认定

对缺陷的认定主要围绕是否与财务报告相关、是否为定量 / 定性标准、缺陷等级（按照准备阶段确定的缺陷认定标准认定分为一般、重要和重大）、缺陷性质类型（设计缺陷或执行缺陷）及缺陷时间类型（新增缺陷、遗留缺陷或反复缺陷），填制 A 公司内部控制缺陷认定及整改情况汇总表（见表 8）。

表 8　内部控制缺陷认定及整改情况汇总表（部分节选）——缺陷等级认定

缺陷等级认定				
是否与财务报告相关	定性标准或定量标准	缺陷等级	缺陷性质类型	缺陷时间类型
否	定性	一般	设计缺陷	新增
否	定量	一般	执行缺陷	遗留
……	……	……	……	……
……	……	……	……	……

（二）沟通确认内控缺陷及整改建议

经过此次对 A 公司的内控评价，内控评价项目组共认定缺陷 98 项，A 公司本部 10 项，下属各基层企业 88 项；其中 A 公司本部设计缺陷 2 项、执行缺陷 8 项；新增缺陷 7 项，遗留缺陷 1 项，反复缺陷 2 项；重大缺陷 0 项，重要缺陷 0 项，一般缺陷 10 项。内控评价项目组与 A 公司与下属基层企业各业务部门沟通确认内控缺陷和整改建议，确保 A 公司及下属基层企业被评价部门对内部控制缺陷认定及整改情况汇总表中所列示的缺陷描述及缺陷认定无异议。

（三）整改并报告结果

内控评价报告报出前，所有缺陷的整改情况，应在缺陷认定及整改情况汇总表（见表 9）中记录缺陷整改事项；内控评价报告报出后：对未完成整改的缺陷，应在下一年度工作中定期汇报整改进度，做好整改跟进。

表 9 内部控制缺陷认定及整改情况汇总表（部分节选）——整改情况

整改情况					
整改主责部门	整改措施	截止报告发出日是否完成整改	整改效果	进一步改进措施	预计完成日期
燃料物资部、各基层企业	在物资管理工作群里要求各基层企业于2018年12月31日前将督查报告报送至省公司，严格执行采购与物资管理督察实施细则	是	各基层企业对采购与物资管理督查情况进行了总结，对有关投诉进行调查处理、答复和解释	要求各基层企业及时提报采购督查报告	2018/12/31
财务部	根据相关会计制度及准则，制定《无形资产管理办法》	否	正在整改中	严格执行《无形资产管理办法》，根据办法对公司无形资产进行管理	2019/6/30
办公室	严格执行印信管理制度，确保用印登记完整、准确	是	已根据实际情况，将用印登记表中不准确用印数量和漏登记的用印种类进行修正	严格用印登记，做到每一次用印登记准确、完整	2018/12/31
……	……	……	……	……	……
……	……	……	……	……	……

八、内控评价项目成果上报阶段

（一）编制内控评价工作成果

中财光大内控评价项目组协助 A 公司内控评价归口管理部门，按照集团公司统一的模板要求，编制内控评价工作成果，完成内部控制评价报告及相应的附件。

（二）审批与提交工作成果

经董事会审议通过后，A 公司将工作成果和相关审批会议纪要或决议文件上报集团公司。

九、内控评价项目的实施效果

A 公司根据内部管理需要，结合生产经营特点，将各项经营活动划分为若干个业务循环，按照不同的控制目标，建立各主要业务控制程序，确定处理程序，把握控制要点，使每一项经济业务从发生到完成的处理都遵循严格合理的业务程序，符合确定的业务标准，以防止差错，堵塞漏洞。但是内部控制本身是不能提供绝对保证的，这不仅是内部控制存在的固有限制，也因为内部控制在执行的过程中存在漏洞。

A 公司内部控制的建设与评价已建立形成良性机制，项目也取得了一系列的良好效果。中财光大内控评价项目组全面评价了 A 公司内部控制的设计合理性及运行有效性，及时发现了各层面可能存在的缺陷或不足，并有针对性地提出改进建议，A 公司各部门按要求组织进行整改。通过此次内控评价，A 公司在经营管理过程中的薄弱环节得到了充分的识别和较大的改善，A 公司内部控制建设工作得以进一步规范，A 公司内部控制的执行力得到有效的加强，A 公司经营管理水平和风险防范能力得以不断提高。

南京银行授信审批官职业教育与培养体系构建

南京东方智业管理顾问公司　褚笑君

南京东方智业管理顾问公司（以下简称东方智业）创立于1996年，由国内具有丰富理论和实践经验的管理专家及职业咨询顾问组成。公司成立20多年来，始终以“凝聚中外管理智慧，解决企业实际问题”为宗旨，坚持“客户的成功才是我们的成功”经营理念，已成功为数百家企业提供了战略、组织与流程、人力资源、企业文化、大规模定制化人才培养工程等综合管理咨询服务。

2012年，东方智业咨询案例获评“中国管理咨询案例一等奖”，并荣获国际管理咨询协会“君士坦丁奖”提名奖（全球仅有六个咨询案例入选）。2014年，东方智业入选“中国管理咨询50强企业”。2017年，工信部向全国首次推荐管理咨询公司，东方智业成为江苏省唯一入选推荐的管理咨询公司。2018年，《新美星管理系统化再造咨询之学习型组织构建与落地实施》案例入选2018年中国优秀管理咨询案例。

本案例项目组成员

褚笑君，东方智业副总裁、资深咨询师，国际注册管理咨询师（CMC）、全国中小企业管理咨询专家库成员。15年以上企业管理咨询工作经历，洞悉区域经济发展趋势，具有大型国有企业、上市民营企业的管理咨询实践经验。曾为中国人寿江苏分公司、永达户外传媒、朗辉光电等企业提供过战略澄清、组织设计、组织执行力体系、绩效体系、薪酬体系、股权激励体系、中高端人才引进、定制化人才培养等方面的系统管理咨询与落地服务。

其他成员：居兵、王丹萍

导读

南京银行正处于由高速增长向高质量发展过渡的关键阶段，正面临着规模整固、结构调整、管理提升和风险防范等多重任务，授信审批官队伍作为保障全行资产质量安全的中坚力量，其整体素质水平是银行在信用风险经营过程中的核心竞争力之一，对南京银行战略目标的实现具有重大意义。项目之初，授信审批官队伍正面临着整体技能水平与日益增长的资产规模、日趋复杂的经营环境及不断创新的金融产品不相匹配的矛盾，因此，亟须构建一套科学系统的授信审批官职业教育与培训体系，以持续专业的培训促进授信审批官队伍的专业技能水平的提高，为授信审批工作科学、高效地运转提供有力支撑。

在此背景下，东方智业首先从南京银行战略要求及授信审批官需要解决的业务问题为出发点，识别授信审批官的能力素质结构及初、中、高级授信审批官能力素质培养的不同目标要求。

其次，根据授信审批官人力资源现状和培养目标，以基础性的能力素质打造和发展性的能力素质提升为要点，通过成功经验萃取的方式来检验能力素质学习转化的效果。

再者，通过学分制，衡量授信审批官学习的量与质，量体现在课程学习的要求上，质体现在学习的转化上。

授信审批官职业教育与培训体系的构建，密切联系了业务条线特点和现有授信审批官的能力素质结构，以知识、能力、素质的学习提升和知识、能力和素质的萃取内化为主要过程，明确了培养的目标、内容、方法和促进机制，有效承接南京银行战略转型对授信审批人才的迫切需求。

南京银行授信审批官职业教育与培养体系构建

南京东方智业管理顾问公司　褚笑君

一、项目背景

南京银行成立于1996年2月8日，是一家具有独立法人资格的股份制商业银行，实行一级法人体制。南京银行历经两次更名，先后于2001年、2005年引入国际金融公司和法国巴黎银行入股，在全国城商行中率先启动上市辅导程序并于2007年成功上市。目前注册资本为84.82亿元，资产规模12432.69亿元（截至2018年年末），下辖17家分行，191家营业网点，2016年，实现布局京沪杭及江苏省内县区市全覆盖。入选英国《银行家》杂志公布的全球1000家大银行排行榜和全球银行品牌500强榜单，排名逐年提升，2018年分列第143位和第124位。

随着战略转型和服务实体经营的各项举措持续落地，南京银行经营规模迅速扩大，异地化经营迅速展开。南京银行授信审批官人才队伍暴露出了整体技能水平与日益增长的资产规模、日趋复杂的经营环境及不断创新的金融产品不相匹配的矛盾。

助力中小企业发展，是南京银行的使命与经营方向之一。但是，中小企业难以解决信息不对称、公司治理缺陷和经营资产质量等问题，造成了银行对中小企业授信风险高、收益低，是南京银行不得不认真对待的问题。这个问题不仅在南京银行存在，其他银行也存在；不仅在中国存在，也是世界各国普遍存在的经济现象。为此，党中央、国务院出台了多项措施，以缓解中小企业融资问题。

南京银行以“急企业之需，帮企业之困，解企业之难”为责任担当，为了加大对中小企业信贷资源投入，切实帮助中小企业解决“融资难”“融资贵”问题。南京银行充分发挥自身专业优势，不断健全信用体系建设，聚力加大授信审批人才培养力度，不仅在银行内部举办大范围的培训，还把授信审批官送出去培训，并且引进了其他银行的优秀授信审批人才。但是，由于业务经验积累不足，外部所接受的培训与江苏省地方政策、本地产业特点及南京银行自身业务产品没有直接的关联，师带徒、老带新又存在见效慢、周期较长等问题，与实际业务需求相比无异于杯水车薪。

南京银行通过多方调研了解，东方智业通过“咨询式培训，培训式咨询”的高效整合培训模式，把企业的人才培养与现实经营、管理问题的解决紧密结合，为客户提供大规模定制化人才培养工程、企业大学创建与运营、关键人才培养、培训课程开发、人才测评等专项服务，东方智业为本地优秀企业——金陵饭店提供的定制化人才培养服务，为金陵饭店的业务发展提供了大批企业急需的干部人才，取得了非常显著的成效。因此，南京银行委托东方智业帮助南京银行建立授信审批官职业教育与培养体系并负责落地实施，以持续专业的培训促进授信审批官队伍的专业技能水平与综合能力的提高，为授信审批工作科学、高效的运转提供有力支撑。

东方智业咨询项目组进驻南京银行后，按照以下咨询思路展开工作。

二、授信审批官职业教育与培养体系构建思路

授信审批官队伍作为保障全行资产质量安全的中坚力量，其整体素质水平是银行在信用风险经营过程中的核心竞争力之一，对南京银行战略目标的实现具有重大意义。授信审批官职业教育与培训体系构建需要从南京银行发展战略和授信业务人才培养发展的现实需要出发，系统盘点授信审批官的人才现状，基于授信审批官岗位的素质能力要求和现实素质能力状况，以“缺什么，补什么”为基本原则，设计授信审批官职业教育与培训体系，通过方案的执行落地，实现帮助南京银行高效地培养出真正满足自身战略发展要求和满足授信业务需求的人才队伍的目的。

授信审批官职业教育与培训体系构建的核心要素有三个方面，如图 1 所示。

一是立足于南京银行发展战略，面向未来需求。根据南京银行发展战略规划，授信审批官人才培养体系构建要有战略远见，要着眼于能够适应未来业务的发展。

二是满足现实要求，服务于现实岗位。随着银行业务的发展，面向对象

的授信审批工作要求也越来越多样化、综合化。

三是学习与实践结合，知行合一。授信审批业务知识需要不断地学习和理解方能掌握，能力非从授信审批实践中历练而不可得。授信审批官人才培养体系构建要以实践应用为核心目标，以培训和咨询为手段，以实践案例任务为驱动力进行设计。

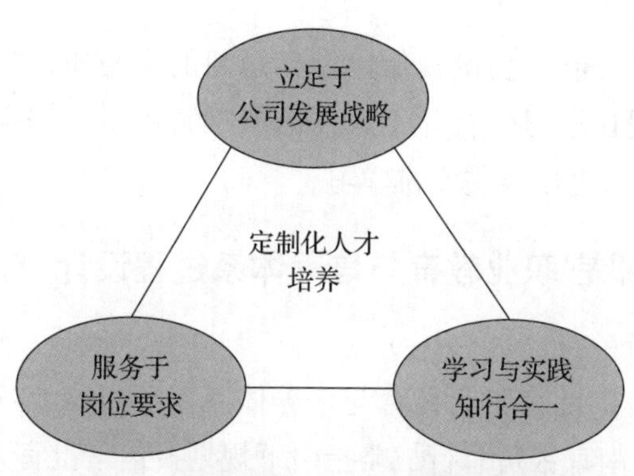

图 1　授信审批官人才建设核心要素

因此，授信审批官人才培养体系构建首先以系统性的咨询诊断入手，从南京银行战略、银行业务特点和现实运作状况出发，发现并分析授信审批官人才发展现状及面临的问题，摸清授信审批官培养的痛点和真实需求，为授信审批官职业教育与培养体系方案设计提供依据，如图 2 所示。

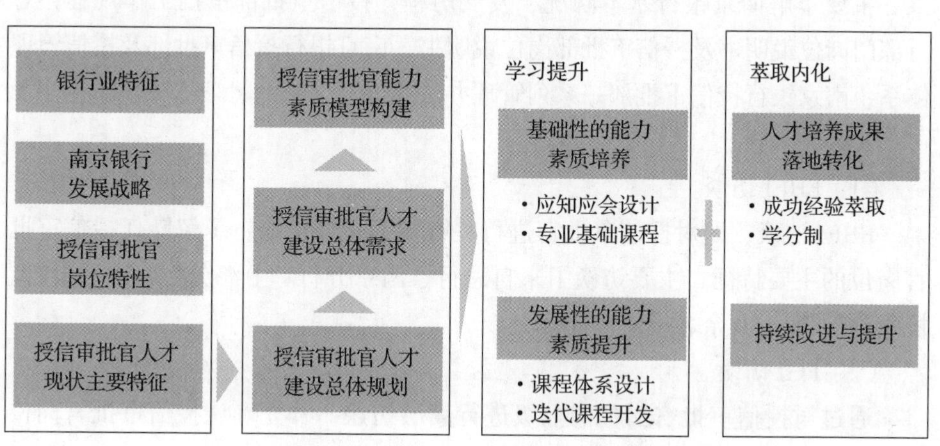

图 2　授信审批官职业教育与培养体系构建总体思路

第一，从南京银行战略规划以及授信审批官面临的业务问题解决为出发点，识别授信审批官的能力素质结构，以及初、中、高级授信审批官能力素质培养的不同目标要求。

第二，根据授信审批官人力资源现状和培养目标，以基础性业务能力培养和发展性的业务能力提升为关键过程，通过成功经验萃取的方式来检验能力素质学习转化的效果。

第三，通过学分制，衡量授信审批官学习的量与质，量体现在课程学习的要求上，质体现在学习的转化上。授信审批官可以根据自己的能力素质短板、兴趣爱好和学习潜质自主安排学习。

三、授信审批官职业教育与培养体系过程设计

（一）现状调研

南京银行授信审批官职业教育与培养体系需要以南京银行战略目标的实现为根本目标，在南京银行总行战略指引下规划授信审批官人才结构及培养目标，并建立相应的配套措施，激发培养意愿，跟进培养效果。因此，首先要深刻理解南京银行战略与授信文化，在此基础上找出授信审批官人力资源现实状况与未来规划中的问题和差距，制订有针对性的实施方案和路径。现状调研主要采用资料研读、人员访谈和问卷调查等方法进行调研。

1. 资料研读

主要了解南京银行基本状况、发展历程，授信审批部审批工作规程，总行部门岗位说明书及授信审批部岗位说明书，南京银行授信审批部及授信管理体系，南京银行授信审批部一系列管理办法等。

2. 人员访谈

（1）FBEI 访谈。

FBEI 访谈，即对授信审批官进行关键行为事件访谈，了解胜任授信审批官岗位的主要特征。主要访谈了来自总行、南京分行、上海分行、南通分行、杭州分行等行 30 余名授信审批官。

（2）FGI 访谈。

通过对授信审批官岗位的上级进行高层访谈，补充确认授信审批官岗位的主要特征。主要访谈了来自总行、南京分行、上海分行、南通分行、杭州分

行等行 10 多名高层领导。

3. 问卷调查

主要了解授信审批官梯队建设情况、工作背景、专业知识与技能、能力素质等方面的信息，共发放问卷 134 份，回收有效问卷 134 份。

（二）授信审批官岗位能力素质模型构建

授信审批官岗位主要是对经营机构上报的授信客户的授信申请进行审查并提出明确的独立审批意见，全面揭示所审批授信业务的风险，提出针对性的解决方案和管理措施。过去，授信审批官主要从事平台业务的审批，原有的一套方法已经不再适用于实体业务的审批，业务的变化促使方法的变化，方法的变化促使能力的改变，实际上是对授信审批官的业务能力提出了更高的要求，因此，需要基于战略转型和业务发展的要求，构建授信审批官岗位能力素质模型。

1. 同业授信审批岗位能力素质调研

同业授信审批业务具有一定的共通性，通过对比中国工商银行、中国银行、杭州银行等对授信审批岗位的基本能力要求，强调遵纪守法、廉洁自律、诚实守信、责任心、爱岗敬业、勤奋进取、积极主动、高效沟通、组织协调、思维缜密等。

2. 南京银行授信审批官能力素质提炼

通过访谈调研，梳理授信审批官岗位工作内容，参考过去授信审批官处理成功、失败事件的行为表现，逐条记录能够体现该岗位所需要的能力素质的事项，然后，将这些事项进行整理、归类、合并，提炼同类事项，形成授信审批官能力素质要素库。

第一步：参考工作职责，梳理工作内容，逐条记录与能力素质相关的事项（见表 1）。

表 1 授信审批官能力素质相关事项（示例）

事项
1. 能够做好与其他部门协调的工作
2. 能够从已有的政策中发现业务机会，业务空间
3. 从审查到完善授信方案，能够将逻辑思维贯穿于整个工作当中
4. 客户调查时，能够保持公平、公正、客观的职业精神
5. 能够预判企业的现金流会不会出现问题
……

第二步：整理归并事项，提炼能力素质要素（见表 2）。

表 2　授信审批官能力素质项提炼（示例）

事项序号	岗位能力素质要素
4、19、22	严谨审慎
3、7、8	稳健进取
……	……
……	……

3. 授信审批官能力素质确认

能力素质分为三类，即核心素养、通用能力、知识技能。核心素养是指从事授信审批工作应具有的品质、价值观。通用能力是指从事授信审批工作应具备的综合能力。知识技能是指授信审批工作需要具备的专业知识储备和操作技能。

结合李克特量表的分析逻辑，对提炼的能力素质要素进行全员评价，确定授信审批官岗位能力素质模型，如图 3 所示。

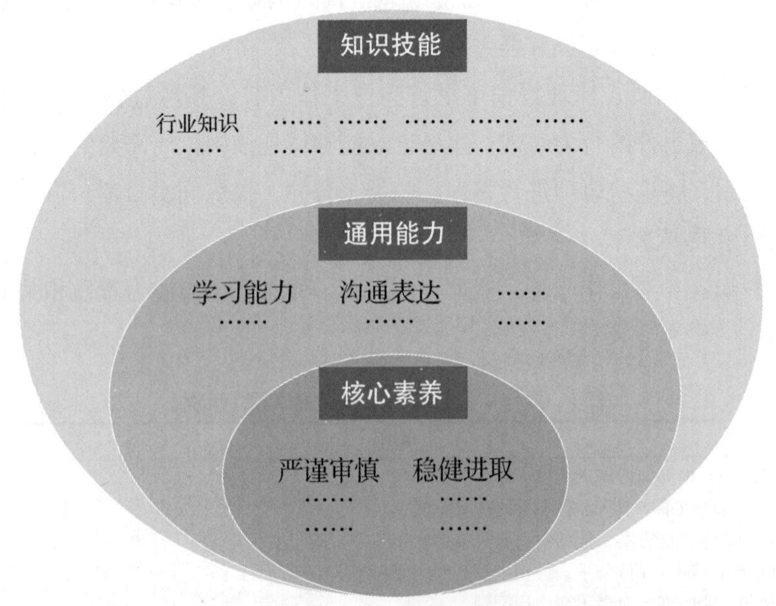

图 3　授信审批官岗位能力素质模型（示例）

（1）核心素养。

南京银行授信审批官核心素养主要有严谨审慎、稳健进取等，各项行为描述如表 3 所示。

表 3　核心素养行为描述（示例）

素质项	素质编码	行为描述
严谨审慎	KC1	关注事实和细节，具有严谨求实、耐心细致的意识和工作作风 对于不确定性因素的判断或者对于多种可能因素的存在，能够将风险因素估计充足，以将授信风险控制在可承受的范围内 ……
稳健进取	KC2	能够有效化解、规避风险，做出合理的授信决策，确保业务的增长 ……
……	……	……

（2）通用能力。

南京银行授信审批官通用能力主要有学习能力、沟通表达等，各项行为描述如表 4 所示。

表 4　通用能力描述（示例）

素质项	素质编码	行为描述
学习能力	GA1	能通过各种学习方式持续、积极地获取各类政策、行业、科学技术等信息，以增加学识、提高技能，从而运用到实际授信审批工作中 ……
沟通表达	GA2	能够根据客户经理、上级领导或客户的情况，以对方容易接受的方式，思路清晰、准确地表达专业意见 ……
……	……	……

4. 能力素质模型对授信审批官培养的启示

根据授信审批官人才建设能力需求，结合能力素质模型核心素养、通用能力及知识技能，各级别授信审批官培养内容设计如下。

（1）初级授信审批官培养内容。

初级授信审批官培养内容设计旨在重点解决基础性业务能力培养的问题。培养内容主要侧重于知识技能的掌握，学习并能够运用基本的理论知识和分析技能，知识技能层面以课程培训、师带徒等方式进行培养。

（2）中级授信审批官培养内容。

中级授信审批官培养内容设计旨在解决发展性能力的提升问题。除了具备初级应掌握的知识技能外，中级授信审批官还需了解行业相关知识和相关政策法规，同时中级授信审批官还需要提升其通用能力，包括学习能力、沟通表达等。因此，中级授信审批官比初级授信审批官在培养内容上更加丰富，才能夯实南京银行授信审批业务中坚力量。通用能力层面以课程培训、工作实践等形式进行培养。

（3）高级授信审批官培养内容。

高级授信审批官重在加强对宏观经济形势、地方政策法规、产业布局、行业发展状况等方面进行深入学习和了解，以能够理解市场的趋势、客户经营和管理的动力机制、客户实际与南京银行政策之间的关系，同时能解决全行范围内复杂业务的审批。

（三）授信审批官基础性业务能力培养设计

具备基础性的业务能力是初级授信审批官培养的重点。基础性的业务能力培养主要通过自主学习和课程培训等手段，促使初级授信审批官能够获得一定的对市场和客户的理解能力和识别风险的能力。自主学习通过岗位应知应会实现，专业课程学习通过专业基础课程教案的开发和讲授来实现，讲授采用微课、视频、音频等方式。

1. 应知应会设计

掌握必要的岗位知识技能是做出准确分析评价的前提。结合 IPO 要素分析法，即在解决某一个实际业务问题时，分析在专业基础、表单、授信政策、法律法规等方面需要哪些知识技能作为支撑。

以客户评价分析为例，客户评价不仅要对比分析客户在本行的信用评级与在本行的历史评级出现的重大变化，还要对比分析客户在本行的信用评级与客户在外部机构的评级出现的重大变化。面对获取的内、外部评级结果，授信审批官首先应当掌握出具评级结果的机构、评价模型、评级符号的类别和含义，才能通过评级结果反映客户的经营状况。

通过 IPO 要素法，对南京银行授信业务工作相关的客户评价分析等工作内容进行分析，把相应的知识、技能、援引法规、内部制度、表单工具进行归类合并，形成了南京银行授信业务应知应会基本框架与基础内容（见图 4）。

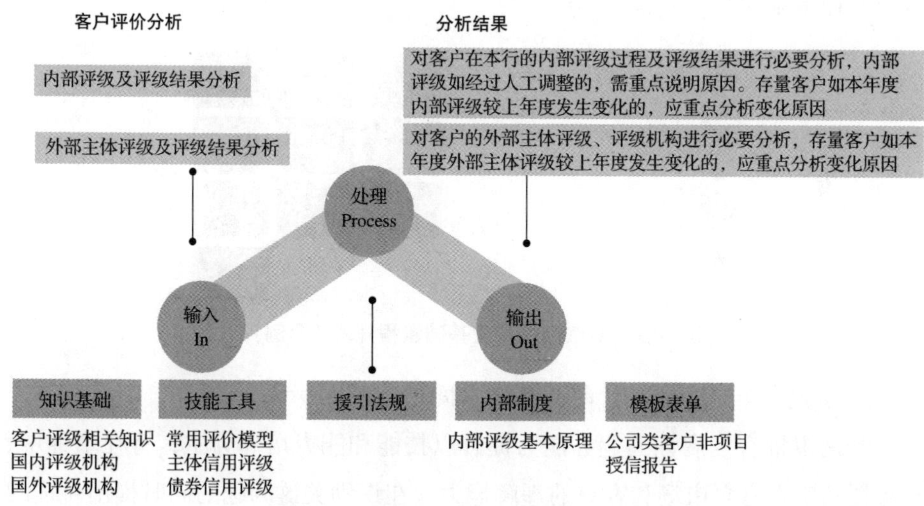

图 4　客户评价 IPO 要素分析（示例）

南京银行授信业务应知应会（见表 5）包括两部分内容：基础知识类和应用类。基础知识类包括信用评级等七大知识模块；应用类包括财务面分析等四大技能模块。同时，对应知应会中相关内容的出处、解释提供相关延伸阅读指引，方便授信审批官对相关内容进行深入学习。

表 5　信用评级应知应会（示例）

模块	内容	出处	推荐阅读
信用评级	1. 信用评级的基本概念 2. 信用评级分类 3. 常见的信用评级机构 4. 主体信用评级概念和符号体系 5. 债券信用评级概念和符号体系 6. 南京银行所采用的信用评级体系	……	……
……	……	……	……

2. 专业基础课程开发

专业基础课程开发（见图 5）是对某一模块的专业知识进行系统性的编

排，便于授信审批官自我学习。专业性基础课程的内容具有一定的广泛适用性和稳定性，适合在岗授信审批官和未来进入该岗位的新人使用，最终形成多门专业基础课程。

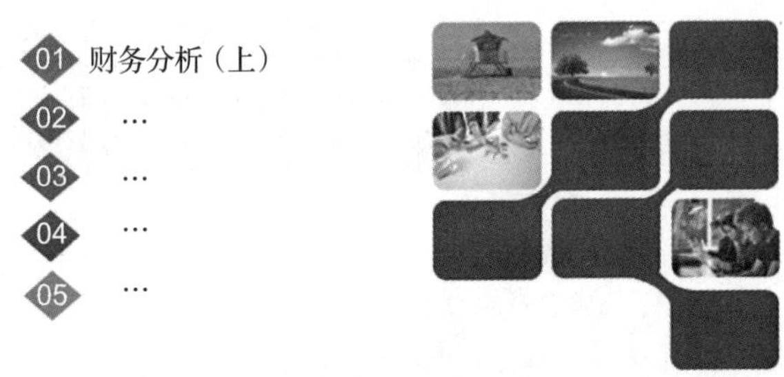

图 5 南京银行专业基础课程开发（示例）

（四）授信审批官发展性的业务能力提升

授信审批官发展性的业务能力提升以技能和能力培养为主，旨在增强中、高级授信审批官对市场和客户的理解能力，在识别关键问题的同时提出合适的解决方案。授信审批官发展性的业务能力提升主要通过系统性的培训课程体系来解决。

1. 课程体系设计

结合授信审批官能力素质模型，南京银行课程培训体系包括 3 大模块、各模块细化课程单元、分属于各个单元的培训主题。

3 大模块是指知识模块、技能模块和能力模块。

各模块细化课程单元来源于授信审批官能力素质模型中的知识要项、技能要项和能力要项。

分属于各个单元的培训主题包括开设的某一培训内容，针对不同培训对象设置不同难度的课程、根据成功经验分享开发的课程、弥补业务短板开设的课程等。

因此，南京银行培训课程体系设计（见表 6），不是固定不变的，而是具有外延和迭代性的，它不仅需要考虑既要能够满足当下各级授信审批官发展性的业务能力的提升要求，在未来产生新的变化时，还可以在固定框架内对课程主题进行迭代，满足知识更新的要求。

表 6　南京银行各级授信审批官培训课程设计（示例）

课程模块	课程单元	课程主题（举例）	实施对象
知识	财务类	……	初级
		……	中级
		……	
	……	……	初级
		……	中级
		……	
	……	……	初级
		……	中级
		……	
	……	……	中级
		……	中级
		……	中级
技能	财务分析	……	初级
		……	初级
		……	初级
		……	初级
		……	
	……	……	中级
		……	
	……	……	中级
		……	中级
		……	
	……	……	初级
		……	初级
		……	中级
		……	
能力	沟通表达	……	全员
		……	全员
	……	……	初级
	……	……	中级
	……	……	中级
		……	高级
	……	……	中级
备注	（1）课程根据内容进行持续更新和不定时更新 （2）每个二级主题可根据需求追加讲授主题与课程设置		

2. 课程迭代开发

为了进一步完善南京银行授信审批官培训课程体系，除了部分课程固定不变外，还有一部分课程需根据业务需求不断完善、不断迭代。对于完善和迭代的课程，总体要求如下。

（1）课程主题及所属单元明确。

（2）课程设计目标明确，即课程结束后，学员能够达到什么水平，具备哪些知识和技能：

了解——对培训内容达到知晓的程度，提起某个知识点能够记起；

理解——知其然，知其所以然；

掌握——不但对原有知识能够做到消化吸收，也能进行创新和变化，能够解决不同情况的问题；

运用——在掌握的基础上，能够内化所学知识，并在工作中能够熟练运用。

（3）课程授课对象明确，即哪些人适合参加，哪些人不适合参加。

（4）培训课时与学分设置明确，即课程讲授的时间安排及对应的学分。

（5）讲授的方式明确，包括课堂讲授、在线学习、自学、微课等。

（6）课程来源明确，即课程属于内部开发还是外部采购。

3. 成功经验萃取方案设计

授信审批官职业教育与培训体系构建既要关注授信审批官知识学习、能力素质提升本身，更要关注学习提升的效果。成功经验的萃取不仅强调知识能力的实际应用，更强调经验的转化和内化，以个人能力素质提升带动全员能力素质提升，把个人的能力转变成组织的能力。

南京银行授信审批官经验萃取方案以成功案例为导入对象，当事人将审批过程中的某一个知识点、一个环节或整体方案设计过程中的成功经验和优秀做法加以提炼总结。成功经验萃取分为以下三个方面：

一是成功案例概况介绍，主要介绍客户基本状况、授信背景以及最终审批结果，帮助其他授信审批官快速了解授信方案基本情况；

二是授信审批官当事人经验分享，主要介绍授信审批官当事人如何分析客户的基本状况，如何识别客户的主要风险以及在识别风险过程中运用了哪些关键客户信息、基本知识和处理手段，如何设计授信方案以及如何提出应对关键风险的管理措施，以帮助其他授信审批官快速理解实体经营，启发其他授信审批官建立实体经营授信思维模式；

三是总行点评，总行从经济环境、授信政策、客户分析、授信方案与金融产品结合度等要点进行综合点评，帮助其他授信审批官对于案例的理解更加具有前瞻性和全局观。

在撰写分享案例时，还应当注意以下几点：

一是使用第三人称编写；

二是使用过去时态；

三是尽量用表格、图表、附表和附录表示有关材料；

四是事实反映要如实、充分；

五是确保有关数据的准确性，特别是财务分析数据；

六是有分析、评判、结论或建议；

七是分享经验，总结教训，把握案例分享的用途和目的；

八是涉及保密的不应写成案例。

4. 学分制设计

授信审批官职业教育与培训体系以学分制贯彻始终，方便授信审批官的学习管理。各级授信审批官每年都有一定的学分要求，学分主要来源于课程学习和成功经验分享两个方面。授信审批官层级越高，越注重知识的转化；层级越低，越注重培训学习，因此对于各级授信审批官的学分设计，高级授信审批官以实践学分为主，课程学分为辅：中级授信审批官课程学分和实践学分要求基本一致；初级授信审批官以课程学分为主，实践学分为辅。同时，实践学分根据分享的内容、影响范围进行设置。

四、实施效果

南京银行授信审批官职业教育与培训体系的构建从提出思路到付诸实施至今已经经历了 4 期，在这期间，南京银行大力推进授信审批官职业教育，不断创新培养的模式、丰富学习的内容，更是收获了授信审批官职业教育与培训体系构建与落地实施所带来的喜人的经营成果。

（一）经营稳健，营收净利实现高增长

2018 年以来，南京银行经受住了经营的承压和市场的考验，坚定不移推进转型，持之以恒优化结构，全力提高质量和效益，保持稳健和可持续的发展势头，在高质量发展的征程上谱写新的篇章。根据南京银行发布 2018 年年报和 2019 年一季报，截至 2018 年年末，南京银行资产总额 1.24 万亿元，较 2017 年同期增长 8.95%；营业收入 274.06 亿元，较 2017 年同期增长 10.3%。

进入 2019 年，南京银行更是紧抓经营发展不放，一鼓作气实现漂亮的“开门红”。截至一季度末，资产总额 1.32 万亿元，同比增长 6%；营业收入 86.91 亿元，同比增长 30%；归属于母公司股东的净利润 33.2 亿元，同比增长 15%；净资产收益率较 2018 年年末的 16.96% 又有所上升。

特别值得关注的是，南京银行在实现营收和净利两位数增长的同时，其资产质量总体较为稳定。今年一季度末不良贷款率 0.89%，连续多年控制在 1% 以下，一直处于同业较优水平，同时拨备覆盖率始终保持上市银行较高水平，继续保持较高的风险抵御能力，这与南京银行不断推进授信审批官职业教育，持续提升授信审批官整体业务能力密不可分。

（二）授信业务能力显著提升

南京银行授信审批官职业教育促进了授信审批官知识和经验的积累，带动了全行授信审批官整体业务技能快速提升。授信审批官根据自己的兴趣、短板，主动参与线上线下等多种形式的学习活动，在专业知识和业务技能上都获得了显著提升。学分制创新应用，将授信审批官参与学习活动、成功案例经验分享进行量化管理，极大提高了授信审批官学习的兴趣，促进了培训学习的快速转化，个人能力转化为组织能力的效果明显增强。

（三）有助于中小企业授信体系的建立

南京银行授信审批官职业教育与培训体系构建，不仅立足于岗位现实要求，更立足于对授信对象特征的把握，有助于授信审批官对中小企业授信风险精准识别并建议有效的管控措施。它加速了南京银行中小企业授信体系的建立，对银行业乃至对中国中小企业的发展有广泛的现实意义。

五、总结

授信审批官职业教育与培训体系的构建，重点解决了各级授信审批官培养的目标、培养的内容选择、培养的方式和培养效果实现等难题；授信审批官职业教育与培训体系落地实施，帮助南京银行实现了在经营效益、风险管控、知识管理、人才建设等多方面实现了全面提升和改善，为南京银行战略转型提供了坚实保障。

构建“1234”立体型防控机制，全面提升廉洁风险防控水平

北京英大长安风险管理咨询有限公司　张建炜

北京英大长安风险管理咨询有限公司（以下简称英大长安咨询）是国网公司下属的专业风险管理咨询机构，由英大长安保险经纪有限公司出资成立。公司专注于为中国大型企业的持续增长提供量身定制的专项咨询服务和综合解决方案，咨询领域包括风险管理、企业战略、集团管理、流程优化、人力资源、信息化以及专项研究和重大决策支持。公司核心团队曾经为多家世界500强企业提供长期的管理咨询服务，对国内企业发展环境和面临的风险有深刻的理解，同时具有深厚的电力行业背景。

英大长安咨询是中国电力企业联合会会员单位，中国内部审计协会单位会员，中国企业联合会管理咨询委员会执行委员单位。

本案例项目组成员

张建炜，北京英大长安风险管理咨询有限公司总经理，高级工程师、注册高级企业风险管理师、国际注册管理咨询师。长期致力于大型央企的全面风险管理与内部控制的技术研究与推广咨询工作，深度参与了国家电网公司风控体系建设的顶层设计、试点实施、全面推进、改进提升等全过程咨询服务。担任过《国家电网公司财务标准流程管控》等60余个项大型咨询项目的总监，为防范管控重大风险发挥了重要的作用。

其他成员：钱虎、刘业鑫、孟锦润、孙晓晴

导读

廉洁风险防控体系建设项目旨在深化廉洁风险防控内容，明确廉洁风险防控措施，理顺防控流程，落实防控责任，建立一套符合公司实际，具有指导性和可操作性的风险防控体系。北京英大长安风险管理咨询有限公司协助英大长安保险经纪有限公司（以下简称英大长安公司）制定廉洁风险信息库，对相关业务流程、重要岗位、规章制度等进行全面梳理，识别风险易发点，制定《廉洁风险防控手册》，编制公司《年度廉洁风险防控报告》。

廉洁风险防控体系建设项目具体内容及成果包括以下三点。一是制定适合公司业务特色的廉洁风险信息库，对照国网下发的廉洁风险防控模板，全面梳理公司廉洁风险点。通过访谈、沟通确定风险评估标准，设计风险评估模型，开展廉洁风险评估工作，划分廉洁风险等级，依据评估结果制定相应的防控措施，形成公司廉洁风险信息库。二是以廉洁风险防控模板为基础，全面梳理公司相关业务流程、规章制度、岗位职责等内容，识别廉洁风险易发环节，嵌入关键管控措施，匹配至岗位，落实防控责任，将廉洁风险防控有机融入日常管理，制定作风形象、重大决策、关键业务、重要岗位廉洁风险防控手册，用于指导廉洁风险防控工作的具体实施。三是根据公司现行廉洁风险管理情况、廉洁风险点评估及防控措施制定实施等相关情况，编制公司《年度廉洁风险防控报告》，通过报告形式向内部公开廉洁风险管理结果，推动公司廉洁风险防控落地实效。

通过建设廉洁风险防控体系，对于英大长安公司进一步优化完善“作风形象风险、重大决策风险、业务廉洁风险、岗位廉洁风险”防控内容，提升公司廉洁风险防控水平具有重要意义。

构建“1234”立体型防控机制，全面提升廉洁风险防控水平

北京英大长安风险管理咨询有限公司　张建炜

一、项目背景

（一）公司情况简介

1. 基本情况

英大长安保险经纪有限公司于2001年6月在西安成立，是经中国银保监会（原中国保监会）批准设立的全国首批保险经纪公司之一。2005年1月，公司本部由西安搬迁至北京。2006年年末，公司增资扩股，注册资本金增至2.29亿元，是我国注册资本金最多的保险经纪机构。公司现有25家分公司、5家全资子公司和2家参（控）股公司。业务涵盖保险经纪、风险管理咨询和互联网业务，遍及全国31个省市自治区和42个国家，涉及电力、水利、化工、交通、煤炭、航天、制造、物流、商业、传媒、教育、通信等多个行业，经营业绩持续稳固保持行业领先水平。公司目前是中国保险行业协会理事单位、中国保险学会常务理事单位、中国保险行业协会保险经纪专业委员会主任委员单位、中国保险中介行业协会副会长单位、中华环保联合会环境污染治理第三方联盟副理事长单位。近年来先后荣获“全国保险系统先进集体”“十年最佳保险经纪公司”“中国保险业年度风云榜杰出保险中介公司”“国家电网公司抗冰抢险恢复重建先进集体”“国家电网公司特高压直流输电示范工程先进单位”“北京市诚信企业”等荣誉称号。

经过多年的市场磨砺，公司迈上了崭新的发展平台，拥有了高素质的人才队伍、健全快捷的服务网络、科学完善的管理体系、行业领先的信息化系

统、优良全面的专业技术和优秀的经营业绩。当前，公司确立了“坚持风险管理专家和保险管家定位，以保险经纪业务为核心，以风险管理咨询业务和互联网业务为支撑，建设国内一流风险管理公司”的新时代发展战略，公司干部员工正以“守正创新、担当作为”的精神，奋力开拓市场，大力提升公司现代化管理水平、金融运作水平、优质服务水平，用智慧和汗水描绘着建设国内一流风险管理公司的宏伟蓝图。

2. 行业特点

英大长安公司坚持风险管理专家和保险管家的定位，以保险经纪业务为核心，以风险管理咨询业务和互联网业务为支撑，建设国内一流风险管理公司。

2018 年，中国保险业实现原保险保费收入 38017 亿元，同比增长 3.92%。保险业总资产 183309 亿元，较去年增长 9.45%。资金运用余额 164088 亿元，较年初增长 9.97%。赔款和给付支出 12298 亿元，同比增长 10%，服务实体经济水平进一步提升。但是，近年来国有大型企业集团纷纷成立保险经纪公司，对保险事务进行统一集中管理，依托股权链、产业链对市场进行分割，逐渐形成的行业竞争壁垒对公司拓展能源行业领域的业务带来挑战。同时保险科技不断推动商业模式创新，对依赖传统保险经纪业务生存和发展的公司带来严峻挑战，将为英大长安公司的经营带来潜在风险。

（二）廉洁风险管理现状

党的十八大以来，党中央对坚持党的领导、加强党的建设、全面从严治党、推进党风廉洁建设和反腐败斗争作出一系列新的重大部署。英大长安公司认真贯彻落实党中央及国家电网公司廉洁从业要求，坚持以党的政治建设为统领，驰而不息纠正“四风”。一是严格落实党风廉政责任制。强化监督执纪问责，全面加强纪律建设，进一步明确任务，落实责任，建立一级督导一级、各层级互抓落实的责任体系，确保党风廉政建设责任制全覆盖。二是切实发挥监督保障职能作用。对 14 家单位开展现场巡察，发现并整改问题 220 项；加强重点任务落实监督；强化权力运行监督。三是深入推进纠风和作风建设，2018 年累计开展专项检查和自查自纠 12 次，抓住节假日等关键节点，发布廉洁风险提示通知，确保作风建设持续向好。四是建立廉洁风险协同监督机制。成立协同监督工作委员会，公司党建工作部下设协同监督工作管理委员会办公室（巡察工作办公室），共下发协同监督整改意见书 16 份，协同解决问题 66 项。

英大长安公司廉洁风险防控虽效果明显，但对比中央要求、国家电网公司要求仍有差距。目前，英大长安公司的廉洁风险防控体系建设尚待完善，尚未充分结合加强金融企业风险管理和优化市场化竞争管控模式等相关要求。一是廉洁风险点业务特征不明显。进行廉洁风险点梳理过程中未充分考虑到公司作为金融企业的相关特征及业务特点，导致廉洁风险防控内容未能全覆盖，不能突出重点。二是廉洁风险防控责任落实不足。廉洁风险防控主体责任落实不同程度存在逐级递减的问题，监督执纪问责机制尚待完善。三是协同监督体系尚未有效结合。廉洁风险防控尚未与协同监督体系有效结合，特别是对关键权力缺乏有效的协同监督制约。

（三）客户需求及目标

党的十八大以来，党中央对推进党风廉政建设和反腐败斗争做出一系列重大部署，国家电网公司深入落实中央纪委和国资委关于全面从严治党、依法从严治企各项要求，进一步筑牢规、纪、法三道防线，持续深化“不能腐”机制建设，构建科学廉洁防控体系。英大长安认真落实深化廉洁风险防控机制的各项工作要求，结合公司实际，针对行业监管要求和风险特征深入分析各专业领域风险点，进一步深化廉洁风险防控内容，明确廉洁风险防控措施，理顺防控流程，落实防控责任，建立一套符合公司实际、具有指导性和可操作性的风险防控体系。

廉洁风险防控体系建设至少包含以下内容。一是结合实际确定廉洁风险防控内容，结合行业特点和岗位要求，有针对性地梳理作风形象、重大决策、关键业务、重要岗位等方面存在的廉洁风险，形成公司廉洁风险防控模板，评估廉洁风险等级。二是梳理公司关键业务流程，识别廉洁风险易发环节，嵌入关键管控措施，落实防控责任，将廉洁风险防控有机融入日常管理，编制形成公司《廉洁风险防控手册》。三是将公司廉洁风险防控全面纳入协同监督体系，按季度开展自检自查、年度分析等，编撰《年度廉洁风险防控报告》，促进公司廉洁风险防控落地实效。

深化廉洁风险防控是健全“不能腐”机制的迫切需要，构建公司科学廉洁管控体系的内在要求，深入落实“两个责任”的重要抓手。为深入贯彻落实党的十八大以来管党治党新要求，适应全面从严治党、依法从严治企新形势，坚持“五防三控”基本框架，突出权力制约核心，筑牢规、纪、法三道防线，推进“不能腐”机制建设，深化廉洁风险防控体系建设，深入落实廉洁风险防控责任，实施廉洁风险动态防控，强化失责问责追究成为公司在新形势下持续健康发展的必然要求。开展廉洁风险防控体系建设工作，对于进一步优化完善“作风形象风险、重大决策风险、业务廉洁风险、岗位廉洁风险”防控内容，提升公司廉洁风险防控水平具有重要意义。

二、调查分析

（一）项目诊断分析

英大长安公司需针对行业监管要求和风险特征深入分析各专业领域风险点，深化廉洁风险防控内容，明确廉洁风险防控措施，理顺防控流程，落实防控责任，建立一套符合公司实际，具有指导性和可操作性的风险防控体系。通过“模板＋手册＋报告”形式，完善“不敢腐、不能腐、不想腐”的体制机制。

通过廉洁风险防控体系的建立，可进一步优化完善英大长安“作风形象风险、重大决策风险、业务廉洁风险、岗位廉洁风险”防控内容，预防廉洁风险的发生，提升公司廉洁风险防控水平。

（二）项目工作思路

为贯彻落实党的十九大精神，英大长安公司充分运用风险管理理论和方法落实反腐倡廉要求、推进惩治和预防腐败体系建设，将反腐倡廉各项要求切实融入企业管理、嵌入业务流程、落实到重点岗位，围绕“一个中心”“两个维度”“三个依据”“四个同步”，建立自上而下的管理评价与识别控制相结合的管控模式，建成以岗位为点、以流程为线、以制度为面的立体型廉洁风险防控机制，实现廉洁风险分层、分类管理。

1. 树立“一个中心”，确立四个重点领域

英大长安公司以金融企业特征为中心，紧抓人、财、物等权力运行管理

岗位的廉洁风险防控，深入确定大决策风险、岗位廉洁风险、业务廉洁风险、作风形象风险共四个重点领域，同时增加营销管理、客户服务、国际业务、电子商务业务、风险咨询业务等方面风险防控内容，针对性制订防控措施。

2. 展开“两个维度”，打破横、纵业务壁垒

按照“横向到边、纵向到底”两个维度，落实廉洁风险防控责任，英大长安公司深入开展廉洁风险季度排查，实现总部部门、分（子）公司排查纵向全覆盖，各专业、各岗位排查横向共协同。同时，加强日常监督检查，把重要廉洁风险防控情况纳入内部巡察、廉政约谈和党风廉政建设责任制检查工作中，督促防控工作有效落实。

3. 严靠“三个依据”，确保工作合法合规

把握“对照公司规章制度、对照上级会议精神、对照防控工作要求”三个依据，确保了廉洁风险点梳理有理有据，严谨准确，廉洁风险防控工作开展制度可循、有法可依。

4. 遵循“四个原则”，建立风控文化机制

在开展廉洁风险防控体系建设时，严格遵循以下原则。一是深入查找，全面梳理廉洁风险点。依据国家电网有限公司下发的廉洁风险点模板，结合英大长安公司相关业务、岗位、制度等内容，有针对性地梳理作风形象、重大决策、关键业务、重要岗位方面存在的廉洁风险。二是突出重点，加强风险常态化防控。针对英大长安公司廉洁风险等级，分层分类制定廉洁风险防控措施，明确重要岗位、业务部门、监督机构、领导机构四级防控责任和问责要求；梳理廉洁相关业务流程，围绕重点领域和关键环节，紧抓人、财、物等权力运行管理岗位风险管控，编制形成《廉洁风险防控手册》，指导廉洁风险防控具体实施。三是强化监督，着力落实防控新成效。搜集英大长安公司现有廉洁风险防控情况、未来工作计划等相关内容，编撰《年度廉洁风险防控报告》；将廉洁风险协同监督纳入日常管理，与日常工作同部署、同落实、同指导、同推进，促进英大长安公司廉洁风险防控落地实效；建立科学监察预警机制，确保协同监督项目顺利开展并达到良好效果。四是创新方式，打造标准化风险管理。开发廉洁风险管理压缩工具包，精简廉洁防控工作流程，提高纪检监察工

作效率；广泛宣传廉洁风险防控理念，加强培育优秀的廉洁从业文化；灵活统筹引导职能部门与监管部门“同管同控”理念，建立健全廉洁风险防控文化机制；建立柔性纪检监察团队，充分发挥系统内部智力资源优势，构建英大长安公司廉洁风险防控人才支撑体系。

项目工作思路（见图1）。

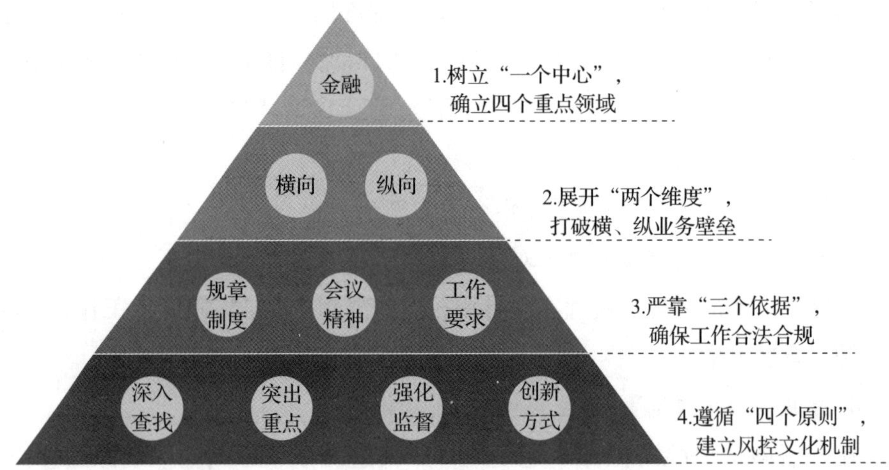

图1　项目工作思路

（三）项目体系设计

英大长安公司廉洁风险防控体系项目共分4个阶段进行，如图2所示。

1. 阶段一：全面调研，积极借鉴防控新经验

采用调研方式对相关单位廉洁风险防控管理进行了解，主要包括廉洁风险点、风险防控、机制、岗位、建设、行为、工作等方面的内容，深入研究分析优秀单位廉洁风险防控成果，并结合英大长安公司实际情形，择优借鉴被调研单位廉洁风险防控优秀经验，提升英大长安公司的廉洁风险防控能力，形成廉洁风险防控调研成果资料。

2. 阶段二：深入查找，全面梳理廉洁风险点

（1）建立公司廉洁风险信息库。

依据国网公司廉洁风险防控模板涵盖廉洁风险点，结合廉洁风险防控相关制度、管理细则、组织机构设置及岗位职责等内容，进行全面梳理，确定适

用于英大长安公司的廉洁风险点，优化廉洁风险相关描述、防控措施、监测指标等属性，并进一步完善形成廉洁风险信息库。

（2）梳理流程及岗位廉洁风险点。

一是查找岗位职责风险点，对照岗位职责，查找个人在履行岗位职责、执行制度、内部管理权等方面存在或潜在的廉洁风险。二是查找流程中廉洁风险易发环节，特别是大额资金使用、重大决策等重要领域发生或可能发生的廉洁风险。三是组织各部门进行流程岗位与廉洁风险点匹配，将廉洁风险点嵌入至流程，匹配至岗位，形成流程岗位名录和流程岗位与廉洁风险匹配表。

（3）实行廉洁风险防控分层分类管理。

一是将全部廉洁风险点划分为四个类别，即作风形象、重大决策、业务廉洁、岗位廉洁。按类别依次进行分阶段梳理，归纳各类别廉洁风险总体防控要点。二是按照分层与分类相结合的原则，落实廉洁风险防控的主体责任和监督责任，形成权责明晰、分类清晰的廉洁风险分类框架。

3. 阶段三：突出重点，加强风险常态化防控

（1）加强廉洁风险预判预控。

一是评估风险等级。结合英大长安公司廉洁风险管理情况，制定科学合理的廉洁风险评估标准，按照风险发生的可能性与可能造成的损失两个维度进行廉洁风险评估，将廉洁风险划分为重大、中等、一般三个等级，对于重大风险点进行重点防控。二是制定廉洁风险防控措施。针对廉洁风险点确定相对应的控制措施，并将廉洁风险点及廉洁风险防控措施纳入至流程中，有针对性地开展廉洁风险防控。

（2）编制《廉洁风险防控手册》。

一是绘制廉洁相关业务流程，对于可能发生问题的环节逐一标注，利用图像形象展示廉洁风险的跟踪防抗路径。二是制定《廉洁风险防控手册》。通过对廉洁风险点的全面梳理，以及流程、岗位匹配关系的确立，防控措施的制定等一系列建设内容，围绕重点领域和关键环节，紧抓人、财、物等权力运行关键岗位，编制形成《廉洁风险防控手册》，推动廉洁风险防控体系建设。

4. 阶段四：强化监督，着力落实防控新成效

（1）开展廉洁风险防控培训。

一是开展全员廉洁风险防控专业培训，引导广大党员、干部职工充分认识全面推进廉洁防控机制建设的重要性，深刻领会建立廉洁防控措施的重要意义，提升全员廉洁风险防控意识。二是通过专题党课、示范教育、警示教育、岗位廉洁教育、下发风险提示单等形式，提高廉洁风险防控自觉性，推动全员及时开展廉洁风险自查自核。

（2）编报廉洁风险防控报告。

根据英大长安公司廉洁风险管理情况、廉洁风险管控措施实施情况等内容编写廉洁风险防控报告，并进一步修改完善，将廉洁风险防控通过报告的形式向内部公开管理程序和管理结果，推动廉洁风险防控落地实效（见图2）。

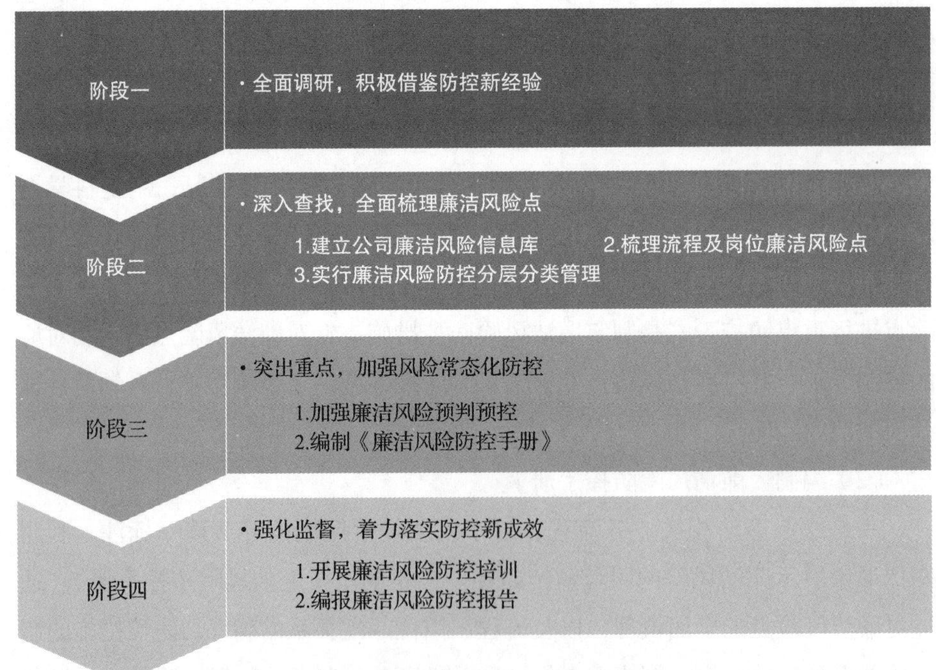

图2　廉洁风险防控体系设计图

三、项目实施方案

（一）抓好“宣教学”培训，筑牢廉洁自律思想防线

廉洁文化可以有力地促进一个企业先进文化的发展，企业在构筑惩治和预防腐败体系的过程中，应高度重视廉洁文化的建设。广泛开展廉洁风险管理文化宣传，培育廉洁文化，把廉洁教育作为员工教育的必修内容，促进党性党风、党规党纪、法律法规和思想道德教育常态化。

1. 广泛开展廉洁文化宣传，营造崇廉尚廉氛围

广泛宣传廉洁风险防控理念，加强培育优秀的廉洁从业文化。充分挖掘既有的文化资源，持续推进廉洁文化宣传，创建和巩固宣传阵地。主动打破传统廉洁风险管理的“惯性沟壑”，灵活统筹引导职能部门与监管部门“同管同控”理念，将廉洁文化打造成为企业文化的重要部分，在公司内部营造浓厚的勤廉氛围。建立柔性纪检监察团队，充分发挥系统内部智力资源优势，构建公司廉洁风险防控人才支撑体系，针对性开展廉洁风险管理研究，促进公司廉洁风险管理水平提升。

2. 创建廉洁文化新载体，丰富廉洁教育形式

活化教育形式，结合各种廉洁教育基地、廉洁文化平台和廉洁文化活动，让廉洁教育形成综合效应，让员工在潜移默化中接受廉洁教育、培养廉洁意识。一是以各类活动作为载体和落脚点，将廉洁文化元素有机融入到干部群众广泛参与的活动中，赋予和深化时代新内涵，寓廉于乐，扩大教育受众覆盖面。在徒步活动、亲子活动及各类仪式晚会等集体活动中融入“廉”文化元素，利用平台资源，让廉洁文化走进集体、多点开花。二是深入开展廉洁文化主题活动，把廉洁文化宣传作为党风廉政建设思想工作的重要部分，组织举办经典诵读、党规党纪知识竞赛、书画展览、小品创作比赛等不同类型的主题活动，通过主题活动播种“廉洁种子”，带动培育良好的廉洁之风。

3. 将廉洁文化带进课堂，牢固树立廉洁意识

强化反面警示教育和正面示范教育，通过设置廉洁课堂，讨论剖析发

生在身边的典型案件，实行“一案一剖析、一案一警醒”，用身边事教育身边人；通过树典型、学习先进，学习系统内的各种优秀典型，形成“见贤思齐”的良好氛围。实行“学习笔记”制度，编制廉洁从业学习笔记本，发送至各单位、各部门，要求员工不仅谈廉洁风险管理，分析违纪违法案例，更要进行思想交流，共同监督促进廉洁从业，持续提升广大干部员工廉洁从业意识。

（二）建好“查改纠”通道，深化廉洁风险防控工作

1. 构建企业特色信息库，实现系统化廉洁风险管理

紧密结合英大长安公司工作实际，充分整合廉洁风险防控相关数据，全面梳理查找思想道德、岗位职责、业务流程和制度机制等方面可能发生的廉洁风险点，评估风险等级，量化廉洁风险管理依据，制定防范措施，推动风险管理有效决策。

步骤一：梳理职权，奠定基础。

按照领导班子、中层管理、关键岗位、一线人员四个层面，理清岗位职责为突破口，对权力运行机制进行全面梳理，明晰岗位职责，为梳理廉洁风险点奠定基础。

步骤二：围绕企业特征，查找风险点。

以国家电网公司廉洁风险防控模板为基础，围绕公司作为金融企业的特征及公司经营目标，全面梳理廉洁风险点，紧抓人、财、物等权力运行管理岗位风险防控，采取“自查、互查、访谈、众评、监审”等方法，全面梳理作风形象风险、重大决策风险、业务廉洁风险、岗位廉洁风险四个方面廉洁风险点，增加营销管理、客服管理、国际业务、互联网金融业务及风险咨询业务等具备公司特色的廉洁风险点，通过多轮次沟通访谈、公示，确保廉洁风险点找准、查实，最终梳理廉洁风险点共 99 个，其中：作风形象风险 11 个，主要涵盖坚持纠正形式主义、官僚主义、享乐主义、奢靡之风“四风”建设；重大决策风险 14 个，主要涵盖公司“三重一大”决策程序中可能存在的廉洁风险；业务廉洁风险 52 个，主要涵盖国际业务、电网业务、电力能源业务、营销管理、市场业务、客户服务、干部人事管理、财务管理、物资采购管理、信息化管理等业务模板；岗位廉洁风险 22 个，主要涵盖自律能力、制度缺陷、流程

缺陷、职责缺陷及外部因素等维度的廉洁风险点，最终形成适用于英大长安公司的廉洁风险管理信息库。英大长安公司廉洁风险点及风险等级分布如图 3 所示。

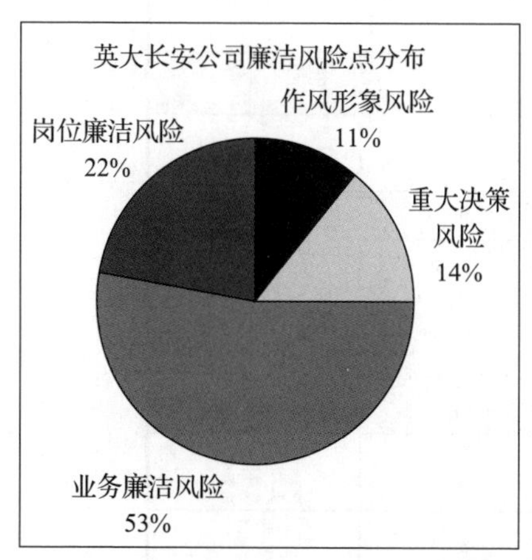

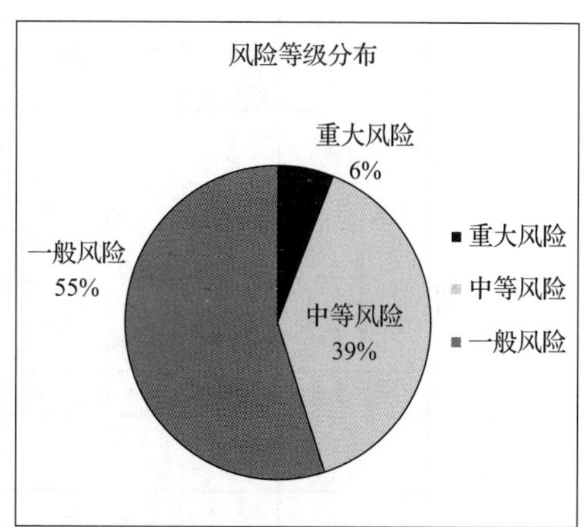

图 3　英大长安公司廉洁风险点及风险等级分布图

步骤三：制定评估标准，划分风险等级。

一是充分结合内外部纪检监察形势，通过系统分析历史风险事件历史发生频率及损失度，识别风险事件的“潜在驱动因素”，为廉洁风险评估及风险分级管控提供数据支撑，切实提高廉洁风险管理的效率和质量。二是组织公司各部门（单位）从管理层关注、党风廉政建设重点工作等方面评估确定廉洁风险影响程度值（I）和风险发生可能性（P），计算各个廉洁风险点风险值大小，导入模型中，将所有廉洁风险点划分为三个管控等级，评估公司年度重大廉洁风险、中等廉洁风险和一般廉洁风险，并制定相应的防控措施。针对重大风险，绘制重大风险坐标图，建立重大廉洁风险预警与应急机制，并对重大风险及启动预警风险的防控过程和效果全程监督，增强廉洁风险防控的预见性和主动性见。

步骤四：优化整合内容，形成风险信息库。

通过反复沟通，修改完善风险描述、易发环节、制度依据、防控部门等属性，结合风险评估等级等相关综合因素，形成一套涵盖领导班子、中层管理、关键岗位、一线人员四个层面的廉洁风险信息库，有效指导公司各层级人员开展廉洁风险防控工作。

表 1　廉洁风险评估模型

序号	涉及领域	易发环节	风险名称	风险描述	易发岗位	防控措施	制度依据	防控部门	监测指标	风险信息修改说明	风险影响程度			综合损失度（自动测算）	主要风险发生可能性	风险值（自动测算）	风险等级（自动测算）
											对日常经营活动的影响	社会形象	直接经济损失				
1	"三重一大"决策程序	决策机制建设	决策机制不完善	1.1 未在公司章程中明确党的领导、党的建设内容	决策层、决策管理层部门责任人	1.1 将党建设工作总体要求纳入国有企业章程，明确国有企业党组织在公司法人治理结构中的法定地位，创新国有企业党组织发挥政治核心作用的途径和方式。在国有企业改革中坚持党的建设同步谋划，党的组织及工作机构同步设置，党组织负责人及党务工作人员同步配备，党的工作同步开展	1 中共中央、国务院《关于深化国有企业改革的指导意见》（2015 年） 2.《国务院国有资产监督管理委员会关于国有独资公司董事会建设的指导意见（试行）》（国资发改革［2004］229 号） 3.《中央组织部、国务院国资委党委关于中央企业党委在现代企业制度下充分发挥政治核心作用的指导意见》（国网［办/2］578-2012（F）） 4.《中共国家电网公司党组议事规则》（国网［办/2］578-2012（F）） 5.《国家电网公司"三重一大"决策实施办法》（国网［办/2］234-2015（F））	决策层、决策管理部门、决策监督部门	决策事项与议事规则一致率								
2		决策内容	决策内容不规范	2.1 决策内容偏离五大发展理念。国有企业改革、电力体制改革方向，违背公司党组重大决策部署	决策层、决策提出部门责任人	2.1 严格执行《董事会议事规则》《党组会议事规则》《总经理工作规则》等规章制度，严格履行决策程序，落实民主集中制		决策层、决策管理部门、决策提出部门	决策内容不规范率								
3			集体违规决策	3.1 未严格执行本单位"三重一大"决策程序和各专业配套管理办法	决策层	3.1 落实党委《党组》议事规则和决策程序，坚决反对和防止独断专行或各自为政，坚决反对和防止以党委（党组）集体名义集体违规。建立上级组织在做出同下级组织有关的重要决策前征求下级组织意见的制度	1.《关于新形势下党内政治生活的若干准则》（2016 年） 2.《中共国家电网公司党组议事规则》（国网［办/2］578-2012（F）） 3.《国家电网公司"三重一大"决策实施办法》（国网［办/2］234-2015（F））	决策层、决策监督部门	重大决策集体违规决策率								

2. 推动风险监测指标化，增强风险可预见与可衡量

通过提炼廉洁风险关键统计指标，作为反映廉洁风险变化情况早期预警指标，防控部门及监察部门可依据指标定期监测廉洁风险变化情况，迅速及时采取措施，提升廉洁风险防控效率。

步骤一：熟悉业务，绘制业务流程图。

了解并熟悉业务流程，绘制业务流程图。通过梳理业务流程，查找关键业务环节，将廉洁风险点匹配至关键业务环节中，为建立监测指标打基础。

步骤二：分析成因，筛选可量化因素。

依据关键环节廉洁风险点，通过梳理内外部监督检查发现的问题、发生的廉洁风险事件等风险信息，汇总分析风险成因，结合英大长安公司实际情况，合理识别可能影响廉洁风险发生可能性的可量化关键因素。针对识别出的关键影响因素，通过实地访谈、调查问卷等方式，借鉴专业风险分析预警指标及外部专业研究分析指标等，科学选取并确定监测指标。

步骤三：确定指标，建立风险预警系统。

获取指标分析所需的专业数据，充分借鉴内外部单位指标数据及行业相关标准，确定指标阈值，并定期监测指标值变化情况，对于偏离预警阈值的风险，及时编制并发布风险提示书，细化防控措施并督导落实。

3. 创建廉洁防控工具包，开展标准化廉洁风险防控

结合英大长安公司廉洁风险防控操作实际，按照国家电网公司关于落实廉洁风险防控责任要求，考虑国家纪检监察机制改革发展趋势，以开展监督检查工作为基础，谋划创建廉洁风险管理“工具包”，开展廉洁风险季度排查、自查，开展年度分析。“工具包”主要包括廉洁风险防控汇总表、廉洁风险检查整改意见表、廉洁风险缺陷整改进度表、廉洁风险年度分析报告模板、廉洁自律承诺书模板、定期岗位交流情况表、廉洁风险协同监督项目参考库、廉洁风险协同监督项目征集表、廉洁风险协同监督项目立项书、廉洁风险协同监督项目报告模板等 10 个附件及相关使用说明（见图 4），旨在精简廉洁防控工作流程，进一步深化公司廉洁风险防控工作标准化，强化廉洁风险防控主体责任和监督责任落实，提高纪检监察工作效率。

附件1.

廉洁风险防控汇总表

部门（单位）：		接受时间：年 季度	
上季度廉政风险防控措施完成情况			
廉洁风险点	风险名称	风险描述	防控措施计划
	作风形象方面	1…… 2…… 3…… ……	1…… 2…… 3…… ……
	重大决策方面	1…… 2…… 3…… ……	1…… 2…… 3…… ……
	业务廉洁方面	1…… 2…… 3…… ……	1…… 2…… 3…… ……
	单位廉洁方面	1…… 2…… 3…… ……	1…… 2…… 3…… ……
	违纪违法方面	1…… 2…… 3…… ……	1…… 2…… 3…… ……
	其他方面	1…… 2…… 3…… ……	1…… 2…… 3…… ……

附件2.

廉洁风险排查存在问题整改意见表

受检单位		第一责任人		具体责任人	
	存在问题及整发意见				检查人员（签名）
作风形象					
重大决策					
岗位廉洁					
业务廉洁					
违纪违法					
受检单位责任人（签名）： 受检单位（ ）： 年 月 日					

注：此表一式二份，受检单位与检查单位各执一份。

附件8.

协同监督项目征集表

单位（部门）名称： 年 月 日

项目名称			
涉及主要廉洁风险			
计划立项时间		计划完成时间	
协同参与部门		计划项目类别（A或B）	
项目实施必要性			
项目预期目标			
项目实施计划			
分管领导意见	签字： 年 月 日		

附件10.

×××协同监督项目报告

报送单位（部门）：××部

一、协同监督项目开展情况

二、发现缺陷问题情况（描述、依据、整改措施）

三、涉及主要廉洁风险及防控

四、有关建议或意见

图4 部分廉洁风险防控工具

4. 编制个性化防控手册，针对性指导风险防控全程

按照层级划分，编制领导班子、中层管理、关键岗位、一线人员廉洁风险防控手册，涵盖了业务流程直线图、风险描述、防控措施等内容，并以口袋书形式呈现，便于各层级人员更清晰了解并实施廉洁风险防控；按照方面划分，编制作风形象、重大决策、业务廉洁、岗位廉洁四个方面风险防控手册，涵盖了公司廉洁风险防控所有标准化操作步骤及相关制度依据，明确了重要关键岗位、重要事项、业务部门、监督部门及领导机构等方面防控责任及防控要求。廉洁风险防控手册有利于指导廉洁风险防控具体实施，进一步加强公司廉洁风险防控标准化水平，力争跻身一流廉洁风险管理行列。

（三）练好“治未病”硬功，完善监督考核问责体系

1. 厘清责任层级体系，压实风险防控责任

加强组织领导，厘清责任层级体系，把责任层层落实到领导班子成员、各部门负责人、单位负责人，形成齐抓共管的良好工作格局。一是由公司党政负责人总牵头，各分管领导、分支机构承担分管区域，将廉洁风险防控责任逐级深化落实。制定党风廉政建设履责要点，层层签订责任状，压实廉洁风险防控责任。二是根据权力运行的风险内容和不同风险等级，实行分级管理、分级负责。对重大廉洁风险，应立即控制，查堵漏洞，控制不再出现类似风险的发生，并且由单位主要领导负责，按月度进行一次监督核查；对中等廉洁风险应重点关注，采取措施消除或者减少风险发生的因素，并且由单位分管领导负责，按季度进行一次监督核查；对一般廉洁风险应正常关注，加强日常基础制度建设，健全日常监督制度，并且按年度进行一次监督核查。

2. 完善考核问责机制，重视考核结果应用

加强对廉洁风险防控工作落实的督导督查，将廉洁风险防控考核问责机制纳入考核中，对未落实或落实不到位的单位或个人及时惩处，提高服务效能和工作质量。一是强化检查考核工作的组织领导，检查考核工作由公司党委组织推动，定期召开党委会，听取主要负责人关于责任制的情况汇报，并讨论研究确定考核结果，真正把抓廉洁风险防控建设情况考核与领导班子考核、干部考核、总体目标考核等有机结合，认真组织实施。对照国家电网公司党风廉政

建设考核评价细则，结合英大长安公司廉洁风险防控实际情况，制定适用于公司的考核细则，将廉洁风险防控考核融入总体考核体系中。二是通过信息监测、定期自查、上级检查、交叉互查等方式，对廉洁风险防控各项措施的落实情况进行考核评估，考核方面主要涵盖制度机制是否健全，责任分工是否明确，界定风险是否准确，实施细则能否结合自身实际，是否具有较强的针对性和可操作性等内容。三是要高度重视考核结果的运用。将重要廉洁风险防控情况作为内部巡察和党风廉政建设责任检查的重要内容，把考核结果与领导干部业绩评定、奖励惩处及评优选先等内容直接挂钩，对于落实不到位的人员及时约谈提醒，督促其认真履责，确保责任检查落到实处。

3. 打造网格监督平台，强化协同监督力量

建立横向协同、纵向贯通的网格型协同监督机制，积极推进廉洁风险协同监督工作。一是突出公司协同监督工作委员会、协同监督工作办公室、职能部门三层监督管理，形成协同监督机制的工作平台。围绕公司廉洁风险点及重要事项，通过发布协同监督项目征集表、编制协同监督报告等内容，进行廉洁风险防控项目化管理制，统筹推进归口管理部门廉洁风险排查和防控。二是针对廉洁风险频发区域，公司协同监督办公室提前介入，深入调研协同监督项目开展情况，并与协通监督项目负责人签订廉洁风险协同监督项目责任书，建立科学监察预警机制，确保协同监督项目顺利开展并达到良好效果。

（四）做好“常态化”管理，建立风险防控长效机制

1. 应用风险管理理论，创新廉洁风险防控模式

一是建立廉洁风险事前防范、事中控制、事后处置“三道防线”，事前防范是在全面梳理廉洁风险点的基础上，综合运用各种方法，针对不同层级员工在日常工作生活中可能出现的重大决策风险、作风形象风险、业务廉洁风险、制度建设风险、思想道德风险等，采取谈话、教育、签订承诺书等预防措施，增强员工廉洁自律的主动性和监督制约机制的有效性，主动防范廉洁风险，最大限度地降低腐败行为发生的可能性，做到主动预防；事中控制通过自查、互查、举报等多种手段，形成廉洁风险监控网络，对人、财、物等权力运行过程，进行动态监控，及时发现苗子性、倾向性问题，强化监督实效，有效开展

风险监控；事后处置是通过发布警示书、诫勉纠错和责令整改等手段，阻断风险态势扩大，避免苗子性问题演化发展成违纪违法行为。

二是充分借鉴 PDCA 原理（见图 5），将廉洁风险防控分解为计划、执行、考核、修正四个环节，真正形成廉洁风险闭环管理。计划过程主要是持续梳理廉洁风险点，补充完善廉洁风险信息库，通过评定风险等级，制定相应的管控措施；执行主要通过“工具包”、廉洁风险防控手册等指导性工具，具体开展廉洁风险的自查、互查与定期分析；考核主要是对廉洁风险的防范与业绩考核挂钩，包括但不限于风险的排查力度、防控措施的执行情况等；修正是跟随廉洁风险管理的不断深入，以及内外新形势的变化，定期对廉洁风险点、防控措施、实施细则等进行优化完善，保证廉洁风险清楚、防控措施得力。

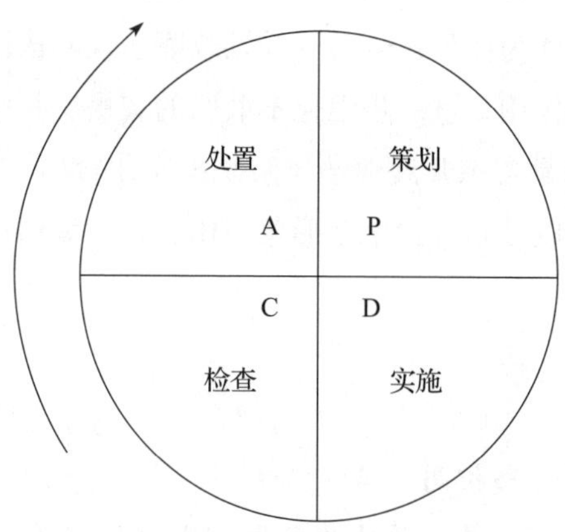

图 5　全面质量管理模型（PDCA 环）

2. 应用风险防控措施，确保廉洁风险可管可控

按照年度廉洁风险评估以及风险事件发生情况，适当调整廉洁风险防控措施，确保廉洁风险始终处于可管可控状态。一是召开专家小组论坛，建立廉洁风险防控措施，主要包含通用与非通用措施两大类，然后根据职位层级不同，围绕廉洁风险点具体内容，制定廉洁风险防控具体措施。二是按年度对廉洁风险等级及相关防控措施进行综合评估，征集各部门（单位）完善建议，修订、优化廉洁风险防控措施，确保廉洁风险防控适应当前内外部形势及公司经

营发展需要。

3. 建立防控长效机制，实现科学廉洁风险管理

建立健全流程规范、权责明晰、措施有力、制度管用、预警及时的廉洁风险防控长效机制，实现廉洁风险防控科学化、规范化和制度化。一是不断深入开展自查自纠、季度排查，围绕党建、招标采购、选人用人等方面，着力查找制度流程上的缺陷，促进完善廉洁风险管理体制，进一步夯实全面从严治党责任。同时，通过排查、分析，将关键控制点、监测指标等具体管控措施落实到流程环节之中，形成廉洁风险防控手册，指导廉洁风险防控工作常态化开展。二是加强协同监督与廉洁风险防控有机融合，特别是加强关键权力的协同监督，将其作为深入落实“两个责任”的重要内容，实行项目制管理、专业化推进和分层级实施，并督促各级领导干部和职能部门履行好监督管理责任。三是以关键岗位人员谈话为抓手，全面开展勤政廉洁谈心谈话工作，充分发挥核实监督、告诫提醒的作用，进一步强化不敢腐的震慑、扎牢不能腐的笼子、增强不想腐的自觉。四是常态开展廉洁风险防控文化宣传，对照 25 项党员干部廉洁风险行为表象，以漫画方式生动形象应用到日常廉洁风险防控过程中，细化落实日常提醒责任。

四、项目成效

（一）创新廉洁风险防控高效工作机制

通过廉洁风险管理工作，将中央反腐倡廉精神和英大长安公司日常工作紧密结合，同时创造性地将风险管理等现代管理学的理论和方法应用于廉洁防控体系建设领域，初步建立廉洁风险防控工作的长效机制，推动廉洁风险防控工作向专业化、制度化、体系化发展。一是建立横向协同、纵向贯通的交叉型协同监督机制，积极推进廉洁风险协同监督工作，打造交叉型廉洁风险协同监督机制，共开展廉洁风险防控协同监督项目 12 个。二是加强对廉洁风险防控工作落实的监督检查，将廉洁风险防控考核问责机制纳入日常管理中，在 60 余条业务流程中嵌入监察机制，对未落实或落实不到位的单位或个人及时惩处，提高服务效能和工作质量，建立精准高效的考核问责机制。三是常态开展

廉洁风险防控文化宣传，以漫画方式生动形象地应用到日常廉洁风险防控过程中，对照党员干部廉洁风险行为表象绘制宣传漫画共计25幅，细化落实日常提醒责任，建立廉洁风险防控常态化机制。

（二）推动构建科学廉洁防控体系建设

党的十八大以来，英大长安公司党组坚持从严治党与依法治企相结合，通过体制机制创新和严格的管理压缩腐败滋生蔓延的空间，扎实构建规、纪、法三道防线，保障企业长治久安。廉洁风险防控基于"违纪违法源于违规违章"的基本认识，遵循纪在法前、规在纪前、抓早抓小、防微杜渐的基本思路，落实全面从严治党、依法从严治企新要求，对党的十八大以来违纪违法问题进行全面分析评估，重新明确防控重点领域和关键环节，为新形势下全面从严治党、依法从严治企提供更精准的目标，促进制度完善和机制健全，做到治病于初萌、防患于未然。在构建科学廉洁防控体系过程中，进一步完善党风廉政建设责任体系，细化责任分解，推进责任落实，明确了重要关键岗位、重要事项、业务部门、监督部门及领导机构等方面防控责任及防控要求，梳理国网通用制度与英大长安公司相关制度250余条、业务流程60余条、领导班子岗位职责及各部门、各单位岗位70余个、对应廉洁风险点99条。这极大地增强了员工的责任意识，激发员工的担当精神，有利于切实降低作风形象风险、重大决策风险、业务廉洁风险和岗位廉洁风险，坚持有责必问、问责必严，将监督检查与目标追究有机结合起来。同时，这也使得每个岗位、工作的防控责任和防控要求清晰明了，便于下一步的廉洁风险防控的考核问责。

（三）大力强化以廉促效联动效应

廉洁风险防控管理建立了各项工作的关联机制，一是通过全面梳理英大长安公司廉洁风险点、针对性制定廉洁风险防控措施、大力开展廉洁风险排查，建立三级廉洁风险信息库和廉洁风险防控支撑数据库，共梳理廉洁风险点99条，其中涵盖作风形象、重大决策、业务廉洁、岗位廉洁风险四个方面，分别为11条、14条、52条、22条，将廉洁规定落实到了每个岗位、每个人员。二是遵循制度框架，在开展廉洁风险防控工作中，严格对照"公司规章制度、上级会议精神、防控工作要求"三个依据，匹配现有的250余条廉政规章制度，确保了廉洁风险点梳理有理有据、严谨准确，廉洁风险防控工作开展制度可循、有法可依，同时整合已有的多项制度、措施，规范廉洁防控工作的同时促进其他工作合规高效。三是通过查找廉洁风险、制定风险防范措施，各部门认真细致地分解业务流程，梳理出领导班子及各部门、各单位岗位职责70余个，细化责任分工，明确工作目标，极大促进了工作效率和工作质量的提高。四是通过创新形式、丰富载体，多渠道开展综合素质培训，在提高员工业务技能的同时，进一步培养和增强法律素质，造就了一支德才兼备、业务精通、勇于创新的专业人才队伍。

（四）全面培育廉洁风险管理构建文化

开展文化引领型廉洁风险管理研究，创新纪检监察工作模式，精心组建一支柔性纪检监察团队，打造英大长安公司一流纪检监察队伍。一是广泛宣传廉洁风险防控理念，加强培育优秀的廉洁从业文化。主动打破传统廉洁风险管理的“惯性沟壑”，灵活统筹引导职能部门与监管部门“同管同控”理念，将廉洁文化与60余条业务线有机融合，建立健全廉洁风险防控文化机制。二是建立柔性纪检监察团队，充分发挥系统内部智力资源优势，构建英大长安公司廉洁风险防控人才支撑体系，定期深入60余条业务线，近距离接触70余个工作岗位，针对性开展廉洁风险管理研究，促进英大长安公司廉洁风险管理水平提升。三是实行“学习笔记”制度，持续提升广大干部员工廉洁从业意识。编制廉洁从业学习笔记本，提供3个廉洁风险防控典型学习案例，发送至各单位、部门，要求员工不仅谈廉洁风险管理，分析违纪违法案例，更要进行思想交流，共同监督促进廉洁从业，保障英大长安公司的廉洁风险管理水平全面提升。

五、项目总结

廉洁风险防控是一项意义重大、须长期坚持、常抓不懈的系统工程，是促进英大长安公司干部队伍作风建设的现实需要。通过对廉洁风险防控工作进一步梳理，特别针对公司保险经纪业务、电子商务业务、风险咨询业务三大模块进行重点访谈，并反复沟通修改完善，形成具备公司业务特色的廉洁风险点共计99条；梳理国网通用制度与公司相关制度250余条、业务流程60余条、领导班子岗位职责及各部门、各单位岗位70余个，编撰胶装领导班子、中层管理、关键岗位、一线人员廉洁风险防控手册，指导各层级人员开展廉洁风险防控；制定廉洁风险防控工具包，将廉洁风险防控工作统一标准化，提高工作效率；制作25项廉洁风险行为漫画口袋书，通过漫画的形式更加直观、生动形象地应用到公司廉洁风险防控工作中。本项目的实施推动英大长安公司建立了一套具有金融企业特色的廉洁风险防控体系，并取得了一系列工作成果，为实现英大长安公司战略发展目标保驾护航。

基于风险视角的国有企业财务监督体系建设实践

北京英大长安风险管理咨询有限公司　杨航

北京英大长安风险管理咨询有限公司（以下简称英大长安咨询）是国网公司下属的专业风险管理咨询机构，由英大长安保险经纪有限公司出资成立。公司专注于为中国大型企业的持续增长提供量身定制的专项咨询服务和综合解决方案，咨询领域包括风险管理、企业战略、集团管理、流程优化、人力资源、信息化以及专项研究和重大决策支持。公司核心团队曾经为多家世界 500 强企业提供长期的管理咨询服务，对国内企业发展环境和面临的风险有深刻的理解，同时具有深厚的电力行业背景。

英大长安咨询是中国电力企业联合会会员单位，中国内部审计协会单位会员，中国企业联合会管理咨询委员会执行委员单位。

本案例项目组成员

杨航，北京英大长安风险管理咨询有限公司副总经理，北京清华大学工商管理硕士，2009 年入司，协助国网总部、各省网公司、产业及金融单位，在风险管理、内部控制、法律风险管理、合规管控、廉政风险防控、五位一体机制建设、咨询课题管理、风控系统建设、两化融合贯标等多领域提供服务，也曾为南方电网、华能电力、中广核、中移动等多家机构提供咨询服务。

其他成员：崔罡、赵志威、王博、张庆亮、王彦澎、靳艳梅

导读

在企业外部监督不断强化，政府监督、监察审计等各类检查日趋频繁的现实条件下，财务稽核作为财务部门不可或缺的重要环节，发挥着越来越直接、有效的自我监督作用。当前，新版COSO风险管理理论对公司风险管理“三道防线”进行了重新划分，对财务部门在公司全面风险管理工作中的地位给予了明确界定。在新的形势下，国有企业如何以风险为导向，建立有效的财务稽核监督体系是本课题的研究重点。本课题以国家电网有限公司为案例，深入研究在国资监管日趋严格，企业内部变革多点突破的背景下，公司财务稽核监督工作如何革故鼎新，因时而变，建立卓有成效的财务稽核监督体系。

经系统研究与实践，课题组深入研究国网公司财务稽核监督体系建设背景，结合公司内部变革新形势，建立了“135财务稽核监督体系”，具体为“一中心、三融合、五机制”体系，其中“一中心”是指“风险防范、问题治理”为中心，“三融合”是指全面融合风险、内控和合规管理要求，“五机制”是指稽核标准体系动态更新机制、事前评估预警机制，过程检测评价机制、问题治理销号机制及信息系统支撑机制，健全稽核监督工作全流程、全价值链管理，确保财务稽核工作的适用性、科学性、及时性、提升财务稽核工作的响应能力，逐步形成具备国际一流电网企业特征的财务稽核监督体系。

基于风险视角的国有企业财务监督体系建设实践

北京英大长安风险管理咨询有限公司　杨航

一、项目背景

（一）国网公司基本情况

国家电网有限公司（以下简称国网公司）成立于2002年12月，是根据《公司法》规定设立的中央直接管理的国有独资公司，是关系国民经济命脉和国家能源安全的特大型国有重点骨干企业。国网公司以投资、建设、运营电网为核心业务，承担着保障安全、经济、清洁、可持续电力供应的基本使命，注册资本8295亿元，资产总额38088亿元，经营区域覆盖26个省（自治区、直辖市），覆盖国土面积的88%以上，供电服务人口超过11亿人。公司历史沿革复杂，自中华人民共和国成立后，历经多次变革，逐步形成以电网业务核心，涵盖产业、金融和国际业务的多元化发展格局。公司2016—2018年蝉联《财富》世界500强第2位，中国500强企业第1位，是全球最大的公用事业企业。

（二）电网行业特点

1. 外部环境不确定性增加，持续稳定发展面临压力

国内方面，国内经济正处于爬坡过坎的新旧动能转换阶段，结构性矛盾依然较为突出，国内经济增长压力增大；国家降低社会用能成本的态势持续升压，“降低电网环节收费和输配电价”纳入国务院重点工作。经济形势的复杂性和不确定性，增大了公司经营管理难度。国际方面，单边主义、贸易保护主义抬头，美国大范围制造贸易摩擦、挑起贸易争端，增加世界经济增长的不确定性，地缘政治博弈和大国领导权纷争的局面不可能短期缓解，对国网公司境外净资产价值、投资成本与回报带来不利影响。

2. 政府监管要求日趋严格，公司内部监督责任重大

国资国企监管更加严格，国务院出台国有企业违规经营投资责任追究意见，国资委发布相关实施办法，对落实国有资本保值增值、完善国有资产监管机制等要求更加明确、更加严格；中央巡视、国家审计等对中央企业的监督力度持续加大。监管体系日趋完善，2015 年 8 月，中共中央、国务院印发《关于深化国有企业改革的指导意见》，要求强化企业内部监督，明确监事会、审计、纪检监察、巡视及法律、财务等部门的监督职责，完善监督制度，增强制度执行力。新修订的《会计法》规范了会计监督管理，提出了单位内部监督、社会监督和政府监督的“三位一体”会计监督体系，明确企业应当建立、健全本单位内部会计监督制度。

3. 公司内部精益管理需求提升，管理薄弱环节亟待完善

公司历史沿革复杂、辖域范围广、管理层级多、经营摊子大，内外部监督依旧发现很多薄弱环节；供给侧结构性改革持续推进，对实体经济瘦身健体、提质增效提出新任务，完成“三去一降一补”目标依然存在瓶颈。财务活动是企业经营管理的重要活动之一，是企业经营管理成果的最终反映，面对复杂多变的经营形势、日趋严格的监管要求，需要持续提升精益管理。在新的形势背景下，财务监督是构建国有企业大监督体系，强化企业内部监督的重要一环，公司财务监督工作如何革故鼎新，因时而变，建立卓有成效的财务监督体系，是新时代带来的新课题。

二、管理现状分析和建设思路

（一）财务管理情况及财务监督现状

1. 财务管理及财务监督情况

一是现代化财务管理体系基本建成。公司财务管理始终以发展战略为指引，牢固树立战略导向和价值创造意识，针对公司特大型、跨地域、多层级、重资产等特点，建成以“六统一、五集中”为主线的财务集约化管理体系，建立总部主导、各级联动、协同推进的集团财务管理新模式，推进财务管理职能向决策支持型、价值管理型转变，构建起以集约化、信息化、标准化、精益化

为特征，财务业务高度集成融合的现代化财务管理体系。

二是内部管理变革稳步推进，业财融合持续深化。适应监管要求和内部管理需求，公司创新推进一系列管理变革，一是推进改革适应监管优化经营管理策略，全面推进业务、管理转型升级；二是推动多维精益管理体系变革，以“会计科目＋管理维度”实施会计管理化改造，构建开放共享的价值精益反映体系，打通业财信息价值链路，构建业财共建共享、深度融合的管理体系；三是建立“1233”卓越资金管理体系①，实施现金流“按日排程”和收付款“省级集中”，持续强化资金安全、精益管理，不断提升资金保障能力、运作效益和安全水平。

三是财务信息化应用日趋成熟。借助“SG186工程”建设顺利推进，财务信息化实现了跨越式发展，已初步建立了业务集成、数据集中、信息全面、反应及时的企业级信息系统；在此基础上，逐步构建统一、规范的财务系统底层技术架构，面向国际化、数字化，全面升级一体化财务信息工作平台，建设财务资源管理系统，为财务管理提供了现代化管理手段。

四是财务监督体系已初步建立。公司树立服务支撑理念，秉承“管理建议为主，考核惩戒为辅”的原则开展财务监督，健全全面风险管理与内控体系建设，构建全业务、跨层级、端到端的内部控制体系，创新风险监控方法，拓展工作范围，通过应用风险控制、在线稽核、流程监控、内控评价等功能模块，构建了以业务流程为基础，以财务内部控制为核心，以财务评价与财务稽核为手段，以信息化技术为支撑的风险防控体系，实现风险监控点由财务向前端业务延伸，初步实现了财务对业务事中、事后监督，有效提升了企业风险预防、预控能力。

2. 财务监督存在问题

从内外部检查发现的问题来看，财务监督还存在一些不足：一是财务监督对经营风险的在线管控手段不够，财务实时反映、控制和监督的手段不够完备，缺乏事前预警、事中监控手段。二是对业务前端监督力度不够，实时性不足，需要更加注重源头治理和事前防范。

同时，国网公司经营管理活动也为财务监督改型升级打下了良好基础。

① “1233”卓越资金管理体系即：搭建一套公司级集团账户、建立两个结算池（收款结算池、付款结算池）、融通三个市场（内部资金市场、境内资本市场、境外资本市场）、构筑三维立体安全防线（三个主体、三种工具、三类风险），建立适应改革发展形势的“1233”卓越资金管理体系。

内外部监督暴露问题为财务监督提供了风险导向，风控体系建设为财务监督提供了标准，业财协同不断推进为财务监督提供了向前端推进的路径，企业信息化、财务信息化应用不断健全为财务监督提供了信息化保障。如何从公司全局高度、从价值链全过程来审视风控问题、监督评价业务操作的合法合规，提高财务监督的实时性和刚性，是国网公司财务稽核监督工作转型的关键和重点。

（二）财务监督体系建设目标

综合内外部监管要求和企业发展需求，结合管理现状，财务管理体系构建需要适应新时代、新要求、新发展，围绕全价值链风险管控和管理效率效益提升，找准财务监督的“切入点”和“突破口”，不断增强财务监督作用，协同推进业财风险联防联控，不断提升公司风险防控能力。

一是明确财务监督新定位，主动适应国家输配电价改革监管要求，从合规监督向合规与价值创造并重转型、从事后监督向事前监督转型，确保公司的投资合规、资产有效、成本合理、收入合法。

二是健全财务监督新机制，积极融入公司经营全局工作，系统构建一套输配电价财务稽核标准，促进公司优化经营策略有效落地。

三是强化财务监督新作用，发挥财务监督“监督员”“校验机”作用，以查促管、以查促改，支撑财务管理转型升级和服务能力提升。

（三）国网公司财务监督现状分析

借用 SWOT 分析模型，对国网公司财务监督体系改型升级的优势、弱势、机会和挑战进行分析，具体内容见表 1。

表 1　国网公司财务监督体系 SWOT 分析

S——优势	W——弱势
——国家加强监管，明确财务监督是企业内部监督的重要一环 ——新修订的《会计法》明确会计监督的对象是主要经济活动的合法性、合理性和会计资料的真实性、完善性等。财务活动是企业经营管理的最终反映，财务监督可以有效反映前端业务管理 ——财务管理、业务管理（招投标、工程建设）政策法规、规章制度比较健全，监督标准、依据明确【本条既是优势，也是劣势】	——常规财务监督以事后查账、评价为主，采用线下方式，导致监督重点在于纠错，难以实时发现问题，事前防范作用不足 ——常规财务监督耗费人力、物力较大，而效果不佳，性价比不高 ——财务管理、业务管理（招投标、工程建设、薪酬福利等）内外部管理要求众多，且相互独立、协同不够，容易出现“多张皮”现象，制约财务管理标准化、规范化

续表

O——机会	T——挑战
——公司信息化建设水平较高，全业务数据中心正在建设，风控信息系统初步建成，为分析财务数据与业务行为的关联性提供了较好基础 ——优化经营策略、推进多维精益管理变革，致力于打通业财链路，业务行为可实时反馈至财务管理	——多项管理变革推进，财务监督需实时跟进，为经营管理把好关、守好闸 ——内外部监督检查频繁，公司经营风险、问题得以显现，部分问题反复发生 ——常规财务监督通常局限于财务活动，问题整改缺乏刚性约束，推动问题在业务前端规范、治理力度不足

由于财务监督是企业内部管理，本次借用SWOT分析不选取最佳组合，而是根据相关性对优势、弱势、机会和挑战随机组合，得出解决思路和方向（见表2）。

表2　国网公司财务监督体系SWOT组合策略分析

<table>
<tr><th>事项一</th><th>组合思路</th><th>解决措施</th></tr>
<tr><td>S——优势
——财务管理、业务管理（招投标、工程建设）政策法规、规章制度比较健全，监督标准、依据明确</td><td rowspan="2">利用优势，化解弱势</td><td rowspan="2">提高管理要求，形成统一的监督标准体系</td></tr>
<tr><td>W——弱势
——财务管理、业务管理（招投标、工程建设、薪酬福利等）内外部管理要求众多，且相互独立、协同不够，容易出现“多张皮”现象，制约财务管理标准化、规范化</td></tr>
<tr><td>S——优势
——财务管理、业务管理（招投标、工程建设）政策法规、规章制度比较健全，监督标准、依据明确</td><td rowspan="3">利用优势，克服弱势，面对挑战</td><td rowspan="3">利用监管要求、业务指标、问题库等资源，构建风险预警机制</td></tr>
<tr><td>W——弱势
——常规财务监督以事后查账、评价为主，采用线下方式，导致监督重点在于纠错，难以实时发现问题，事前防范作用不足</td></tr>
<tr><td>T——挑战
——内外部监督检查频繁，公司经营风险、问题得以显现，部分问题反复发生</td></tr>
<tr><td>S——优势
——财务管理、业务管理（招投标、工程建设）政策法规、规章制度比较健全，监督标准、依据明确</td><td rowspan="3">利用优势，抓住机会，克服弱势</td><td rowspan="3">设计在线实时监督规则，开展过程监测评价</td></tr>
<tr><td>O——机会
——公司信息化建设水平较高，全业务数据中心正在建设，风控信息系统初步建成，为分析财务数据与业务行为的关联性提供了较好基础</td></tr>
<tr><td>W——弱势
——常规财务监督以事后查账、评价为主，采用线下方式，导致监督重点在于纠错，难以实时发现问题，事前防范作用不足</td></tr>
</table>

续表

事项一	组合思路	解决措施
S——优势 ——国家加强监管，明确财务监督是企业内部监督的重要一环 ——新修订的《会计法》明确会计监督的对象是主要经济活动的合法性、合理性和会计资料的真实性、完善性等。财务活动是企业经营管理的最终反映，财务监督可以有效反映前端业务管理	借助优势，迎接挑战	梳理共性问题，查找问题根源，以风险为导向，推动业务前端问题长效治理
T——挑战 ——内外部监督检查频繁，公司经营风险、问题得以显现，部分问题反复发生 ——常规财务监督通常局限于财务活动，问题整改缺乏刚性约束，推动问题在业务前端规范、治理力度不足		
O——机会 ——公司信息化建设水平较高，全业务数据中心正在建设，风控信息系统初步建成，为分析财务数据与业务行为的关联性提供了较好基础 ——优化经营策略、推进多维精益管理变革，致力于打通业财链路，业务行为可实时反馈至财务管理	抓住机会，改进弱势	加强信息系统开发应用，提高财务监督效率效果
W——弱势 ——常规财务监督耗费人力、物力较大，而效果不佳，性价比不高		

（四）国网公司财务监督体系建设思路

基于现状SWOT分析结果和解决措施，国网公司财务监督体系，可以概括为“一中心、三融合、五机制”体系，其中“一中心”是指以“风险防范、问题治理”为中心，“三融合”是指全面融合风险、内控和合规管理要求，“五机制”是指稽核标准体系动态更新机制、事前评估预警机制、过程监测评价机制、问题治理销号机制及信息系统支撑机制，健全稽核监督工作全流程、全价值链管理，确保财务稽核工作的适用性、科学性、及时性，提升财务稽核工作的响应能力，逐步形成具备国际一流电网企业特征的财务监督体系。

三、国网公司财务稽核监督体系的具体实践

（一）构建标准动态更新机制，夯实财务监督工作基础

监督需要准绳、标尺。由于财务监督还包括对经济活动的监督，财务监督的准绳、标尺即包括《企业财务通则》《企业会计准则》《会计基础工作规范》等财务管理规章制度，也包括前端业务行为的政策法规、制度规范等。基

于业财贯通的需求，国网公司建立了涵盖财务和各项业务的财务监督标准，打通了业财流程链路，为更好地发挥财务监督职能奠定了基础。财务监督标准由通用制度、风控标准、评价指南等组成。

1. 宏观层面，以通用制度作为引领

公司积极推进协调统一、垂直一体的通用制度体系建设，通用制度由公司总部统一制定并在公司系统执行，涵盖各个业务条线，所属单位仅需根据客观实际制定并报备差异条款，保留个性化操作，大幅精简了各管理层级、各业务规章制度的数量，尽可能保障了业务操作的规范、统一，为各类监督评价提供了统一要求。

2. 宏观层面，以风控标准集成管理要求

按照国资委《关于加快构建中央企业内部控制体系有关事项的通知》，国网公司基本建成了覆盖全公司、贯穿各层级，以风险管控为导向、标准流程为载体、规章制度为保障、授权管理为约束、内控评价为手段的“五位一体”内部控制体系。通过内控流程将风险点、控制点、职责、岗位、制度、授权等管理要素与流程步骤匹配，形成以流程步骤为纽带的“网”状联动关系，实现核心管理要素“一体化”融合，有助于增强业务管理的协同性，提升管理效率与效果。

3. 微观层面，以风控管理操作指南为工具

借鉴风险管理理论，全面融合风险、内控和合规管理要求，从“人本”管理和组织行为学角度，运用“体系化”建设思路，公司先后印发电网安全、财务管理、营销管理等 19 个专业风控管理操作指南，将各专业关键业务的风险点、控制措施、制度、授权、评价等管理要素与流程步骤匹配，明确各专业关键业务的业务执行标准和评价标准，制定监督评价要点及程序，为各专业开展各项评价监督工作提供标准参考。

三类标准分别立足宏观、中观和微观工作层面，明确公司财务监督工作总体规范、稽核监督重点及评价监督程序，并依据公司外部监管需求、内部管理变革等及时更新，确保标准体系的适用性，奠定财务监督体系的基石。

（二）建立事前评估预警机制，确保财务监督有的放矢

为进一步提升风险防控水平，深化风险量化分析，丰富风险管控手段，

聚焦风险地域和单位分布，提升风控管理针对性，健全风险闭环管理机制，在年度全面风险评估、专项风险评估基础上，国网公司着力构建重大风险预警提示机制。

重大风险预警提示机制（见图 1）即在评估确定年度重大风险基础上，科学选取 KRI 指标，量化分析指标变动趋势，综合预判风险分布情况，并向风险单位发布风险提示函，确保公司聚焦关键领域、重大风险，稽核监督工作能够有的放矢，大大提升稽核监督工作的针对性、有效性。重大风险预警提示工作主要分为以下五个步骤：识别关键影响因素、选取分析预警指标、搭建 KRI 指标体系、分析预判风险分布情况、发布风险提示函。

识别关键影响因素	选取分析预警指标	搭建KRI指标体系	分析预判风险分布情况	发布风险提示函
针对评估确定的重大风险，收集内外部监督检查、风险问卷及实地访谈等发现的风险信息，汇总分析风险成因；结合公司面临的内外部形势及发展目标，科学识别可能导致风险发生的关键影响因素	针对关键影响因素，借鉴业绩考核指标、专业风险分析预警指标、外部专业研究分析指标等，立足可量化、可预测两个维度，匹配风险分析指标或事项，明确指标名称、内容、计算公式、指标来源、指标阈值及预警频率等信息	在单个风险预警指标选取的基础上，综合考虑管理实际和业务数据来源可靠性等因素，合理设置重复指标及互斥指标，汇总搭建重大风险KRI指标库，为风险分析预警奠定基础	协同专业部门，获取指标分析所需的专业数据，运用数理统计方法进行潜在风险值评估测算及横向比对，预判重大风险的单位分布情况	在征求部门意见基础上，向相关单位发布风险提示函，细化防控措施并督导落实，动态跟踪风险变化情况，确保风控措施得到有效执行

图 1　重大风险预警提示机制实施路径

重大风险预警提示工作的开展，有效引导公司各层级聚焦重大风险，风险管控针对性和效率明显提高。公司 KRI 指标体系是以重大风险为核心，通过对影响重大风险发生可能性因素的识别防控，实现了风险因素与管理行为之间的互动，有效引导公司风控资源更多地聚焦于高风险事项、高风险领域，实现风险管控效果与管理效率的平衡。

（三）强化过程监测评价机制，保障财务监督的广度和深度

国网公司通过建立过程监测评价机制，即在线实时监督、内控专题评价

及年度整体评价三项工作，针对性开展财务监督工作，确保重点业务领域、重大风险管控措施执行到位。

1. 定期开展在线实时监督，确保监督的覆盖面

在线实时监督是国网公司财务监督改型升级重要体现。在传统财务监督基础上，国网公司持续推动“线下监督”向“线上监督”转变，从风险预警、结果合规、过程控制及风控绩效四个维度（见图 2），围绕财务、工程、物资、营销等经营管理重点领域，开展财务监督。稽核规则是在线实时监督体系的生命。通过稽核规则，确立了实际业务活动与标准管控要求的对比逻辑关系，具备在线扫描、自动运算、对比功能，依托信息系统固化稽核规则，为每一条在线稽核规则配置运行周期，选择监督对象，即可对被监督单位关键业务进行在线扫描、查证和评价，快速筛查业务异常值和问题疑点，实现在线稽核自动化运行。在线稽核规则可独立运行，也可按专业领域、业务链条等分主题组合，增强规则的实用性和适用性。

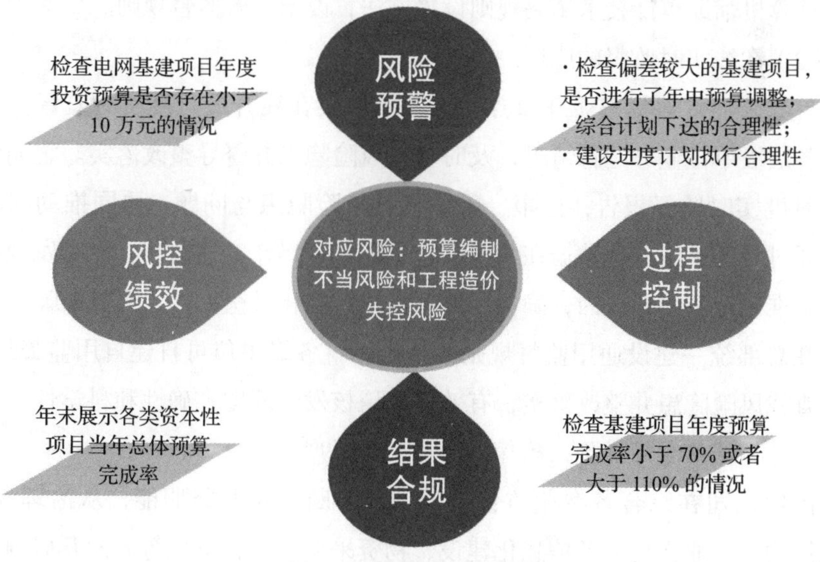

图 2　在线稽核规则分类

（1）在线稽核规则的构建设计思路。

在线稽核规则与各标准体系关联，具有较强的体系性。每条规则与风险、流

程、制度等管理体系高度关联，提升实时监督效果。其设计思路遵循以下步骤。

一是风险 + 问题。按照"风险评估 + 内部控制 + 实质性程序"的审计理念，以风险预警和绩效为导向，建立"风险预警—发现疑点—定位问题"的多规则串联监督体系。利用风险预警类规则，当超过预设的风险警示和绩效点后即触发过程控制类和结果合规性规则，针对发现的疑点分析判断是否存在问题。

二是业务 + 系统。结合信息系统，对业务问题设定稽核规则，在业务信息系统抽取数据，按照财经政策、会计准则、业务规章制度等要求，设计比对公式，进行实时业务数据对比分析。

三是流程 + 控制点。结合业务流程，对流程上的关键控制点进行检查，落实是否按照业务标准流程进行控制，判断是否发生控制性风险。

四是规则 + 方法。结合"业务 + 系统"，引入先进的信息系统审计方法，例如程序检查程序、程序运行记录检查程序运行记录、数据挖掘技术等，充分利用计算机辅助审计技术拓展规则设置方法，设定有效监督规则。

（2）在线实时监督的应用。

首先公司针对稽核工作重点，对各级单位在线开展月度实时监督，实时监控各层级单位业务运行情况，及时查找风险隐患并督导整改落实。定期编制开展月度实时监督报告，通报、警示各类风险隐患与问题，协同推动问题整改。通过对各单位业务数据在线稽核，实现业务操作穿透监测，及时发现问题隐患，准确定位问题成因，确保了财务稽核常态化及全面性（见图 3）。

在总部统一建设通用监督规则的基础上，各级单位可自建自用监督规则，及时查找风险隐患并整改落实，有效提升稽核发现问题准确性和科学性。

2. 协同开展专题评价，确保财务监督的深度

国网公司在综合各专业监督基础上，不断强化监督职能，从治理环境、组织结构、企业文化以及信息化建设、物资采购、工程管理等方面开展内控专题自评价与现场评价，以风控管理操作指南为基础，编写专题评价指南，开展现场专题评价，深入查找内控缺陷，深入评价重点业务领域风险状况，提出针对性措施，及时堵塞管理漏洞，推进管理改进提升（见图 4）。

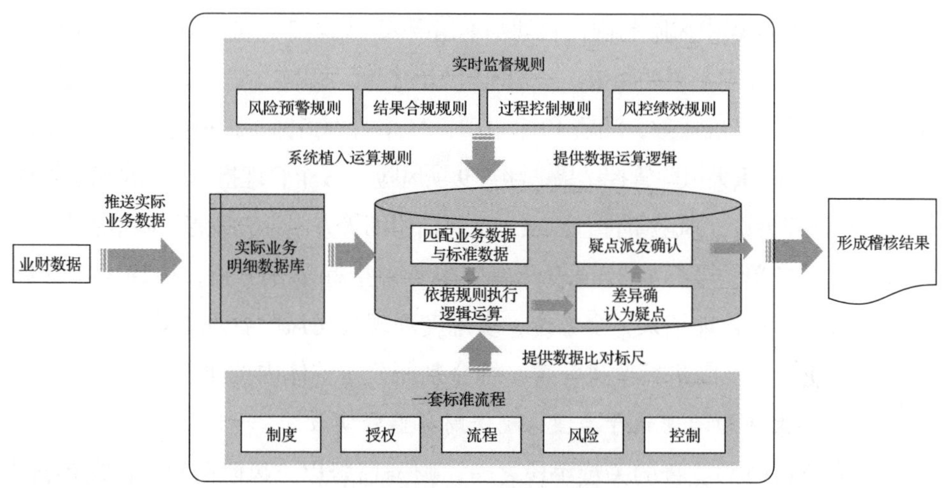

图 3　在线实时监督应用架构

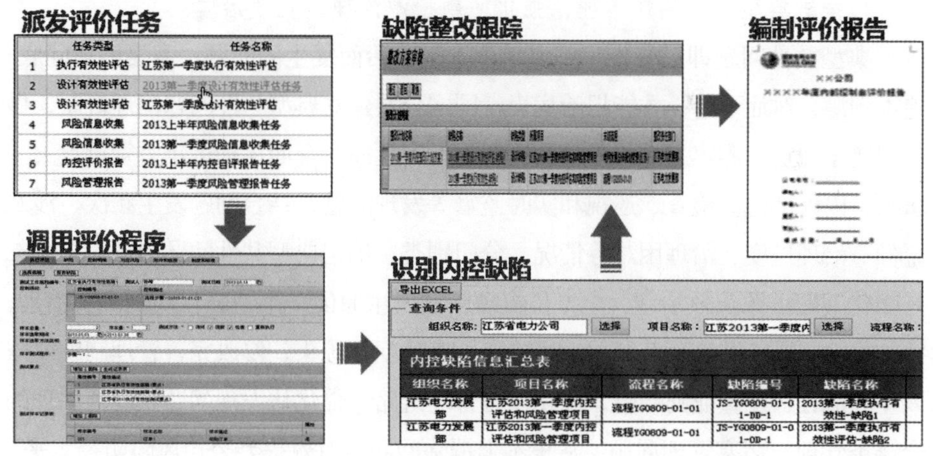

图 4　专题评价流程

3. 开展整体性评价，确保财务监督工作执行到位

为进一步精进风控工作的方法和工具，适应公司新战略，强化风险量化管理，国网公司创新构建了风控管理报表体系，立足公司经营管理能力和风控管理能力两个维度，整合关键风险指标，以报表形式归纳提炼业务关键数据、工作成效，全方位评价公司财务监督成效及价值创造能力，客观评价财务监督工作对公司战略的支撑作用。

风控管理报表由风险与内控管理基本情况表（见表3）、重大风险关键指标表（见表4）、附表和填制说明组成。一是风险与内控管理基本情况表，主要反映风控工作开展情况和开展成效，涵盖10个事项，34个管理指标。二是重大风险关键指标表，主要反映重大风险管控结果，涵盖9项风险，56个管理指标。三是风险管理附表，从法律诉讼、风险事件、专项风险评估明细等方面补充完善风险信息资料。

通过对各单位年度风控报表开展风险管理指标量化分析，梳理风险管理工作实施情况和管理结果，全方位、多维度展现公司风险管理成效，查找风险管理薄弱点，并及时进行改进完善，综合判断公司整体内控建设及运行情况。

（四）加大问题治理销号治理，确保财务监督实效

作为公司内部监督的关键手段之一，财务监督以“风险防范、问题治理”为目标，确保各类监督检查发现的问题隐患得到及时整改。

1. 推进典型共性问题治理，强化问题根源治理、长效治理

典型共性问题即反复发生、多单位发生、治而复生的问题，需要刨根问底，追本溯源，对症下药，才能根治病患。国网公司建立典型共性问题治理机制，做到问题全覆盖、零容忍。一是建立典型共性问题库。全面梳理近年监管重点关注事项，内外部监督检查、巡视和实时监督等发现问题，结合问题发生频次、涉及金额、治理进度、治理困难等情况，分门别类，确定典型共性问题治理对象。二是强化问题根源长效治理。全方位梳理问题发生原因，不断强化问题源头治理，抓住关键问题、关键环节和关键风险点，查找问题源头，修改完善管理制度、嵌入业务流程，注重业财结合，优化完善管理链路，强化从发现问题到规范治理的全链条管理，堵塞管理漏洞，从根本上消除问题，有效提升公司风险防控水平。

2. 建立问题销号制度，确保问题整改实效

一是建立问题整改销号制度。针对暴露的管理出血点、发热点，利用月度实时监督报告，汇总分析问题原因，通报、警示各类风险隐患与问题，持续梳理完善统一问题整改库，以立册销号的方式，强化问题整改落实。二是强化问题整改实效。采取月通报、季对标、整改约谈等手段督导问题整改实效，把问题整改与年度财务决算、财务预算、绩效考核结合起来，确保各类问题整改到位，整改一项，复查一项，销号一项，确保问题处置有始有终。

表 3　风险与内控管理基本情况表

序号	工作事项	指标名称	计量单位	上年数	本年数
1	风险管理汇报及会议情况	党委会（董事会）听取风险工作汇报次数	次		
		全面风险管理委员会会议召开次数	次		
2	风险管理和内部控制能力建设	专职风险管理及稽核人员定编数	人		
		专职风险管理及稽核人员实际在岗人数	人		
		兼职风险管理和内部控制人员人数	人		
		风险管理和内部控制专项培训次数	次		
3	风险管理沟通与透明度	公司内部宣传报导稽核风控工作开展情况次数	次		
4	全面风险管理量化管理	重要业务领域关键风险指标（KRI）数量	个		
		发布风险提示函数量	次		
5	专业协同风险管控	专项风险检查次数	次		
		重大决策事项事前风险评估次数	次		
6	内外部监督检查问题清单梳理	发现问题的专业领域数量	个		
		发现问题数量	个		
		发现问题涉及金额	万元		
		已完成问题整改数量	个		
		已完成问题整改涉及金额	万元		

表 4　重大风险关键指标表

序号	一级风险	二级风险	指标名称	计量单位	上年数	本年数
1	战略与可持续发展风险	战略风险	投资计划完成率	%		
			基建工程项目转资率	%		
		科技创新风险	科技投入比率	%		
		清洁绿色发展风险	环境污染事件数	次		
			新能源弃电率（仅电网企业填报）	%		
2	品牌与声誉风险	舆情风险	舆情事件次数	次		
		信访维稳风险	来信来访数量	件		
			信访举报案件数量	件		
3	营销与交易风险（仅电网企业填报）	售电市场开拓风险	市场占有率	%		
			市场占有率增量空间占比	%		
			综合能源服务业收入目标完成率	%		
			智能充换电建设计划完成率	%		
		电费风险	陈欠电费回收率	%		
			高污染、高耗能用户预收电费比例	%		
			新增坏账准备金额	万元		
		客户服务风险	重大活动保电事故次数	次		
			每万户客户有效投诉次数	次		
		电力交易风险	被监管机构通报批评或处罚的次数	次		
4	安全与质量风险	工程安全与质量风险	工程安全质量事故次数	次		
			工程安全质量事故涉及金额	万元		
		电网运行安全风险（仅电网企业填报）	城市用户供电可靠率	%		
			农村用户供电可靠率	%		
			电网系统可靠率	%		
			500 千伏及以上架空输电线路故障停运率	次/百公里年		
			500千伏及以上变电设备故障停运率	次/百台年		
			换流站平均单极强迫停运率	次/极年		
			电网运行安全事故次数	次		
			电网运行安全事故涉及金额	万元		
		信息与网络安全风险	互联网被攻击成功次数	次		
			信息系统安全漏洞数	个		
			泄密事件次数	次		
		人身安全风险	人身伤亡事故次数	次		
			人身事故死亡人数	人		
			人身事故重伤人数	人		

（五）注重信息系统支撑，实现财务监督在线管理

信息系统建设和应用是财务监督体系的基础。国网公司在“十二五”期间，已开发了基于 SAP GRC 的全面风险管理与内部控制信息系统（见图 5），具备流程框架维护、流程分级管理、风险控制关联、岗位授权固化、制度流程融合、内控在线评价和内控标准落地应用等功能，打造了以风险为导向，融流程、职责、授权、制度、考核等为一体的综合信息化工作平台。

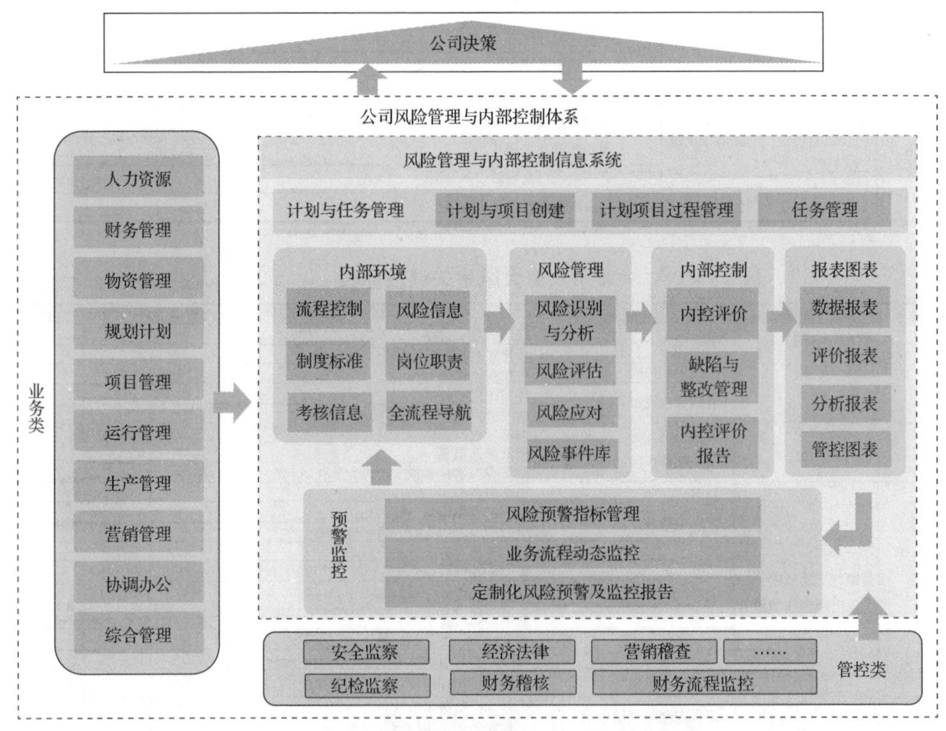

图 5　全面风险管理与内部控制信息系统架构

基于国网公司“十三五”信息化规划提出的资源整合、数据挖掘和厚云薄端趋势要求，国网公司不断推进全面风险管理与内部控制信息系统改造升级，打造实时监督系统。实时监督系统（见图 6）以风控信息系统为基础，整合流程监控和在线稽核系统，通过监督规则固化、数据集成和自动运算，实现对财务通用制度、流程、授权等执行情况在线监督。实时监督系统主要包括风险监

测、扫描调度、作业管理三大功能模块。

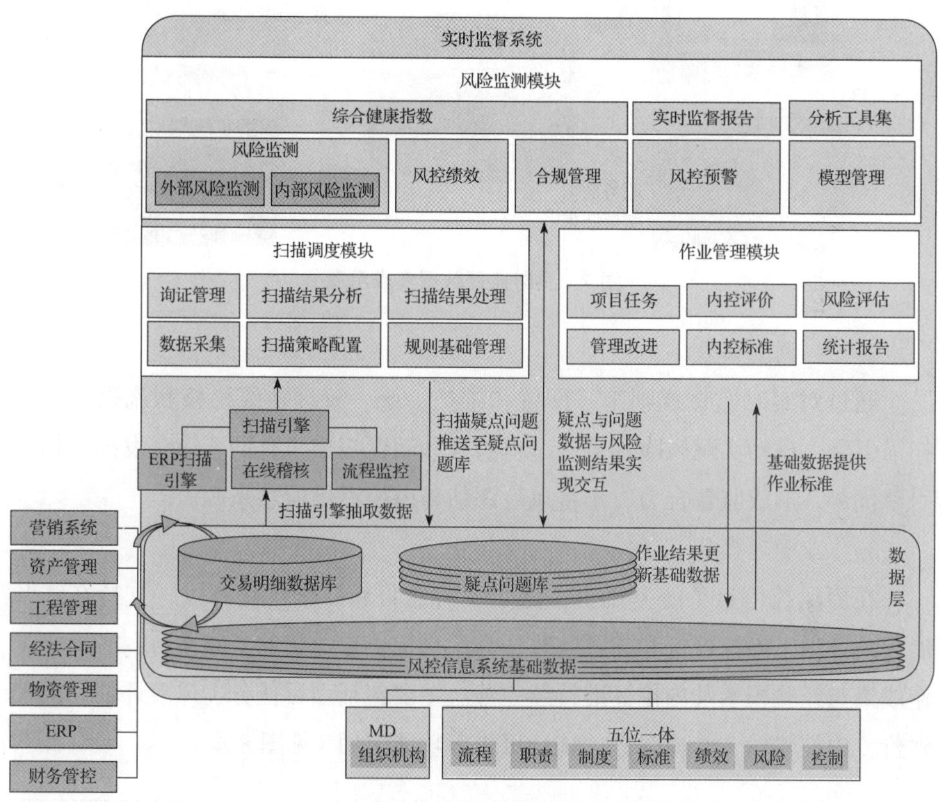

图 6　实时监督系统架构

实时监督系统（见图 7）通过与业务信息系统集成，实现数据集成交互，完成业务数据抽取、扫描、分析与结果反馈，支撑风险监测、扫描调度、作业管理三大功能。

1. 风险监测模块

利用原有风控系统中的报表分析和风险预警功能，结合实时监督新要求，引入新的数据分析模型，综合利用扫描调度与作业管理成果，全面监测和综合评定风险水平，有助于管理层全面、及时掌握公司整体及各单位风险状态。功能应用主要包括健康指数、风险预警、合规管理、风控绩效。

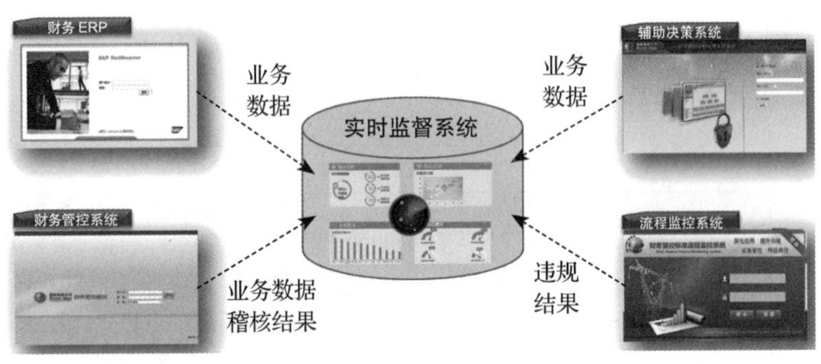

图 7　实时监督数据集成示意

2. 扫描调度模块

通过对实时监督规则统一配置和维护，统一管理在线稽核和流程监控等扫描引擎，自动实现风险预警、过程监督和问题扫描，有助于综合发挥各扫描引擎优势，形成监督合力，丰富风险评估与内控评价信息来源。

3. 作业管理模块

在原风控信息系统基础上，融合实时监督新要求优化开发，支持在线开展风险评估、内控评价和问题整改，为用户提供专业化的工作平台，有助于工作成果与经验积累及内控标准持续完善。主要包括项目任务、风险评估、内控评价、内控建标、管理改进、统计报告等功能应用（见图 8）。

图 8　作业管理

四、取得成效

（一）工作标准持续完善

在“三型两网、世界一流”战略目标引领下，公司结合“放管服”改革，不断优化完善财务监督体系，持续推进业务链路融合，印发电网安全、财务管理、营销管理等19个专业风控管理操作指南，深化推动专业风险管理；完善风险分类框架，分板块完成风险分类框架构建；不断推进稽核规则建设，总部统一部署基础上，推进各单位自建自用稽核规则，贴近各单位经营管理实际，确保稽核标准体系的适用性，确保稽核标准与业务需求之间无缝衔接。

（二）监督效能全面提升

通过实时监督系统的建设开发，系统功能由开始的简单账、证、表核对，发展到对财务管控模块以及成熟套装软件（工程、物资业务）数据的全面稽核检查，实现稽核工作远程、在线开展，财务监督效能大大提升。突破时间和空间的限制，既可指定单位、业务领域，也可全范围、全业务监督，不受地理位置约束，克服了职能针对特定单位和业务领域进行检查，工作时间长、检查单位少、投入人力多等困难，大幅提升稽核工作效率。

（三）风险管控不断加强

财务监督工作由财务向业务前端延伸，通过持续不断的稽核监督评价工作和典型共性问题治理开展，以及业财链路治理，财务监督逐步渗透到关键业务链路，企业管理、内部控制的断点及薄弱点得以不断修正，增强了各级单位负责人、员工的风险意识，公司对财务风险、业务风险的管控能力不断加强，提升公司应对风险的整体响应能力。

（四）经营绩效显著提升

财务监督作为内部控制的重要组成部分，监督视角由财务结果反映向业务前端事前、事中控制延伸，更加聚焦价值创造，通过不断地查漏补缺，寻找效率改进空间，保证公司经营效益和效率持续提升，实现公司业绩优秀、管理精益。国网公司连续14年获国资委央企负责人业绩考核A级，蝉联《财富》世界500强企业第二位，公司经济效益、管理效率、运营质量、信用评级一直处于较好水平。

天津市滨海新区开发区薪酬与绩效考核改革项目

中智人力资源管理咨询有限公司　徐建高

中智人力资源管理咨询有限公司（以下简称中智咨询或公司）成立于2003年，隶属于中国国际技术智力合作有限公司，是中国领先的管理咨询整体解决方案提供商，一直致力于推动企业战略思维和变革管理能力的提升，凭借精干专业的顾问团队、多元化的服务体系和创新的管理技术，已成为国内足具规模、功能齐全、实力雄厚、服务优质的中国管理咨询行业主力品牌。

中智咨询总部位于上海，以上海、北京、广州、深圳、重庆、成都、西安、武汉、济南等9个主要城市为中心，建立了覆盖华东、华南、华中、华北、西南五大区域的全国性管理咨询服务网络。公司始终遵循与国际趋势、中国国情和市场需求紧密接轨的方针，逐渐获得世界500强企业、跨国公司驻华总部、知名国企和民企的青睐，同时也为国家相关部委和各地政府提供人力资源管理智库服务，是国资委管理服务中央企业的重要服务平台。

本案例项目组成员

徐建高，中国人民大学人力资源管理专业硕士研究生学历。历任上海磐讯咨询有限公司地理信息系统工程师，上海安宇实业有限公司生产制造部生产总监助理与生产计划主管，北京太和睿信企业管理顾问有限公司项目经理。专业从事人力资源管理咨询方面咨询与培训工作。擅长企业组织架构、岗职体系、绩效考核体系、薪酬激励体系、中长期激励、工资总额管理等模块咨询设计。

其他成员：钱宏翔、李寒梅

导读

滨海新区现有5个开发区，在滨海新区乃至全市占有举足轻重的地位。经过多年发展后，一些制约开发区发展的体制机制问题逐步显现，主要表现在三个方面：一是承担了大量社会管理职能，抓经济、上项目、促发展的精力被一定程度“稀释”，主责主业不突出；二是一些体制内干部坐着“铁交椅”、端着“铁饭碗”、拿着高工资，主动作为、勇于担当的意识不强，进取精神不足；三是干部选拔任用依据实际工作业绩的导向不鲜明，还存在论资排辈和平衡照顾，没有建立有效的绩效考核机制。这些问题已经严重影响了开发区发展的质量和效益。

为进一步增强各开发区在经济发展中的“主力军”“野战军”作用为目标，全面推行法定机构改革，实施一系列超常规、颠覆式、突破性的改革任务，改出活力、改出动力、改出效率。主要包括以下内容：①进一步加强党的领导；②明确开发区的性质和定位；③创新领导班子选拔任用机制；④实行全员聘任；⑤建立岗位绩效工资体系；⑥剥离社会管理职能；⑦充分减负放权赋能；⑧改革考核方式方法。

在此背景下，中智咨询主要为滨海新区提供加强对下辖5个开发区企业化管控方面的咨询服务，具体包括：①制定《天津市滨海新区开发区绩效考核评价办法》；②制定《天津市滨海新区开发区工资总额管理办法》；③制定《天津市滨海新区开发区负责人薪酬管理办法》；④制定《天津市滨海新区关于开发区岗位、薪酬与绩效管理的指导意见》。

天津市滨海新区开发区薪酬与绩效考核改革项目

中智人力资源管理咨询有限公司　徐建高

一、案例背景

（一）客户基本情况

滨海新区是天津市下辖的副省级区、国家级新区和国家综合配套改革试验区，国务院批准的第一个国家综合改革创新区。行政区划面积 2270 平方千米，海岸线 153 千米，海域面积 3000 平方千米。下辖天津经济技术开发区、天津港保税区、滨海高新区、东疆保税港区、中新天津生态城 5 个国家级开发区、21 个街镇，常住人口 300 万人。2018 年 GDP 为 8760.15 亿元，约占天津市 GDP 的一半。

滨海新区现有 5 个开发区，在滨海新区乃至全市占有举足轻重的地位。但是，经过多年发展后，一些制约开发区发展的体制机制问题也逐步显现，主要表现在三个方面：一是体制僵化，行政化、官僚化现象较为突出，承担了大量社会管理职能，抓经济、上项目、促发展的精力被一定程度“稀释”，主责主业不突出；二是利益固化，一些体制内干部坐着“铁交椅”、端着“铁饭碗”、拿着高工资，主动作为、勇于担当的意识不强，进取精神不足；三是动力弱化，干部选拔任用依据实际工作业绩的导向不鲜明，还存在论资排辈和平衡照顾，没有建立有效的绩效考核机制，有平均主义现象。这些问题已经严重影响了开发区发展的质量和效益，导致其在全国同类型地区中的领先优势不再明显甚至排名靠后。全面推行开发区体制改革势在必行。

在此背景下，客户制定了《关于在滨海新区各开发区全面推行法定机构改革的有关意见》，以进一步增强各开发区在经济发展中的“主力军”“野战军”

作用为目标，全面推行法定机构改革，实施一系列超常规、颠覆式、突破性的改革任务，改出活力、改出动力、改出效率。主要包括以下内容。

（1）进一步加强党的领导。在各开发区设立党委（党组），积极探索进一步加强和改进党的领导的方式方法。

（2）明确开发区的性质和定位。各开发区不再作为党政机关和市委、市政府派出机构，改为实行企业化管理，依照法定授权履行相应行政管理与服务职责的法定机构。

（3）创新领导班子选拔任用机制。各开发区领导班子实行竞争选拔制和任期目标制。“一把手”由滨海新区区委提名、市委市政府任命，其他班子成员均面向全国竞聘产生，由各开发区聘用，享受相应职务的工资、福利待遇，不再对应行政级别。对班子成员设置若干项任务目标，制定具体的量化标准，作为履职尽责的考核依据，确保能者上、庸者下。

（4）实行全员聘任。各开发区取消编制管理，实行授薪人员总额控制，自主决定机构设置、岗位设置、人员聘用等，内设机构可依据市场变化和产业调整适时进行增减。打破员工固有身份，公开竞争上岗，统一签订合同。

（5）建立岗位绩效工资体系。各开发区实行与绩效挂钩、以业绩为导向的分配体制。薪酬划分为基本收入和绩效收入。同时设立任期激励和专项激励。

（6）剥离社会管理职能。滨海新区行政区划范围内的开发区，聚焦区域开发、产业发展、投资促进、企业服务等经济发展职能，可逐步交由新区相关街道承接社会管理职能。

（7）充分减负放权赋能。制定并公布开发区全链审批赋权清单，依照法定程序将滨海新区在经济管理方面承接的市级权限和区级权限全部下放开发区。

（8）改革考核方式方法。市委市政府授权滨海新区对各开发区实行统一考核，建立考核增量、考核实绩、考核高质量发展的指标体系，引导各开发区发挥各自优势、实现差异化发展。由各开发区自主对人员组织实施年度考核+中期考核+聘期考核。

（二）项目需求及目标

根据《关于在滨海新区各开发区全面推行法定机构改革的有关意见》，滨海新区区政府需要建立对5个开发区“三管一指导”的类集团化人力资源管控体系，即管开发区考核、管开发区工资总额、管开发区负责人薪酬，指导开发区内部岗位、薪酬、绩效管理。

根据客户需求，中智咨询主要为滨海新区提供加强对下辖5个开发区类集团化人力资源管控方面的咨询设计服务，具体包括。

（1）制定《天津市滨海新区开发区绩效考核评价办法》；

（2）制定《天津市滨海新区开发区工资总额管理办法》；

（3）制定《天津市滨海新区开发区负责人薪酬管理办法》；

（4）制定《天津市滨海新区关于开发区岗位、绩效与薪酬管理的指导意见》。

二、调查分析

（一）诊断思路及方法

项目组主要采用资料调研、现场访谈调研、外部对标调研等方法，研究滨海新区相关模块的管理现状及存在的问题。项目组收集研究了2018年《滨海新区功能区评价激励工作方案（试行）》，各开发区岗位、绩效、薪酬管理制度，开发区2018年考核指标数据及得分，滨海新区公务员及开发区负责人2018年工资数据，开发区组织架构与岗位设置清单，开发区人员信息及薪酬数据明细，开发区人员2018年考核结果明细等制度与数据；调研访谈了滨海新区相关区级机关及5个开发区相关内设机构负责人46人次，并对5个开发区进行了2轮次实地调研；对国内同级别、企业化管理水平较高的开发区，如深圳市前海深港现代服务业合作区管理局、上海陆家嘴金融贸易区管理委员会进行对标研究。

通过对开发区现行考核体系的考核框架、考核指标、计分方式、考核结果应用的核心点进行资料研究、访谈调研，发现并梳理问题；通过对开发区负责人薪酬水平、结构进行梳理，将开发区负责人薪酬与滨海新区同级别公务员、与同地区同级别国企负责人的薪酬进行对标，确认开发区负责人薪酬管理存在的问题；通过对开发区现行工资总额核定方式及历年数据进行汇总分析，与同级别国有企业工资总额管理方式进行对标，确认开发区工资总额管理存在的问题；通过对各开发区岗位层级、晋升方式，绩效考核层次、考核指标、考核结果分布、考核系数差异，不同层级人员年度总收入水平分析，并与同级别国有企业岗位、绩效、薪酬管理体系对标，发现并梳理问题。

（二）诊断结论

通过调研诊断，主要发现以下问题。

1. 开发区考核

（1）考核框架之间发展逻辑关系不清晰、部分重要维度未体现；

（2）考核指标对新区发展规划贯彻力度不强、发展重心及短板未体现；

（3）只关注短期考核，未体现任期考核；

（4）部分指标与开发区业务匹配性不强、指标可靠性不足；

（5）部分鼓励项、约束项未体现；

（6）目标下达主观性较强，目标博弈现象突出；

（7）考核结果应用单一。

2. 开发区工资总额管理

（1）未形成以工资总额基数通过效益联动的工资总额管理方式，仍以编制和人均工资管理方式为主；

（2）工资总额指标未与主要效益和人工成本投入产出效率指标挂钩。

3. 开发区负责人薪酬管理

（1）基本年薪增长方式参公管理不符合市场化、企业化导向；

（2）绩效年薪差距未充分拉开；

（3）未设置任期激励项目。

4. 开发区内部岗位管理

（1）内部岗位职责不清，工作安排以领导指派为主；

（2）按照公务员职级体系晋升，未体现岗位差异；

（3）行政、事业、雇员等多种身份并存，岗位体系不清。

5. 开发区内部绩效管理

（1）以德能勤绩廉定性评价为主，缺少定量评价指标；

（2）部分考核以年度为主，缺少过程考核；

（3）考核未与开发区考核、部门考核联动，缺少联动机制；

（4）未进行强制分布，考核未拉开差距；

（5）考核兑现未拉开差距。

6. 开发区内部薪酬管理

（1）薪酬具备较高竞争力，开发区整体效益低于薪酬水平；

（2）薪酬水平内部差距小，该高的不高，该低的不低；

（3）激励模式单一，未体现招商引资等差异化激励模式；

（4）未建立多元化的调薪机制。

三、解决方案

针对各模块管理现状及存在的问题，以客户需求为出发点，构建“三管一指导”的类集团化人力资源管控体系，即管开发区考核、管开发区工资总额、管开发区负责人薪酬，指导开发区内部岗位、薪酬、绩效管理。

1. 开发区考核

在积极吸收 2018 年度新区功能区评价激励考核工作成果的基础上，围绕开发区法定机构实施企业化管理的改革主线，结合央企和天津市国企的考核管理方式，针对原考核方案的问题，优化后的方案内容如下。

（1）开发区考核包括季度考核、年度考核、任期考核三个方面内容。

（2）季度考核。以季度为考核期。选取经济增长速度、一般公共预算收入、实际利用内外资到位额、固定资产投资增速等 4 项指标进行考核（见表 1、表 2）。季度考核完成目标时得分为 100 分，上限为 120 分，下限为 0 分。

表 1　经开区、保税区、高新区季度考核表

序号	指标	单位	权重	目标值	完成值	得分
1	经济增长速度	%	20			
2	一般公共预算收入	亿元	20			
3	实际利用内外资到位额	亿元（亿美元）	15+15			
4	固定资产投资增速	%	30			

表 2　东疆保税港区和中新生态城季度考核表

序号	指标	单位	权重	目标值	完成值	得分
1	经济增长速度	%	20			
2	一般公共预算收入	亿元	20			
3	实际利用内外资到位额	亿元（亿美元）	20+10			
4	固定资产投资增速	%	30			

（3）年度考核。以公历年为考核期。

①由 4 个层面、8 个维度组成。包括总体效益、经济质量、发展动力、经营环境 4 个层面，效益、效率、结构、集聚、创新、开放、环境、管理控制 8 个维度（见图 1）。

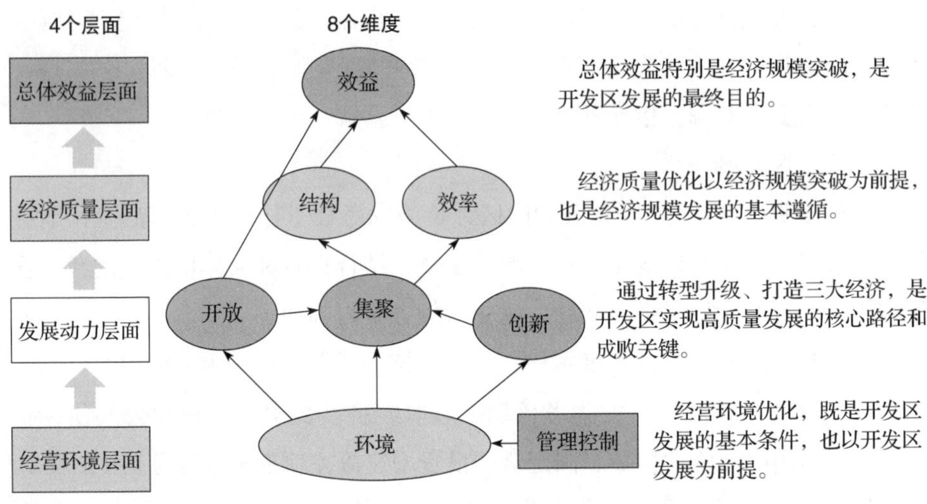

图 1　年度考核战略地图

②每个维度至少设置 1 个指标，指标总数不超过 14 个（见表 3 ～表 7）。

③效益、集聚维度指标完成目标时得分为 100 分，上限为 150 分，下限为 0 分；效率、结构、创新、开放以及环境维度指标完成目标时得分为 100 分，上限为 120 分，下限为 0 分。

表 3　经开区年度考核表

层面	维度	指标	单位	指标权重	维度权重	目标值	完成值	得分
总体效益	效益	经济增长速度	%	15	15			
		全口径税收＋一般公共预算收入＋净可支配财力	亿元	4+5+6	15			
		实际利用内外资到位额	亿元（亿美元）	7.5+7.5	15			
		固定资产投资增速	%	10	10			
经济质量	效率	全员劳动生产率	万元 / 人	5	5			
	结构	规模以上工业增加值率＋营利性服务业营业收入增速	%	3+2	5			
发展动力	集聚	主导产业增加值占比	%	10	10			
	创新	科技创新综合指标		10	10			
	开放	外贸进出口额增速	%	5	5			
经营环境	环境	营商环境评价指数		5	5			
		环境质量评价		5	5			
	管理控制	加分减分项						

表 4　保税区年度考核表

层面	维度	指标	单位	指标权重	维度权重	目标值	完成值	得分
总体效益	效益	经济增长速度	%	15	15			
		全口径税收＋一般公共预算收入＋净可支配财力	亿元	4+5+6	15			
		实际利用内外资到位额	亿元（亿美元）	7.5+7.5	15			
		固定资产投资增速	%	10	10			
经济质量	效率	全员劳动生产率	万元 / 人	5	5			
	结构	规模以上工业增加值率＋营利性服务业营业收入增速	%	3+2	5			
发展动力	集聚	主导产业增加值占比	%	10	10			
	创新	科技创新综合指标		10	10			
	开放	外贸进出口额增速	%	5	5			
经营环境	环境	营商环境评价指数		5	5			
		环境质量评价		5	5			
	管理控制	加分减分项						

表 5　高新区年度考核表

层面	维度	指标	单位	指标权重	维度权重	目标值	完成值	得分
总体效益	效益	经济增长速度	%	15	15			
		全口径税收 + 一般公共预算收入 + 净可支配财力	亿元	4+5+6	15			
		实际利用内外资到位额	亿元（亿美元）	7.5+7.5	15			
		固定资产投资增速	%	10	10			
经济质量	效率	全员劳动生产率	万元 / 人	5	5			
	结构	规模以上工业增加值率 + 营利性服务业营业收入增速	%	3+2	5			
发展动力	集聚	主导产业增加值占比	%	10	10			
	创新	科技创新综合指标		10	10			
	开放	外贸进出口额增速	%	5	5			
经营环境	环境	营商环境评价指数		5	5			
		环境质量评价		5	5			
	管理控制	加分减分项						

表 6　东疆区年度考核表

层面	维度	指标	单位	指标权重	维度权重	目标值	完成值	得分
总体效益	效益	经济增长速度	%	15	15			
		全口径税收 + 一般公共预算收入 + 净可支配财力	亿元	4+6+7	17			
		实际利用内外资到位额	亿元（亿美元）	10+5	15			
		固定资产投资增速	%	8	8			
经济质量	效率	全员劳动生产率	万元 / 人	5	5			
	结构	营利性服务业营业收入增速	%	5	5			
发展动力	集聚	主导产业增加值占比	%	10	10			
	创新	科技创新综合指标		10	10			
	开放	外贸进出口额增速	%	5	5			
经营环境	环境	营商环境评价指数		5	5			
		环境质量评价		5	5			
	管理控制	加分减分项						

表 7　生态城年度考核表

<table>
<tr><th>层面</th><th>维度</th><th>指标</th><th>单位</th><th>指标权重</th><th>维度权重</th><th>目标值</th><th>完成值</th><th>得分</th></tr>
<tr><td rowspan="4">总体效益</td><td rowspan="4">效益</td><td>经济增长速度</td><td>%</td><td>15</td><td>15</td><td></td><td></td><td></td></tr>
<tr><td>全口径税收＋一般公共预算收入＋净可支配财力</td><td>亿元</td><td>4+5+6</td><td>15</td><td></td><td></td><td></td></tr>
<tr><td>实际利用内外资到位额</td><td>亿元（亿美元）</td><td>10+5</td><td>15</td><td></td><td></td><td></td></tr>
<tr><td>固定资产投资增速</td><td>%</td><td>10</td><td>10</td><td></td><td></td><td></td></tr>
<tr><td rowspan="2">经济质量</td><td>效率</td><td>全员劳动生产率</td><td>万元 / 人</td><td>5</td><td>5</td><td></td><td></td><td></td></tr>
<tr><td>结构</td><td>营利性服务业营业收入增速</td><td>%</td><td>5</td><td>5</td><td></td><td></td><td></td></tr>
<tr><td rowspan="3">发展动力</td><td>集聚</td><td>主导产业增加值占比</td><td>%</td><td>10</td><td>10</td><td></td><td></td><td></td></tr>
<tr><td>创新</td><td>科技创新综合指标</td><td></td><td>10</td><td>10</td><td></td><td></td><td></td></tr>
<tr><td>开放</td><td>外贸进出口额增速</td><td>%</td><td>5</td><td>5</td><td></td><td></td><td></td></tr>
<tr><td rowspan="3">经营环境</td><td rowspan="2">环境</td><td>营商环境评价指数</td><td></td><td>5</td><td>5</td><td></td><td></td><td></td></tr>
<tr><td>环境质量评价</td><td></td><td>5</td><td>5</td><td></td><td></td><td></td></tr>
<tr><td>管理控制</td><td colspan="4">加分减分项</td><td></td><td></td><td></td></tr>
</table>

④管理控制维度指标为加减分项。加分项是对自贸区建设、智慧滨海等不适宜下达目标的考核项进行鼓励性加分，上限为 10 分；减分项主要针对党的建设、意识形态等红线事项进行预防与惩罚性扣分，下限为 –10 分。由区级主管部门提出加减分建议，领导小组研究决定。情况特殊、突出的，由领导小组研究可突破加减分上下限。

（4）任期考核。以开发区领导班子成员任期为考核期。任期考核设置 5 个指标（表 8 ～表 10），主要包括两方面内容。①定量指标：设置 4 个指标，主要考核长周期、平滑性、风控性、结构性等与年度考核互补的项目；②任期履职考核：主要考评任期内开发区主业发展情况、可持续发展能力建设、重大项目、重大任务、改革转型等工作完成情况，由领导小组综合区机关部门意见后进行评分。定量指标占比 80%，任期履职考核占比 20%。任期考核完成目标时得分为 100 分，上限为 120 分，下限为 0 分。

（5）季度考核结果确定。单项指标得分根据完成情况确定；季度考核得分＝所有季度考核指标得分之和。

表 8　经开区、保税区、高新区任期考核表

序号	任期指标	单位	权重	目标值	完成值	指标得分
1	本级财政收入年均增速	%	25			
2	政府债务风险综合控制指数		15			
3	战略性新兴产业增加值比重	%	25			
4	单位地区生产总值能耗同比下降率	%	15			
5	任期履职考核		20			

表 9　东疆区任期考核表

序号	任期指标	单位	权重	目标值	完成值	指标得分
1	本级财政收入年均增速	%	25			
2	金融业增加值	亿元	15			
3	战略性新兴产业增加值比重	%	25			
4	单位地区生产总值能耗同比下降率	%	15			
5	任期履职考核		20			

表 10　生态城任期考核表

序号	任期指标	单位	权重	目标值	完成值	指标得分
1	本级财政收入年均增速	%	25			
2	政府债务风险综合控制指数		15			
3	战略性新兴产业增加值比重	%	25			
4	单位地区生产总值能耗同比下降率	%	15			
5	任期履职考核		20			

（6）季度考核结果运用。根据季度考核得分确定绩效年薪月度预发比例。绩效年薪可按照绩效年薪基数的一定比例实施预发。绩效年薪月度预发比例 = 40%× 上季度考核得分 /100。当年一季度及其他无对应季度考核结果的月份按绩效年薪基数的 30% 预发。年度考核后填平补齐。。

（7）年度考核结果确定。单项指标得分根据完成情况确定。单项指标得分根据完成率确定。年度考核得分 = 所有年度考核指标得分之和 + 加分项 − 减分项。年度考核等级分为 A、B、C、D、E 五级，分别对应的年度考核得分区间为：[120，150)、[100，120)、[70，100)、[60，70)、[0，60)。

（8）年度考核结果运用。年度考核结果运用于开发区领导班子成员年度薪酬中绩效年薪的确定。A、B、C、D、E 五个等级分别对应的年度考核系数区间及计算公式在《天津市滨海新区开发区负责人薪酬管理办法》中具体规定；年度考核中的主要效益指标运用于计算开发区工资总额；对于年度考核得分高于100分的开发区，授予“优秀开发区”荣誉称号；开发区当年年度考核结果为“D”，由区委主要领导约谈开发区主要负责人，开发区及其主要负责人不得在次年度内获评或被推选各种表彰奖励；开发区当年考核结果为“E”或连续两年考核结果为“D”，由区委向市委提议调整其领导班子。

（9）任期考核结果确定。任期考核得分 = 所有任期考核指标得分之和。

（10）任期考核结果运用。根据任期考核结果，确定开发区负责人及其他班子成员是否续聘及任期激励收入。

2. 开发区工资总额管理

参照中央企业工资总额管理办法，结合开发区业务实际情况，按照滨海新区对开发区管理导向要求，制定工资总额管理办法。办法主要包括以下内容（见图2）。

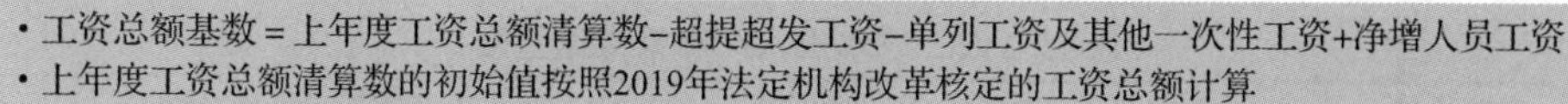

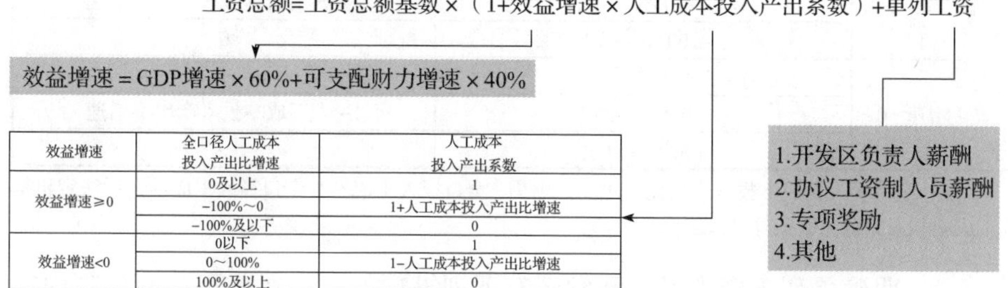

效益增速	全口径人工成本投入产出比增速	人工成本投入产出系数
效益增速≥0	0及以上	1
	–100%～0	1+人工成本投入产出比增速
	–100%及以下	0
效益增速<0	0以下	1
	0～100%	1–人工成本投入产出比增速
	100%及以上	0

图2　工资总额组成示意图

（1）明确工资总额预算基数核定方式。参照中央企业工资总额基数管理方法，开发区以上年度工资总额清算额为基础，根据当年经济发展和全口径人工成本投入产出效率的预算情况，参考人力资源市场价位，合理编制年度工资总额预算。

（2）明确工资总额增长机制。工资总额增长与效益和效率挂钩。开发区

工资总额的核定办法为：工资总额 = 工资总额基数 ×（1+ 效益增速 × 人工成本投入产出系数）+ 单列工资

①工资总额基数。

工资总额基数 = 上年度工资总额清算数 - 超提超发工资 - 单列工资及其他一次性工资 + 净增人员工资

上年度工资总额清算数的初始值按照 2019 年法定机构改革核定的工资总额计算。

②效益增速。

效益增速 = GDP 增速 ×60% + 净可支配财力增速 ×40%

注：净可支配财力为扣除返税等项目后数据，具体计算按区财政局规定。

③人工成本投入产出系数。

人工成本投入产出系数根据开发区全口径人工成本投入产出比增速，在 0 至 1 之间确定（见表 11）。

表 11　人工成本投入产出系数速查表

效益增速	全口径人工成本投入产出比增速	人工成本投入产出系数
效益增速 >=0	0 及以上	1
	-100% ～ 0	1+ 人工成本投入产出率增速
	-100% 及以下	0
效益增速 <0	0 以下	1
	0 ～ 100%	1- 人工成本投入产出率增速
	100% 及以上	0

注：全口径人工成本投入产出比 = 可支配财力 / 全口径人工成本，全口径人工成本包括法定机构人工成本和人力资源服务外包人工成本。

（3）明确单列工资项目。开发区有下列事项的，可在工资总额预算内实行单列管理：①开发区负责人薪酬；②经新区组织部和人社局认定的、市场化选聘的特殊引进人才，采取协议工资制的人员，根据协议工资每年据实单列；③开发区在天津市产业结构调整、招商引资、转型改革中做出重大贡献、经新区批准给予货币性专项奖励的，相关项目进行工资总额单列管理；④其他经新区批准的事项。

（4）设定工资总额增长下限和冻结线。工资总额增速上限为本开发区的

GDP 增速，下限为 –20%。年度考核得分低于 80 分的，当年工资总额不得增长。开发区授薪人员（不含负责人）年人均工资水平不得高于上年度天津市社会平均工资的 5 倍。

（5）明确增人增资方式。法定机构人数在编制内的，按本法定机构上年度授薪人员（不含负责人）平均工资水平核定增加人员的工资总额。开发区编制在法定机构改革时增加的，应根据人员配置实际到位情况逐步增人增资。

3. 开发区负责人薪酬

参照中央企业负责人薪酬管理方式，在保证开发区负责人现行薪酬不降低的前提下，优化年薪计算方式，增加任期激励。

（1）明确开发区负责人薪酬项目。开发区负责人薪酬由基本年薪、绩效年薪、任期激励收入、专项奖励构成（见图 3）。

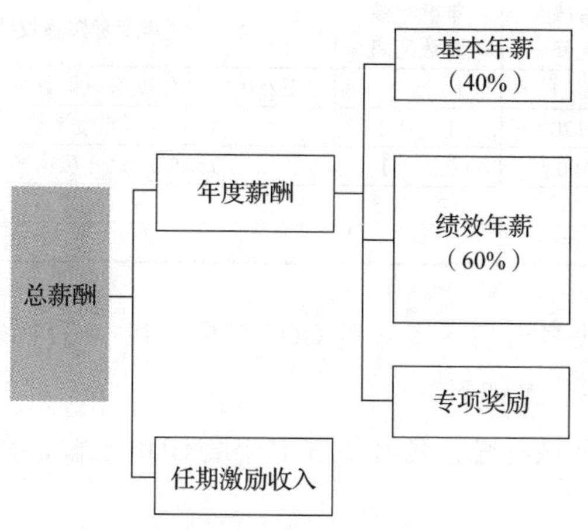

图 3　开发区负责人薪酬组成示意图

（2）明确开发区负责人年薪组成。开发区负责人年度薪酬由基本年薪、绩效年薪、专项奖励构成。

①基本年薪是开发区负责人的年度基本收入，原则上每年核定一次，按月支付。

②开发区主要负责人的基本年薪根据其上年度基本年薪及天津市上年度 CPI 增幅确定，基本年薪起始值按 24.8 万元确定。

基本年薪的核定办法为：基本年薪＝上年度基本年薪 ×（1+ 天津市上年度 CPI 增幅）

③绩效年薪是与开发区负责人年度考核结果相联系的收入，以绩效年薪为基数，根据年度考核结果，并结合难度系数确定。

开发区负责人绩效年薪核定办法为：

开发区负责人绩效年薪＝绩效年薪基数 × 年度考核系数＋区域补贴

绩效年薪基数＝基本年薪的 1.46 倍

年度考核系数根据开发区负责人年度考核结果确定，最高不超过 1.3，年度考核 A、B、C、D、E 五个等级分别对应的年度考核系数区间及计算公式，如表 12 所示。

表 12　年度考核系数区间及计算公式

年度考核等级	年度考核得分区间	年度考核系数区间	年度考核系数计算公式
A	120 及以上	1.2 ～ 1.3	1.2+0.1 ×（年度考核得分 −120）/（最高分 −120）
B	［100，120）	1 ～ 1.2	1+0.2 ×（年度考核得分 −100）/20
C	［70，100）	0.5 ～ 1	0.5+0.5 ×（年度考核得分 −70）/30
D	［60，70）	0.2 ～ 0.5	0.2+0.3 ×（年度考核得分 −60）/10
E	（0，60）	0	0

区域补贴根据各开发区上年度 GDP 规模，在 10 万元每年之内确定。主要负责人区域补贴标准如下。

主要负责人区域补贴按各开发区上年度 GDP 规模，在 10 万元每年之内确定（见表 13）。

表 13　区域补贴标准表

上年度 GDP/ 亿元	区域补贴 / 元
⩾ 3500	10 万
⩾ 2500	8 万
⩾ 1500	6 万
⩾ 1000	4 万
⩾ 500	2 万
⩾ 100	1 万
<100	0

④副职负责人的基本年薪、区域补贴，由开发区依据其任职岗位、承担的责任和风险等因素，按主要负责人基本年薪、区域补贴的 0.7 ～ 0.9 倍确定，平均倍数不得高于 0.8。

④开发区负责人绩效年薪增长应当与开发区经济效益提升相适应。当年授薪人员人均工资未增长（达到最高线限制而不得增长的情况除外）的，开发区负责人绩效年薪不得增长。

⑤开发区负责人每年可以根据专项奖励相关规定享受一定金额的专项奖励，额度不超过其基本年薪的 20%。

（3）明确开发区负责人任期激励组成。任期激励收入是指与开发区负责人实际任期相对应，与任期考核结果相联系的薪酬收入。

①开发区负责人任期激励收入在其任期结束后一次性支付，任期激励收入的核定办法为：

开发区负责人任期激励收入 = 任期内基本年薪和绩效年薪基数之和 × 10% × 任期考核系数

任期中不满整年的按实际在岗月数折算计入。

任期考核系数 = 任期考核得分 /100，最高不超过 1.2。

②开发区根据有关规定建立副职负责人任期考核制度，并建立健全与任期考核结果紧密联系的开发区副职负责人任期激励收入管理制度，报新区备案。

③因开发区负责人本人原因任期未满的，如主动辞职、业绩未达标被解聘、身体原因离岗等，不得领取任期激励收入；非本人原因任期未满的，如由于组织需要而调岗等，根据任期考核结果并结合本人在岗实际任职时间及贡献发放相应任期激励收入。

4. 开发区岗位管理指导意见

形成《开发区岗位管理指导意见》，对开发区岗位管理予以指导，主要内容如下。

（1）岗位分类：各开发区应按照项目引进、投资建设、达产运营、综合管理等基本要求，按照岗位工作性质、特点和管理需要，将一般岗位划分为招商引资类、服务企业类、综合管理类三个类别。

（2）岗位分级：根据岗位的性质、特点和管理需要，将各开发区可将授薪人员分为职务序列和专业序列两个序列（见表14）。职务序列从高到低分为局长（主任）、副局长（副主任）、科长、副科长。专业序列从高到低分为一级职员、二级职员、三级职员、四级职员、五级职员、六级职员，具体职级名称和管理权责由各开发区自行确定。

表14　各开发区职级序列表

岗位层级	招商引资类		服务企业类		综合管理类	
	职务序列	专业序列	职务序列	专业序列	职务序列	专业序列
一	局长（主任）		局长（主任）		局长（主任）	
二		一级职员		一级职员		一级职员
三	副局长（副主任）		副局长（副主任）		副局长（副主任）	
四		二级职员		二级职员		二级职员
五	科长		科长		科长	
六		三级职员		三级职员		三级职员
七	副科长		副科长		副科长	
八		四级职员		四级职员		四级职员
九		五级职员		五级职员		五级职员
十		六级职员		六级职员		六级职员

注：各开发区可自行确定职级名称和管理权责。

（3）岗位设置：各开发区应根据部门主要职责，按照部门职能定位、管理幅度和具体业务，对职责进行系统梳理；按照“因事设岗”的原则，对部门的工作职责、工作任务进行分解，设置出具体岗位名称，岗位名称应简洁、形象，并与岗位类别相对应。

（4）岗位职数：各开发区应本着“精干高效”的原则，对不同类型的岗位进行控制，招商引资类岗位职数占比不得低于20%；综合管理类职数占比不得高于30%。专业序列一般授薪人员根据层级不同进行职数限制，一级职员原则上不得超过部门一般岗位编制总职数的5%；二级职员原则上不得超过部门一般岗位编制总职数的 10%；三级职员原则上不得超过部门一般岗位编制总职数的 20%；四级职员原则上不得超过部门一般岗位编制总职数的 30%；五级、六级职员不做比例限制。

5. 开发区绩效管理指导意见

形成《开发区绩效管理指导意见》，对开发区绩效管理予以指导，主要内容如下。

（1）考核体系：各开发区对授薪人员的绩效考核体系应坚持过程和结果并重，从考核周期上设置季度绩效考核和年度绩效考核。各开发区对授薪人员的考核评价结果应坚持部门和个人并行，部门考核评价的结果与开发区考核结果关联，个人考核评价结果与部门考核结果关联，从考核对象上设置部门绩效考核和个人绩效考核。

（2）考核指标：各开发区对授薪人员的考核评价实施应坚持定量评价和定性评价并举，根据岗位职责设置定量的关键业绩指标以及定性评价的工作任务指标，年度增加德能勤绩廉等多维度的综合评价指标。其中关键业绩指标以定量结果为准，工作任务指标以直接领导为主根据其考核周期的工作完成情况进行评价，综合评价可通过上下级、周边等进行 360° 评价，具体评价指标和评分标准由各开发区自行确定执行。

（3）考核结果认定：部门和个人考核结果可分为 A、B、C、D 四级，结果认定可根据绩效考核得分或强制分布比例进行控制，考核结果为 A 的比例不应超过 20%，考核结果为 C 或 D 的比例不应低于 10%，其中，开发区考核结果为 A 的，授薪人员考核为 A 的比例可适当上浮，最高不超过 30%。

（4）考核兑现：考核评价结果通过考核系数应用于绩效工资兑现，考核系数应根据考核结果可在 0 ～ 1.5 之间确定，其中考核为 A 考核系数可为 1.2 ～ 1.5，考核为 D 考核系数可为 0 ～ 0.5，具体考核系数和确定标准由各开发区自行确定。

（5）考核结果应用：对授薪人员的绩效考核结果可进行多元化应用。通过绩效考核合理拉开授薪人员薪酬分配差距，鼓励考核结果在积分晋档、评优评先、职业发展上建立多元化应用。

6. 开发区薪酬管理指导意见

形成《开发区薪酬管理指导意见》，对开发区薪酬管理予以指导，主要内容如下。

（1）薪酬结构：各开发区统一实行“三元”结构的岗位绩效工资制，包括岗位工资、绩效工资、津贴补贴。在不考虑考核因素的情况下，岗位工资占比不得高于40%，不同层级、不同岗位授薪人员岗位工资占比应有所差异。职级越高，绩效工资所占比例越高；招商引资类绩效工资占比应高于服务企业类和综合管理类。

（2）岗位工资：各开发区应建立覆盖全部授薪人员的岗位体系，明确岗位职级及相应的岗位工资标准。授薪人员的岗位工资由其所在岗位的职级及薪档确定。岗位工资应能反映授薪人员岗位职级间的岗位价值差异，依据《关于滨海新区各开发区法定机构改革的指导意见》同序列各职级间的级差居于15%～35%之间。一级、二级、三级、四级职员岗位工资应分别比局长（主任）、副局长（副主任）、科长、副科长至少低12%。为拓宽授薪人员薪酬调整通道，各开发区应设计岗位工资薪档，最高可为9档，档差应控制在5%左右。

（3）绩效工资：绩效工资=绩效工资基数 × 岗位差异系数 × 考核系数；岗位类别不同，绩效工资、岗位差异系数也不同，岗位差异系数根据所任岗位在0.1～1.2之间确定，其中，招商引资类岗位差异系数在1.1～1.2之间确定，服务企业类岗位差异系数在0.9～1之间确定，综合管理类岗位差异系数在0.1～0.9之间确定，其中工勤辅助人员岗位差异系数最高不超过0.6。根据考核结果，在分配中坚持多劳多得、优绩优酬，通过考核系数向做出突出业绩的授薪人员倾斜。考核系数根据考核结果在0～1.5之间确定，其中考核为A考核系数可为1.2～1.5，考核为D考核系数可为0～0.5。

（4）津贴补贴：各开发区的津贴补贴统一纳入工资总额管控，具体科目设置、具体标准和实施范围应按照国家、市、区相关规定执行，各开发区不得违规私设津贴补贴。津贴补贴总额占工资总额的比例应控制在10%以内。

（5）专项奖励：各开发区设立招商引资突出贡献奖等专项奖励，专项奖励统一纳入工资总额统计，占工资总额的比例不得低于10%。

四、项目评估和绩效说明

通过本次咨询，滨海新区对5个开发区建立了“两管一指导”的人力资源管控体系，各开发区有效地激发了活力、增强了动力。主要表现在以下方面。

1. 开发区考核

通过开发区考核优化，建立了考核增量、考核实绩、考核高质量发展的指标体系，固化形成4个层面、8个维度的考核框架，确定了4个季度考核指标、7个维度近20个年度考核指标、2个维度近10个任期考核指标、19项标准明确的加减分项，达到引导各开发区发挥各自优势、聚焦主导产业、实现差异化发展的考核目的。

2. 开发区工资总额管理

通过制定《天津市滨海新区开发区工资总额管理办法》，将开发区通过增加编制和人均工资水平的增长工资总额的方式，变换为通过提高效益和效率增加工资总额的方式，建立与人力资源市场基本适应、与开发区经济增长和劳动生产率挂钩的工资决定和正常增长机制，增强了开发区活力和竞争力。

3. 开发区负责人薪酬管理

通过开发区负责人薪酬管理优化，达到完善基本年薪管理方式、体现绩效年薪重奖重罚、增加任期考核激励项目的目的。根据2018年考核得分测算开发区负责人薪酬，90分以上的区考核后年薪增加，90分以下的区考核后年薪降低；考核后最高年薪与最低年薪倍数由原先的1.17倍增大到1.38倍，差距适度拉大（见表15）。

4. 开发区岗位、绩效、薪酬管理指导意见

各开发区根据相关指导意见，制定各自的实施方案，对部门岗位进行分类，方案实施以来，获得新区及开发区各级领导高度评价；各开发区1000余岗位重新进行了梳理，区分了岗位类别；薪酬分配重点向招商引资等一线岗位倾斜，招商引资类岗位不考虑考核因素的情况下绩效工资至少高于综合管理岗20%，合理拉开差异，向高价值岗位倾斜。在考核系数均为1时，招商引资类与综合管理类正科级收入差距最小为4.2万元，最大为23万元（见表16）。

表 15　开发区负责人薪酬管理测算

开发区	2018 年考核得分	原方案					设计后					增减
		基本年薪	绩效年薪基数	一次性补贴	年薪标准	考核后年薪	基本年薪	区域补贴	绩效年薪基数	考核系数	考核后年薪	
经开区	108.645	194880	345833	79556	620269	650166	248000	60000	362080	1.086	701382	7.9%
保税区	90.815	194880	345833	79556	620269	588504	248000	40000	362080	0.847	594652	1.0%
高新区	88.913	194880	345833	79556	620269	581926	248000	20000	362080	0.815	563174	–3.2%
东疆区	104.192	194880	345833	79556	620269	634766	248000	10000	362080	1.042	635258	0.1%
生态城	81.216	194880	345833	79556	620269	555308	248000	10000	362080	0.687	506725	–8.7%
最大值 / 最小值						1.17					1.38	

表 16　以正科为例进行薪酬改革前后测算

岗位类别	按岗位差异系数最小时测算				按岗位差异系数最大时测算			
	岗位差异系数	年总绩效工资	年总收入	同现有水平差距	岗位差异系数	年总绩效工资	年总收入	同现有水平差距
招商引资类	1.1	23.0	33.4	2.1	1.2	25.1	35.5	4.2
服务企业类	1	20.9	31.3	0	0.9	18.8	29.2	0
综合管理类	0.9	18.8	29.2	–2.1	0.6	12.5	22.9	–8.4
工勤辅助人员	0.6	12.5	22.9	–8.4	0.1	2.1	12.5	–18.8
差值	0.2	4.2	**4.2**		1.1	23.0	**23.0**	

注：薪酬数据单位为万元。

大型国企战略转型背景下人力资源规划及人力资源管理提升

中智人力资源管理咨询有限公司　周晋芳

中智人力资源管理咨询有限公司（以下简称中智咨询或公司）成立于2003年，隶属于中国国际技术智力合作有限公司，是中国领先的管理咨询整体解决方案提供商，一直致力于推动企业战略思维和变革管理能力的提升，凭借精干专业的顾问团队、多元化的服务体系和创新的管理技术，已成为国内足具规模、功能齐全、实力雄厚、服务优质的中国管理咨询行业主力品牌。

中智咨询总部位于上海，以上海、北京、广州、深圳、重庆、成都、西安、武汉、济南等9个主要城市为中心，建立了覆盖华东、华南、华中、华北、西南五大区域的全国性管理咨询服务网络。公司始终遵循与国际趋势、中国国情和市场需求紧密接轨的方针，逐渐获得世界500强企业、跨国公司驻华总部、知名国企和民企的青睐，同时也为国家相关部委和各地政府提供人力资源管理智库服务，是国资委管理服务中央企业的重要服务平台。

本案例项目组成员

周晋芳，中智咨询项目经理，华东师范大学工业与组织心理学硕士，8年工作经验，6年管理咨询经验。主要擅长领域包括组织架构优化、人力资源规划、人力资源管理机制设计、人才培养发展机制设计。咨询及服务客户近二十家，服务客户及项目案例包括但不限于：中国远洋海运集团、江苏汇鸿国际集团、中江国际集团，北京生物制品研究所，西电集团、中国建行、中国银行等。

其他成员：赵鲁、赵应、张春胜

导读

S海运有限公司（以下简称S海运）是中国远洋海运集团二级公司，从事综合服务、投资经营、液体化学品储运、航运海事技术及陆岸业务，下辖5家二级公司。一段时间内，S海运作为地区公司，长期为集团及内部企业提供航运海事技术、陆岸业务、社会化服务，具有良好的品牌影响力，但长期主营业务不突出。“十三五”期间，公司制定了“十三五”发展规划，明确了发展主业和发展路径，推动公司由传统单一产品经营商向一体化综合服务商转型。面对新的历史机遇，公司战略目标和业务板块布局对公司人力资源管理提出了新挑战和新要求，公司管理层希望通过外部咨询力量提升战略对接能力。

针对S海运的战略转型需求，结合公司现状，从宏观层面制定人力资源战略规划，长远布局人才建设工作和人力资源管理机制建设工作。着眼近期，对组织岗位体系、薪酬绩效体系、任职资格体系进行优化，提升员工活力，建立与战略目标一致的组织核心能力，保障公司战略目标的实现。

大型国企战略转型背景下人力资源规划及人力资源管理提升

中智人力资源管理咨询有限公司　周晋芳

一、项目背景

（一）客户基本情况

S海运是一家从事综合服务、投资经营、液体化学品储运、航运海事技术及陆岸业务的国有控股有限责任公司，公司上级公司为中远海运集团，同时下辖5家二级公司。以打造专业化液化储运企业为目标，公司大力推进液化仓储、化学品运输及置业发展三大平台发展。公司产业建设与升级不断加速，正从传统单一的社会化陆岸产业公司转变成为跨集团航运、物流、社会化三大产业集群的综合性企业。近年来，公司不断突出企业经营本质、全面转变观念，公司发展重心从存续求稳向盈利创效转变、运营模式从传统经营向平台型运营转变、管理理念从“职能管理型”向“战略管控运营相结合”转变，发展质量稳步提高。

（二）咨询需求目标

S海运作为中远海运集团区域公司，曾长期为集团及内部企业提供航运海事技术、陆岸业务及相关社会化服务，具有良好的品牌影响力，但长期以集团内支持性业务为主，创收主营业务不突出。“十三五”期间，公司制定了《S海运公司“十三五”发展规划》，明确了发展主业和发展路径，打造资产上亿元、年盈利能力超千万元的液化仓储、化学品运输、置业发展三大经营平台，推动公司由传统单一产品经营商向一体化综合服务商转型。

面对新的历史机遇，公司战略目标和业务板块布局对公司人力资源管理提出了新挑战和新要求，迫切需要进行人才队伍和人力资源管理机制建设和升级，激活员工和组织活力，提升与战略匹配的组织能力，保障和推进公司发展的宏伟目标的实现。

（三）项目整体思路

本项目推进思路，如图 1 所示。

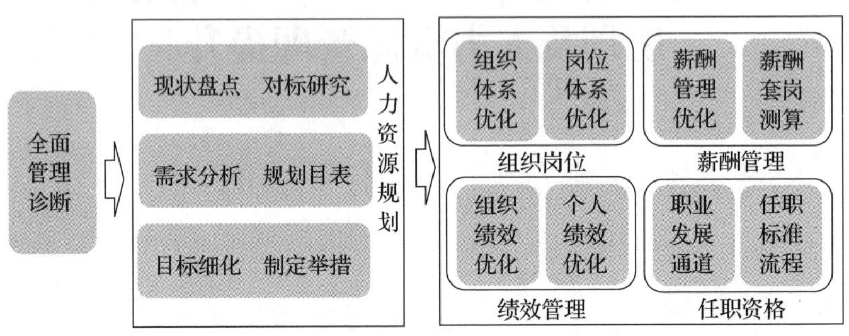

图 1 项目推进思路

二、全面管理诊断——明确问题，对症下药

（一）诊断思路

1. 全面管理诊断框架

企业经营管理是一项系统工程，是在战略指引下，通过各项经营管理活动有序协同，推进企业运营发展。全面管理诊断基于系统化的逻辑框架，从战略、组织岗位、人力资源机制、人才队伍、企业文化等全维度，发掘企业人力资源管理问题的深层次原因。运用全面管理诊断工具，使 S 海运的中高层管理人员更加清晰地认识到人力资源中管理存在的核心问题及原因，找到症结，为下一步的管理变革理清思路（见图 2）。

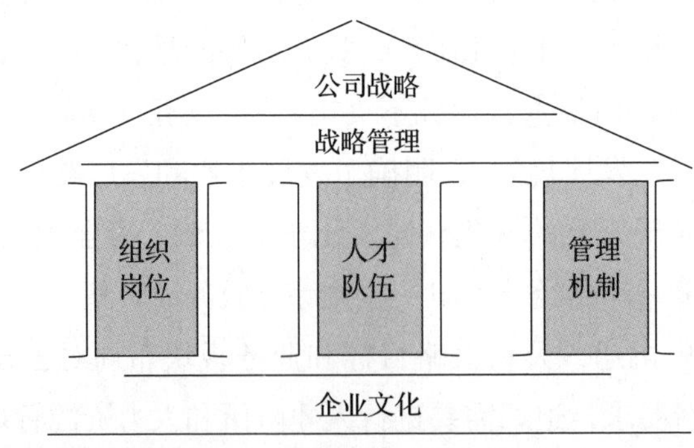

图 2 全面管理诊断框架

2. 诊断方法

本次管理诊断综合采用人员访谈、问卷调研、资料研究、内部研讨等方式，集中的调研诊断工作得到了不同层级和群体的积极响应，在较短时间内为项目组提供了充足的第一手材料和信息。

（1）人员访谈：访谈覆盖公司高层、总部中层、总部基层、二级公司高层、二级公司中层、二级公司基层，通过与被访谈对象深入沟通，揭示管理中存在的问题深入了解各层级员工的真实态度。

（2）问卷调研：问卷覆盖公司总部和二级公司全体员工，通过对问卷数据的定量分析，大范围快速地了解被调查对象的想法和意见。

（3）资料研究：收集、整理并系统分析与本次项目有关的S海运内部管理制度、政策文件、重大会议纪要等近300份资料，以便充分掌握公司的管理现状。同时对行业标杆企业资料进行研究，借鉴行业先进做法。

（4）内部研讨：项目组内部进行定期研讨，结合行业案例对S海运的管理现状进行了讨论、分析和研究。

（二）诊断结论及解决思路

1. 战略管理

（1）整体战略：S海运以中远海运集团战略为指引，制定了S海运“十三五”发展规划。S海运战略方向明确，但二级公司员工战略共识度较低；战略举措及具体实施路径已制定，但战略落地实施进度滞后。

（2）业务战略：公司长期缺乏主营业务，以中远海运集团内支持类业务为主，核心竞争力较弱。在向专业化公司转型发展液化储运、化学品运输、置业发展时，转变大，面临人才匮乏、专业基础差、市场经营能力不足等多重挑战，导致转型缓慢。

（3）职能战略：公司制度僵化、职能部门决策流程长，一定程度上影响了战略落地进度，战略落地配合、业务响应能力等方面需加强；配套整体战略目标，职能战略需要进一步细化与升级。

整体解决思路：加强对二级公司的战略宣贯与引导，增进战略共识，明确员工共同的发展目标。将战略规划通过分项、分目标的方式深入到企业经营

管理中，加强对战略执行的阶段性考核。对三大业务平台进行差异化管控、管理，推进各业务稳步发展。制定公司各职能战略规划，从而为公司提供人才、资金、物资等保障。

2. 组织岗位

（1）组织结构：原有组织架构偏重于职能管理，为适应战略转型的组织架构调整推进较慢。因业务整合，部分二级公司进行合并，但合并后存在新旧部门、不同业务部门融合情况参差不一。

（2）组织职能：在企业转型发展过程中，职能部门专业支持发挥不足，业务支撑能力较弱；部门职责老化，存在部分部门职能边界不清、职责模糊、职责交叉错位、职责发挥不充分的问题。

（3）管控能力：在对二级公司管控中，缺乏清晰的管控定位，管控的针对性不足；由于长期缺乏经营性主营业务，公司整体的经营管理、专业领域统筹决策、市场开发指导等能力较弱。

（4）岗位体系：以行政职务体系为主，公司缺乏明确的岗位体系，岗位说明书缺失，任职资格标准不明确，专业人员对口性差，存在人岗不匹配现象，人力资源规范化管理缺乏有力抓手。

整体解决思路：瞄准公司战略目标和业务板块布局，对公司组织架构进行调整，并优化部门职能。依据二级公司的发展阶段采取不同形式的管控手段。构建清晰的岗位体系，编制岗位说明书，明确对岗位的任职资格和职责的要求。

3. 人才队伍

（1）人才梯队：人员老龄化现象突出，中坚力量不足，部分子公司人才存在断层风险。科级干部和后备干部有年轻化趋势，但是干部整体年龄仍较大，干部存在断层风险。

（2）人才素质：本科及以上学历的员工不超过 40%，拥有中级及以上职称的员工不超过 25%。

（3）人才类型：通用型人才较多，专业对口差。

（4）人才培养发展：未建立系统性的人才培养发展体系，人才培养以短期的课程式培训为主，缺少明确的后备干部培养计划和培养体系。

整体解决思路：进行人才规划，明确人力资源数量、质量、结构的系统规划与安排，以及实现人力资源战略目标的职能安排。

4. 人力资源管理机制

（1）薪酬管理。

现有薪酬标准主要以职务为依据，岗位体系与岗位价值评估缺失使岗位之间的价值差异难以体现，薪酬与绩效的实际关联度低，绩效工资占比大但实际浮动小，激励约束效果差。缺乏明确的薪酬调整机制，增长途径单一，未来空间有限，影响员工士气和工作积极性。

整体解决思路：逐步建立依据岗位、绩效和能力的综合薪酬体系；建立专业技术通道，打通管理序列和专业序列的薪酬体系；完善薪酬调整机制，提高员工的积极性。

（2）绩效管理。

部分管理人员对现代绩效管理理念认识不足，认为绩效管理就是绩效考核，对绩效管理接受度不高，绩效过程不完善，绩效辅导、绩效反馈环节缺失，绩效管理工具性效果没能有效发挥。当前公司绩效管理体系复杂，现有考核分为二级公司领导班子考核、总部部门考核、干部考核、员工考核等四类，涉及多个牵头部门组织，考核结果之间缺乏有机联系。

二级公司绩效管理方面，绩效计划共识不充分，绩效考核指标多、重点不突出，缺乏过程监督，绩效结果存在二次调节现象，绩效结果差异小，激励约束不足。

总部部门绩效管理方面，缺乏基于公司战略转型的绩效计划，年度绩效考核计划滞后，绩效指标标准模糊。此外，绩效考核周期较短，月度考核流于形式，绩效考核结果基本无差异。

员工绩效管理方面，员工绩效考核缺失，绩效压力缺乏有效传递，难以激励绩优员工。

整体解决思路：加强绩效管理培训，优化绩效管理体系，完善绩效管理循环系统。加强计划绩效，对各级经营目标进行分解，优化二级公司绩效考核计划，调整部门考核周期，优化部门、员工绩效考核内容和考核结果应用。

（3）岗位职级管理。

岗位价值体系和评价标准的缺失使得岗位价值差异难以体现，晋升标准模糊，员工没有稳定的发展预期。专业技术通道缺失，基本以职务区分岗位级别，专业人员存在晋升瓶颈。同时，缺乏现代化的用人理念，公司发展与员工职业发展缺乏匹配过程，年轻员工无明确的职业发展规划，导致员工职业发展方向不明确。

整体解决思路：增加专业通道，构建任职资格体系，明确任职资格标准，规范员工任职资格认证流程，提升员工活力和积极性。

5. 企业文化

公司注重“和谐融洽、平等互助”，不习惯差异化，员工市场化竞争意识较弱，对公司创新和市场竞争有一定影响。

整体解决思路：根据战略转型需求，打破大锅饭，适应差异化。进一步完善制度层面和精神文化建设，同时丰富员工对企业文化的感知渠道，增强员工企业转型和战略目标认同感，提高企业员工的整体凝聚力。

三、解决方案

通过全面管理诊断，项目组对问题进行全面阐述、分析并提出优化建议与方向。根据项目边界，具体解决方案涉及人力资源规划、组织岗位体系、薪酬绩效体系和任职资格体系等内容。一方面，从宏观层面进行人力资源规划，明确“十三五”规划期间，公司在人才队伍和人力资源机制方面的规划，同时着眼于近期，对主要人力资源管理机制进行优化和设计，提升人力资源战略对接能力。

（一）战略人力资源规划——盘点现状，明确目标，制定发展举措

根据公司转型要求和战略目标，确立人力资源战略、目标和要求，进行人才与人力资源管理现状分析，明确差距，提出人才建设工程（人力资源数量、质量与结构的系统安排），人力资源机制建设工程，并明确组织机制

保障。

1. 现状分析

通过人力资源规划，对S海运人力资源现状进行盘点，内容包括人才盘点、干部盘点等，对存在的主要问题进行阐述。

人才盘点，从人员规模、年龄结构、学历结构、专业人才类型、人力质量、人力资源效率等维度进行详细分析，厘清人才短板。

干部盘点，从干部年龄结构、学历结构、后备干部准备度等维度进行分析，明确干部的主要短板。

现阶段存在的主要问题：人才队伍结构与公司战略不匹配，人才队伍配置不能满足公司专业化战略转型发展的需要，业务经营管理人才、技术业务人才紧缺。通用人才较多，员工岗位和专业匹配度较低。人才老龄化现象突出，中坚力量不足。干部队伍年龄结构不合理，后备干部数量配置不足。

人力资源管理机制比较落后，人才发展规划、岗位体系管理、选拔任用、培训发展等方面缺乏系统性的制度支撑，没有形成完整的人力资管理体系。绩效管理、薪酬管理体系不完善，未能实现有效联动。人才培养和继任计划未及时根据公司战略转型进行规划，人才培养理念和方法滞后。

2. 人才建设工程

围绕培养和造就一支与公司战略规划相配套、与经营管理相协调的人才队伍，并完善公司人力资源管理体制机制作为总体规划目标和准则，从人才效能、人员总量、人才质量、人才年龄结构、人才专业结构、干部队伍规模、干部素质、干部年龄结构等细分维度设置量化目标（见表1）。

表1　S海运人力资源管理优化目标

项目	2020年目标
人才效能持续提高	××万元/（人·年）提升到100万元/（人·年）
人员总量按需扩张	以公司营业收入×亿为发展目标，公司员工总量达700人
人才质量不断提升	公司人才当量密度由目前的0.71提升到0.9 本科及以上学历的比例由36%提升至50% 研究生及以上学历占比由现在2%提升到5% 拥有中级及以上职称的员工由24%增加到35%

续表

项目	2020 年目标
人才年龄结构充分优化	公司 35 岁以下年轻力量从目前的 18% 上升到 25% ～ 35% 36 ～ 45 岁的中坚力量由目前的 13% 提升到 20% ～ 25%
人才专业结构转型优化	职能支持类人才与技能业务类人才的比例由现在的 64% 和 36% 调整到 50% 和 50%
干部队伍保持规模稳定	处级干部与后备干部 1∶2 的比例建立后备干部队伍
干部素质进一步提升	本科及以上科级干部的比例由 60% 提高到 75%，中高级职称科级干部的比例由 36% 提高到 50% 以上；将本科及以上后备干部的比例由 78% 提高到 85%，中高级职称后备干部的比例由 37% 提高到 45% 以上
干部队伍年龄结构不断改善	逐渐降低处级干部、科级干部、后备干部的平均年龄

并根据业务板块划分，形成板块目标，以液化仓储业务板块为例。

以打造液化仓储经营平台液体化学品综合服务商为目标，提高油污水处理、危废环保业务、液化码头仓储运营能力，打造包含生产运营、职能管理、市场营销、环保高新技术、安全管理、技能操作的人才队伍（见图 3）。

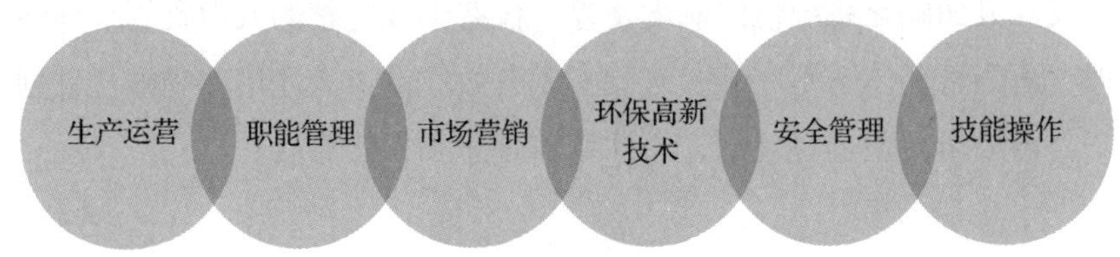

图 3　液化仓储板块规划人才类型

根据 2020 年经营目标要求，结合行业标杆人均效能、公司历史效能，测算 2020 年人均效能目标、员工需求数量及缺口数（见表 2）。

表 2　液化仓储板块规划内容

规划内容	2020 目标
人均效能	140 万元 / 人
员工需求数量	×× 人
缺口数	60 人

3. 人力资源管理机制建设工程

（1）加强人力资源管控，规范基础管理。强化总部战略管控职能，二级公司构建以业务为核心的组织体系。人力资源规划动态管理，逐步构建明确的人力资源发展目标。以总部为试点，逐步加强和完善岗位设置，区分岗位价值，明确岗位职责和任职资格。

（2）健全培训发展体系，系统开发人才。以战略分解和员工培训需求为核心，分层分类制定高度切合公司实际的培训规划。组建公司培训中心，系统开展师资管理、学员管理和知识管理，丰富培训形式和人才开发方式。建立知识管理制度，做好课件、视频、案例、学员论文等内容的归档保存，促进公司隐形知识显性化。根据岗位类型和岗位胜任力要求，搭建学习地图，并通过结果反馈持续改进培训质量。

（3）聚焦员工职业发展，激发内生动力。建立人才多维度职业发展通道，规范通道纵向晋升和横向转换标准，建立任职资格等级认证流程。重视青年员工成长，培养后备梯队。

（4）完善招聘体系建设，引进优秀人才。紧贴战略落地需求制订招聘计划，明确招聘标准。开辟引才“绿色通道”，加大紧缺人才引入力度，多层次拓宽招聘渠道和方式，分类有序引进人才。

（5）优化薪酬管理体系，合理分配薪酬。明确各职级工资标准，完善薪酬动态调整机制。以总部薪酬改革为试点，有条件的二级子公司推进薪酬优化，完善薪酬管理机制，对一线专业技术核心人员适当加大薪酬激励力度。

（6）强化绩效管理体系，加强结果运用。树立正确的绩效理念，形成完整的绩效管理闭环。完善定量和定性相结合的绩效考评体系，加强绩效考核结果运用，提升激励约束作用。

根据人力资源规划内容，形成2018年、2019年、2020年人力资源主要推进工作计划表。

（二）组织体岗位体系——适应战略转型，优化组织架构，明确岗位职责

1. 组织架构优化

为承接公司业务战略，加快专业化分工，加强资源整合，提升业务协同效率，在总部新成立了置业营运部、液化储运营运部，明确了业务运营部门定位和职责划分，置业营运部旨在整合协调总部及二级公司物业管理、资产管

理、餐饮管理业务资源，液化储运营运部旨在整合液化储运、化学品运输、环保等液化品上下游资源，加强产业链协调，在明确新设业务运营部门定位的基础上，和战略与企业管理职责进行切分。为适应信息化发展，新成立了信息管理部。同时，对部分部门内部科室进行合并、重新划分。形成以业务为核心、精简高效的组织架构。

在组织架构优化的基础上，对部门职责进行梳理、调整和明确，对原部门职责缺失、重合、错配等情况进优化，形成部门职责。

2. 岗位体系优化

在组织架构优化的基础上，对部门职责分解至岗位，并结合业务流程、新的管理要求、行业标杆经验，形成岗位体系问题清单与优化建议，经过与各部门多轮沟通，形成新的岗位体系。

（三）薪酬管理优化——习惯差异化，实现内部公平、外部公平和自我公平

薪酬管理优化总体思路为：建立以岗位价值为基础、综合体现绩效、能力的薪酬体系，明确薪酬调整机制，形成责、权、利紧密结合的分配机制。利用岗位、人员（能力）、绩效、市场的“3P-M”薪酬体系（见图 4），优化企业的薪酬激励。

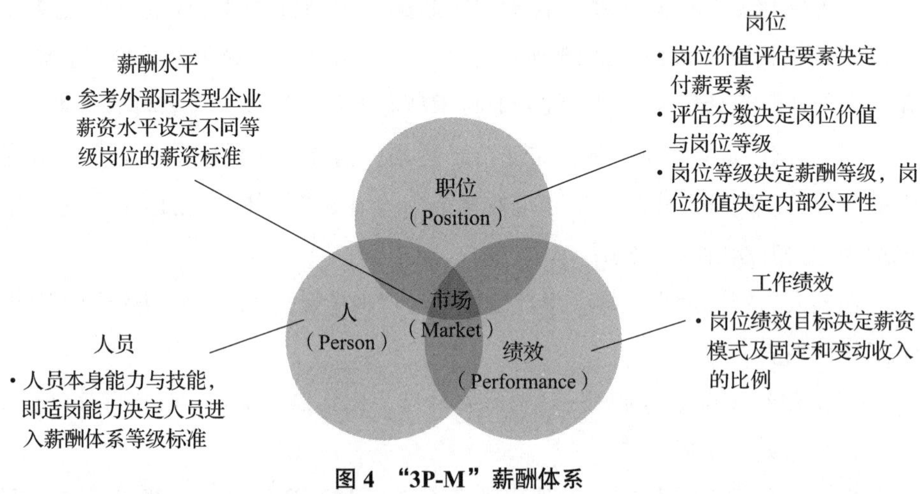

图 4 “3P-M”薪酬体系

1. 二级公司领导班子薪酬管理优化

借助中智咨询职等评估工具、结合公司业务战略布局，建立公司统一的

企业分级体系，从而体现企业之间的差异，基于企业分级及市场对标，设计薪酬带宽，增强薪酬激励的弹性和有效性，设置足够的绩效年薪激励杠杆，绩效年薪与企业经营业绩考核结果挂钩。明确二级公司领导班子薪酬调整和岗位变化、绩效结果的挂钩机制。优化后（见表 3），二级公司领导班子薪酬 = 基薪 + 绩效年薪 + 特别奖励。

表 3 二级公司领导班子薪酬优化内容

主要方面	优化前	优化后
薪酬标准	• 同一职务级别薪酬总额相同	• 同一职务级别薪酬总额不同：薪酬总额根据企业分级拉开差距（基薪相同，差异体现在绩效年薪）
绩效薪酬	• 同一职务级别绩效工资相同 • 绩效工资和绩效考核结果关联不明显，实际浮动低	• 岗位级别越高，绩效年薪越高 • 绩效考核结果和绩效年薪直接挂钩，体现业绩与收益一致 • 实际薪酬受个人绩效和组织绩效双重影响
薪酬调整	• 普调，没有明确的机制	• 明确了调薪机制，明确了薪酬调整和岗位变化、绩效结果的挂钩机制

2. 总部员工薪酬管理优化

结合外部薪酬调研和内部岗位价值评估，使用中智咨询岗位价值评估模型，对总部岗位进行价值评估，并对标市场岗位价值，形成岗位价值分布及岗位等级，岗位等级影响薪酬总额。调整后，总部员工薪酬结构划分：员工薪酬 = 基本工资 + 季度绩效奖金 + 年度绩效奖金 + 特别奖励（主要优化内容见表 4）。

表 4 总部员工薪酬优化内容

主要方面	优化前	优化后
薪酬标准	• 同一职务层级薪酬总额相同	• 薪酬标准拉开差距：薪酬总额根据岗位价值拉开差距（基本工资相同，差异体现在绩效奖金） • 宽带薪酬：同一级别，不同薪酬标准，体现能力差异
绩效薪酬	• 同一职务层级绩效工资相同 • 绩效工资和绩效考核结果关联不明显，实际浮动低 • 员工无绩效考核	• 同一职务层级绩效工资不同：岗位级别越高，绩效奖金占比越高 • 绩效考核结果强制分布：绩效考核结果和绩效奖金直接挂钩 • 增加员工绩效考核：实现公司经营目标层层分解，鼓励绩优员工
薪酬调整	• 普调，没有明确的调薪机制	• 明确薪酬调整机制：明确员工薪酬调整和岗位变化、绩效结果的挂钩机制 • 增加专业技术通道：薪酬调整和专业技术通道等级挂钩

（四）绩效管理优化——明确绩效主体目标，发挥绩效激励约束作用

通过绩效培训，树立正确的绩效理念，强化绩效管理闭环意识，从绩效计划、绩效辅导、绩效考核、绩效反馈和绩效应用等方面均做了相应的优化，并分主体制定了绩效管理办法。

围绕总目标建立考核分级体系，通过对经营目标分解，把公司的经营目标转化为详尽的、可测量的标准，帮助员工对公司、部门及个人的目标达成共识，形成公司经营目标、总部部门及二级公司业绩目标、员工业绩目标三级目标体系，对应建立公司绩效管理、部门及二级公司绩效管理、员工绩效管理三级绩效管理体系（见图 5）。

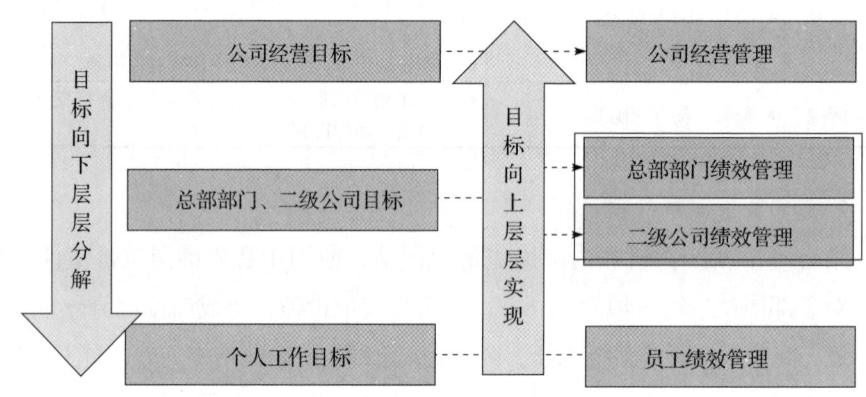

图 5　公司三级绩效管理体系

1. 公司经营目标考核

公司经营目标一方面承接集团年度考核指标，另一方面从财务、客户、内部运营、学习成长四个维度进行全方面分解，由上之下、由下至上，最终形成公司全年度指标。

2. 二级公司绩效管理优化

表 5　二级公司考核内容

考核内容	考核周期	考核权重
月度否定指标考核	月度	否定项
经营业绩考核	年度	85%
组织能力评估		15%

二级公司一方面作为总部的二级机构，承接公司经营目标的分解，另一方面，作为完整的经营单元，有完整的经营目标体系。因此，二级公司经营业绩考核指标，一方面源于公司整体经营目标的分解，另一方面从二级公司中长期发展着眼，从财务、客户、内部运营、学习成长全方面提炼关键绩效指标（此部分项目组针对5个二级公司，均形成各二级公司关键绩效指标库）。组织能力评估从较为宏观的角度考察二级公司的经营贡献能力、经营决策能力、组织协调能力以及相应落实能力。二级公司考核内容，如表5所示。

3. 总部部门绩效管理优化

总部部门绩效管理，对考核周期、考核内容、考核结果应用做了重点优化（见表6）。对考核周期做调整，将原来月度业绩考核调整为季度考核，适当延长考核周期，从而提高了考核效率。考核内容包括三个方面：（1）月度否定指标考核。（2）部门业绩指标考核。①部门关键业绩指标，部门关键业绩指标来自于公司经营目标指标分解和部门职责，确保各部门工作围绕公司目标进行（此部分项目组针对16个部门，形成各部门关键绩效指标库）；②部门重点工作任务，根据公司发展战略规划、公司年度重点工作部署，结合本部门提升需求，形成年度重点工作计划。（3）部门组织能力评估，年度从宏观角度评价部门组织协同能力、管理监督能力、专业服务能力、相应落实能力、重大贡献能力。

表6　部门绩效考核内容

类别对象	具体考核对象	考核内容	考核周期
部门绩效考核	总部部门	月度否定指标考核	月度
		部门业绩指标考核	季度
		部门组织能力评估	年度

4. 总部员工绩效管理优化

为了确保部门目标分解至岗位，增加总部员工季度绩效管理，对考核内容、考核结果应用进行设计（见表7）。

表7 员工绩效考核内容

类别对象	具体考核对象	考核内容	考核周期
员工绩效考核	部门负责人（含副职）	部门业绩考核	季度
		部门组织能力评估	年度
		个人能力素质评估	年度
	部门负责人助理、科室负责人、基层员工	员工业绩考核	季度
		个人能力素质评估	年度

考核内容：部门负责人季度绩效考核和部门季度绩效考核完全关联，年度考核中，增加个人能力素质评估。员工业绩考核（不含部门负责人）包括岗位关键业绩指标（项目组针对岗位，形成各岗位关键绩效指标库）、岗位重点工作，上述考核内容一部分来自部门业绩指标分解，一部分来自于岗位职责。

考核结果：员工业绩考核结果和个人业绩考核结果、部门业绩考核结果关联，有效增强员工部门内部协同意识。年度考核结果80%权重来自于季度业绩考核结果，20%权重为员工年度个人能力素质评估结果，全面考察员工的工作业绩和能力态度。

（五）总部员工任职资格体系——明确员工发展方向，促进人才队伍成长

为明确员工发展预期，促进人才主动成长，在现有管理序列的基础上设计了专业序列，建立职业发展通道，明确任职资格标准，建立任职资格流程框架。通过建立任职资格体系，规范任职资格管理过程，不断促进员工核心能力提升，支持组织核心能力提升。

1. 职业发展通道设计

对公司中层及以下的职级进行梳理，并重新明确划分为9个职级，对3～9级增加“专业序列”这一第二发展通道，拓宽员工的纵向发展空间。员工发展通道设计（见表8）。

表8 员工发展通道设计

职级	管理序列	专业序列
9级	公司总经理助理	权威专家
8级	部门负责人正职	资深专家
7级	部门负责人正职	
6级	部门负责人副职	专家
5级	部门负责人副职	

续表

<table>
<tr><th>职级</th><th>管理序列</th><th>专业序列</th></tr>
<tr><td>4 级</td><td>科室经理</td><td rowspan="2">骨干</td></tr>
<tr><td>3 级</td><td>科室经理</td></tr>
<tr><td>2 级</td><td colspan="2">专员</td></tr>
<tr><td>1 级</td><td colspan="2">专员</td></tr>
</table>

2. 任职资格标准构建

结合公司实际，构建严密的任职资格及晋升标准体系。任职资格及晋升标准包括基本资格、工作行为标准、素质标准、职业素养标准四个维度，每个维度针对不同等级，均建立了细化的规范要求。

3. 任职资格等级认证

最后，完善任职资格等级认证的流程体系，保障员工职业发展通道方案的落地实施。任职资格等级认证流程包括：自荐推荐、资格审查、专业评审、综合评审等流程。

四、项目成效

S 海运人力资源规划及人力资源管理提升项目于 2018 年年底完成方案设计并交付，薪酬体系、绩效体系、职业发展通道先后于 2019 年落地实施。项目方案设计得到了公司各层级的广泛好评，解决了公司在人力资源管理方面存在的主要问题，实施达到了预期目标，员工发展通道得以拓宽，员工岗位价值得到更充分的尊重，员工活力明显增强，业务板块协同效果显著。以上工作成绩的取得，离不开公司高层领导明确的目标和改革的决心，离不开公司各级员工的配合与支持，离不开甲乙双方项目联合小组成员紧密对接、充分协商。未来，祝愿 S 海运有更好的发展。

郑州高新区国有企业改革发展咨询

北京市长城企业战略研究所　杨乾

北京市长城企业战略研究所（以下简称长城战略咨询）是新经济的专业咨询机构，中国知名民间智库。自1993年创立以来，长城战略咨询立足于对中国市场的专业研究，在长期咨询实践的基础上，目前已经形成企业—产业—区域的业务轴心和创新创业咨询、数字经济、国际化咨询、平台化发展等四个特色业务。

长城战略咨询在企业战略与管理、创新政策与决策、科技园区、创业管理、社交化、知识管理咨询等方面凝聚核心能力，关于新经济、区域创新与区域个性、原创性新兴产业等研究成果引起国内外媒体、学术界和产业界的广泛持续关注。

长城战略咨询服务对象主要有三类：以希望集团、科瑞集团、新奥集团、北大方正集团、劲牌有限公司等企业为代表的中国新兴企业；以中关村科技园区、武汉东湖高新区、成都高新区等为代表的中国新兴产业园区；以科技部、国家发改委、北京市人民政府等为代表的政府决策和管理机构。

本案例项目组成员

杨乾，五年咨询工作经验，公司国有企业改革与发展业务负责人，长期为各级政府，尤其是高新区政府投融资平台公司提供战略咨询、组织运营咨询、人力资源咨询等服务，在园区管理体制机制改革、国有企业改革、政府平台公司转型发展、产业地产规划等领域具备丰富的理论和实战经验。

其他成员：张洁琼、房华坤、张迪、赖正琛

导读

2017年，郑州高新区全面实施管理体制机制改革，高新区国有平台公司改革是本次改革的重点领域。通过前期现场调研和区域环境、政策分析，长城战略咨询为高新区量身打造了国有平台公司改革发展方案。具体包括三部分内容。

第一，国有平台公司改革重组与发展方案设计。明确了国资平台公司作为高新区城市投资建设运营商和产业投资发展服务商的功能定位，构建了智慧城市建设、智慧城市运营、园区与产业发展三大类业务群。将高新投建集团（“高新投控集团”前身）下属分散的业务主体，进行了重组整合，形成了“1+3+N”的国资体系。并针对三大子集团，制定了资产与业务重组方案和发展战略。

第二，集团组织架构与岗位设计。根据改革重组整体方案和各公司新的发展战略，对改革后的17家重点的一级、二级、三级公司主体进行了组织架构优化设计和三定方案设计，形成了具体的组织架构与岗位说明书，指导后续的人员竞聘、选聘及招聘工作。

第三，国资监管体系优化设计。改革后，建立了由“财政局（国资监督管理中心）—高新投控集团—业务运作主体”构成的国资管理体系，并制定了国资监管办法等政策制度文件。

截至2019年6月，改革方案已基本落地实施，按照既定方案进行国有企业重组整合、架构调整、人员调整和业务方向调整，构建了科学规范的国资监管体系，为高新区发展注入新的活力。

郑州高新区国有企业改革发展咨询

北京市长城企业战略研究所　杨乾

一、案例背景介绍

2017年7月，郑州高新区党工委、管委会启动了高新区体制机制改革的系统工作，高新区国资平台公司改革作为五个同步推进的改革专题之一，是本次高新区体制机制改革的重要组成部分。高新区管委会特邀请长城战略咨询作为国企改革专题的咨询顾问。

郑州高新区国资平台公司以郑州高新投资建设集团有限公司（以下简称高新投建集团）为主体，涵盖其全资及参控股公司共计29家。高新投建集团是高新区管委会出资设立的国有独资公司，成立于2000年10月，注册资本金6.5亿元，总资产规模达230亿元左右。

高新投建集团主要承担高新区基础设施建设、重点项目的投融资工作和管委会授权委托经营性资产（房产）的管理运营等职责，主要开展的业务包括区内道路、桥梁、市政工程等基础设施建设，安置房（棚户区）的拆迁建设，高新区道路、绿化硬化、供水、排水、热力、污水处理、城市照明、市政管养、垃圾处理、市政项目施工建设，经营性资产（房产）的管理运营，公共租赁住房的房源筹措、定向供应、经租管理，企业孵化，创业培训、园区建设咨询服务等。

二、客户需求及目标

高新投建集团作为高新区融资建设平台和区属国有企业的出资主体，过去以发挥“第二财政”作用为主。在建设自创区的背景下和规范地方债务管理的政策环境下，高新投建集团需要加快市场化转型，优化国有资本布局，建立现代企业管理制度，完善国资监管体系，转变单纯的政府融资职能，重点发挥链接政府和市场之间的桥梁纽带作用，探索新的业务通路和投融资模式。

为了准确、深刻把握客户需求，咨询项目组在驻场工作前特地开展了预调研。通过预调研，项目组与高新区管委会领导及高新投建集团领导达成共识，本次咨询计划重点实现三方面的目标：第一，深化高新区国有企业的市场化改革，优化调整国有资本布局，构建具备稳定性、成长性的市场化业务板块，转变企业经营发展模式；第二，构建权、责、利相统一的现代化企业管理体制机制，强化国有企业经营自主权，健全法人治理结构和内部管理，加强和改进党对国有企业的领导，实现集团化管控；第三，加快完善高新区国有资产监督管理体制，充分调动各类监管力量，创新国资监管方式，以管资本为主推进实施国有资本授权经营，提升国有资产监管效率，确保国有资产保值增值。

三、项目分析与诊断

《郑州高新区国有企业改革发展咨询》是长城战略咨询（GEI）国企改革咨询的典型项目，主要通过深度介入式咨询，为客户提供国有企业改革的顶层设计方案及实施路径，并协助客户有步骤地推动改革方案落地，实现长城战略咨询“与客户共同成长”的咨询价值。

该项目运用了GEI典型的概念设计法，通过现场调研、全面分析，完成了大量的内部发展诊断、外部环境分析和基准案例研究，并设计了改革的初步方案，形成了国企改革的概念设计方案。以概念设计方案作为沟通工具，反复与管委会领导及高新投建集团领导研讨、论证，对关键问题达成共识。然后项目组在概念设计方案的基础上进行深化完善，形成可落地的国企改革实施方案。

（一）高新区国资平台公司发展现状分析

1. 高新区国资布局缺乏统筹考虑与设计

全资类公司大多是因事而设，为了承担高新区安置房建设、道路建设、园区建设管理等任务。参股类公司大多是为了配合政府招商引资而投资参股。

2. 国资体量小、盈利能力差

从集团合并财务报表来看，截至2017年6月底，总资产221.5亿元，负债162.47亿元，净资产59.03亿元。净资产收益率为0.06%，资产负债率为73.35%，集团盈利能力较差，偿债压力较大。

3. 国资公司市场化严重不足

高新投建集团的主营业务包括房地产销售、房屋出租、资产维护、市政维护以及其他业务。其中，房地产销售与市政养护业务占业务总收入的80%以上，两类业务均为政府性任务，对高新区的开发建设、经济发展、产业培育的支撑度不够。

4. 国资公司内部管理较为落后

高新投建集团法人治理结构不完善，重大事项决策依赖出资人，监事会形同虚设，未能发挥有效的监督作用。集团及其子公司内部管理偏行政化，未能建立有效的集团化管理体系，组织岗位因人而设现象普遍。集团尚未建立起与市场接轨的薪酬与绩效管理制度，对外部优秀人才的吸引力严重不足。

5. 国资管理体系不完善

国资监管机构缺位，由高新投建集团承担了国资监管的职责。高新投建集团名义上对下属公司履行出资人职责，但是各子公司均由管委会分管领导直接管理，分头管理现象严重。在国资管理方式上，高新投建集团有责无权，仅能从月度财报管理、项目预决算审核等方面进行管理，缺乏经济手段，国有资本运营效率不高。在这种政资不分、政企不分的国资管理体制下，高新投建集团难以建立起真正的董事会、监事会运行机制，法人治理结构不完善。

（二）新一轮国企改革的要求和趋势

《中共中央国务院关于深化国有企业改革的指导意见》《国有企业发展混合所有制经济的指导意见》《国有企业功能定位与分类》等“1+34”的国企改革顶层设计系列文件出台，明确了以管资本为主推动国企实现政企分开、建立现代企业制度、确立企业的市场主体地位等。本轮改革更加强调国有企业的独立性和经营自主权，不断弱化政府一侧的干预，强调国有企业内部的制度建设和完善，对国有资产的管理越来越细致。

市场化是国企改革的关键。确立国有企业市场主体地位，实现政企分开、政资分离、所有权与经营权分离，以健全混合所有制企业治理机制来落实企业市场主体地位。

国企分类管理是国企改革的基础。划分企业不同功能类别，实行分类监管及考核。商业类企业以增强国有经济活力、放大国有资本功能、实现国有资产保值增值为主要目标；公益类企业以保障民生、服务社会、提供公共产品和服务为主要目标，引入市场机制，提高公共服务效率和能力。

发展混合所有制是国企改革的重要手段。分类推进国有企业混合所有制改革，在水电气热、公共交通、公共设施等提供公共产品和服务的行业和领域，通过购买服务、特许经营、委托代理等方式，鼓励非国有企业参与经营。鼓励各类资本参与国有企业混合所有制改革，推广政府和社会资本合作（PPP）模式。优化政府投资方式，通过投资补助、基金注资、担保补贴、贷款贴息等，优先支持引入社会资本的项目。

建立“管资本为主”的国资管理体系是国企改革的保障。完善国有资产管理体制，以管资本为主推进国有资产监管机构职能转变、改革国有资本授权经营体制、推动国有资本合理流动优化配置、推进经营性国有资产集中统一监管。

四、基准研究

GEI 基准分析法是长城战略咨询围绕企业创新和优势能力提升，瞄准新企业、新模式和新创新进行比较分析，突出对象企业长板，实现战略和商业模式创新突破的研究分析方法。项目组围绕“市场化业务拓展、国资管理体制改革和园区平台公司发展趋势”三方面，进行了相应的基准研究和分析。

高新区的国有企业具备一般国有企业的共有属性，在新一轮国企改革中，面临着共通的市场化业务未形成、国资管理体制不顺畅等问题。通过对国内优秀自创区、高新区的国企改革案例进行分析，总结可借鉴的经验。

（一）市场化业务拓展研究

1. 存在的共性问题

目前，大部分高新区的国资平台公司依然以承担政府性的融资建设任务为主，主要是为政府服务，市场化的经营性业务有限，完成政府性任务为主，缺乏自主经营、自负盈亏的市场化业务板块。部分高新区的国有企业虽然已经具备相当程度的盈利能力，但其盈利性业务板块多依赖政府性资源，如垄断区域性的房地产开发市场、垄断地方的公用事业经营等，未建立起市场化的运作机制，存在业务单一、面对市场的抗风险能力较差的问题。

2. 改革经验借鉴

多个高新区平台公司针对过去业务功能单一、缺乏市场化业务的现状，对区内国有企业进行分类重组整合、业务板块全新搭建。经营性业务按照市场化资源配置规律运营，通过股权投资、合资合作等方式，实现市场化业务的拓展；通过推进混合所有制改革，引入社会企业的先进技术、先进管理，提升业务的市场化水平；通过打造上市公司和上市业务板块，提升业务运营效益和资产价值。对于准经营性、公益性业务，按照“政企分开、政资分开、特许经营、政府监管”的原则积极推进改革，促进公共资源配置市场化，提升公共服务效率。

3. 基准案例研究

（1）上海张江。

张江品牌的构筑是一个金字塔模型，张江集团位于塔底部，基地或专业子公司位于金字塔中部，上市公司是金字塔模型的塔顶。张江集团的主要使命就是不断从社会、政府、产业、客户获取各种资源，并进行基础的初级开发。这些经过基础处理的资源会源源不断地流向处于金字塔中心的基地公司或其他集团公司，由这些专业类公司对资源进行深度加工和利用，形成满足张江园区产业需求的各类专业化产品，使园区内产业客户的生存和发展需求得到有效的满足。最后，在这些资源经过基础加工、专业培育后，形成有效的优质资产，集团公司将这些资产向金字塔顶端的上市公司——张江高科注入，并最终由张江高科来对接资本市场，造就一个持续高市值的良性循环，和持续发展的市场形象。在2006—2008年间，张江高科通过定向增发、配股收购等方式获得集团大量优质资产，扩大物业规模，增大业绩；并通过与集团共同参与园区优质创投企业投资，实现外延式发展，为公司注入强劲动力，反哺政府，同时保持畅通的对接资本市场的通道。

（2）苏州高新区。

苏州高新区经济发展集团总公司创立于1990年，1996年8月在上海证券交易所挂牌上市交易，公司业务涉及的领域包括房地产业、环保行业、非银行金融业、旅游业、先进制造业等。成立27年来，累计投入500多亿元，现总资产规模620亿元，旗下拥有26家实体公司，4家境外窗口企业。另外，控股1家上市公司，1家专业化创业投资集团（苏高新创投集团），参股26家企业。苏州高新通过资本运作，将集团优质资产注入公司，同时通过收购、控股的方式，不断开拓经营性业务领域。

（二）国资管理体制改革研究

1. 存在的共性问题

在国资监管上，政府越位和国资监管部门缺位的现象共存。

政府的越位。分两个层面：一是政府部门的越位，政府各部门分头管理各行业的国有企业，造成“多龙治水”的局面，使得国资管理政出多门、监管规则不一致、监管不全面、资源配置分散；另外，政府部门过多干涉企业业务发展，导致企业功能分类不明确，难以培育市场化经营能力；二是国资监管机构的越位，使企业长期处于政府的管束与庇护之下，导致国有企业功能单一，成为单纯的政府融资工具。

国资监管部门的缺位。主要体现为未设专门的国资监管机构，或国资监管机构未真正履行出资人职责。另外，国资监管部门的缺位，使得国资公司过多承担社会管理职能，导致国资公司政企不分，成为政府的“行政职能部门”，阻碍市场化运营。

2. 改革经验借鉴

建立健全国资监管机构职能，优化国资监管的履职方式，逐步探索国有资本授权经营体制改革，组建国有资本运营公司。推进国资监管机构职能转变，重点管好国有资本布局、规范资本运作、提高资本回报、维护资本安全，由管企业、管资产向管资本转变。同时以重大事项监管清单为依据，履行好国有企业出资人职责。

改革国有资本授权经营体制是国企改革的重要趋势，设立国有资本投资运营公司是一项具有探索性的工作。国有资本投资运营公司通过股权运作、价值管理、有序进退，促进国有资本合理流动，实现保值增值。另外，需要处理好国有资本投资运营公司与国资监管机构、所出资企业的的关系。国资监管机构根据授权依法对国有资本投资公司、运营公司履行出资人职责，国有资本投资运营公司根据国资机关机构的授权对授权范围内的国有资本履行出资人职责、行使股东权利，按照责权对等原则承担保值增值责任。

3. 基准案例研究

（1）东湖高新区。

湖北科投是湖北省东湖高新区的主要融资建设主体，在发展过程中，政府通过不断增加注册资本的方式，来做大、做实融资平台，保障科投融资能力。在业务形成过程中，其从单纯的基础设施建设业务，向产业投资、产业园区运营及中小企业金融服务等经营性业务侧重，业务结构呈现均衡化发展趋势。目前，东湖高新区在逐步理顺国资关系，将搭建起国资监管体系，并计划将省科投作为国有资本运营平台，通过管资本的方式保障国有资产的保值增值。

（2）合肥高新区。

合肥高新建设投资集团在国资整合以前，承担园区基础设施建设任务。2009 年通过政府部署，组建成合肥高新区国资运营集团，作为管委会的国资运营平台，按照“做大资产规模、强化融资能力、承担建设任务”的具体要求，错位发展，以专业化、差异化经营为目标，有效整合子公司。其下辖子公司，主营业务涉及基础设施建设、房地产开发销售、风险投资、金融担保、科技企业孵化器建设与投资等方面，并将公益性业务和经营性业务进行划分至相应的子公司来开展业务。集团从最初的融资建设主体，转向业务板块多元化，公益性业务持续推进，经营性业务逐步稳定，集团国资运营能力逐步做大、做实。

（三）园区平台公司发展趋势研究

1. 发展趋势

园区资源组织按照功能和空间进行组合，存在多种可能，“功能专业化、空间集成化”是主要特征，决定了园区平台公司差异化的资源配置和业务要素组合方式。园区资源组织按照功能和空间进行组合，功能包括一级开发、二级开发、三级运营服务，以及金融投资，不同的功能和空间组合致使园区开发平台公司业务组织模式存在多种可能。

功能专业化：一级开发建设和金融投资资源组织往往面向整个科技园区，呈现出集约化、专业化特征，体现出资源配置的相似性，通常由面向整个科技园区的业务主体运作。同时，在平台公司的集团层面统筹资源、高端链接，促进区域联动。

空间集成化：二级开发建设和运营服务资源组织面向特定细分空间，呈现出集成化、差异化特征，体现出面向对象的差异性，由面向特定空间和行业领域的主体运作。业务主体全方位链接科技服务资源、产业地产商资源，打造一个个具有活力的专业园区。

2. 基准案例研究

济南高新区：济高控股集团是济南高新区管委会国有独资公司。集团发展前期以房地产开发为主，存在“过多依赖政府性资源，市场开发潜力有限；对高新区建设的支撑度不高；业务模式单一，抗市场风险能力弱”等缺陷。2016年，高新区扩区并开始实施“大部制”改革，迎来新一轮的规模性拓展开发阶段，土地熟化开发及融资任务加剧，因此将济高控股定位为高新区四大体系之一的融资建设体系的主体，并将高新区内国有资产均划入济高控股，赋予其融资、园区开发建设、土地熟化、金融投资等职能，重点对接各片区规划制定土地熟化方案，按照市场化流程，对接社会资本，统筹各类资源，指导子公司开展具体工作。

五、郑州高新区国企改革发展顶层设计方案

（一）国企改革总体框架

改革后，建立“三大体系、四个层级”的国资总体系（见图1）。

国资监管体系：高新区管委会是国有企业出资人，财政金融局和高新投控集团（改革后，“高新投建集团”整体改制成为“高新投控集团”）通过职责分工，承担国资监管与运营的相关权责——财政金融局作为国有企业出资人代

表，履行国资监管职责；高新投控集团作为高新区国有资本投资与运营公司，在股东授权范围内，负责经营国有资本，对下属企业经营实施指导与管理，并且作为政府与市场化企业主体之间有效的防范金融风险的隔离带，更加注重防范债务风险、担保风险、签订重大合同失职被骗风险、资金使用和投资风险。

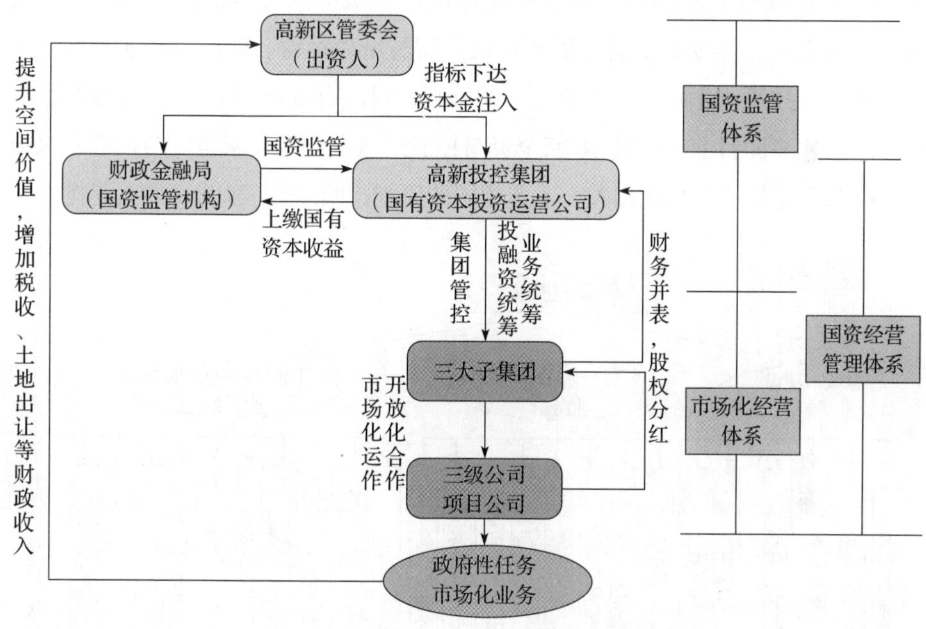

图1　郑州高新区国企改革后的总体系

国资运营管理体系：高新投控集团与下属三大子集团及三级公司、项目公司等，分别作为市场化法人主体，根据权责利对等原则，运营管理所属国有资产。

市场化经营体系：三大子业务集团与三级公司及项目公司共同构成市场化经营主体，通过“开放化合作、市场化运作”，承担区内政府性任务，并大力布局经营性业务，成为国资体系的利润中心。

高新投控集团作为高新区财政资金和政府性任务的出入口，形成畅通的资金与业务流转关系。在业务承接上，高新投控集团承接政府性任务，分门别类地分配给各子集团并实施监督考核。在资金流转上，高新投控集团与下属公司财务并表后，将部分收入通过国有资本收益形式上缴财政，财政每年将上缴的国有资本收益，以一定比例通过注册资本金形式返还国有企业，不断增加国有企业的资本金实力。

（二）优化国有资产与业务布局

为了实现高新区国有企业的功能定位——城市投资建设运营商和产业投资发展服务商，需要打造智慧城市建设、智慧城市运营、园区与产业发展三大类业务群。按照“先归类、再整合”的原则，对国有资产与业务进行重组优化。将高新投建集团目前下属的18家全资与控股二级公司及4家全资与控股三级公司，按照产业相近、行业相关、主业相同的原则，归类于三大业务群（见图2）。

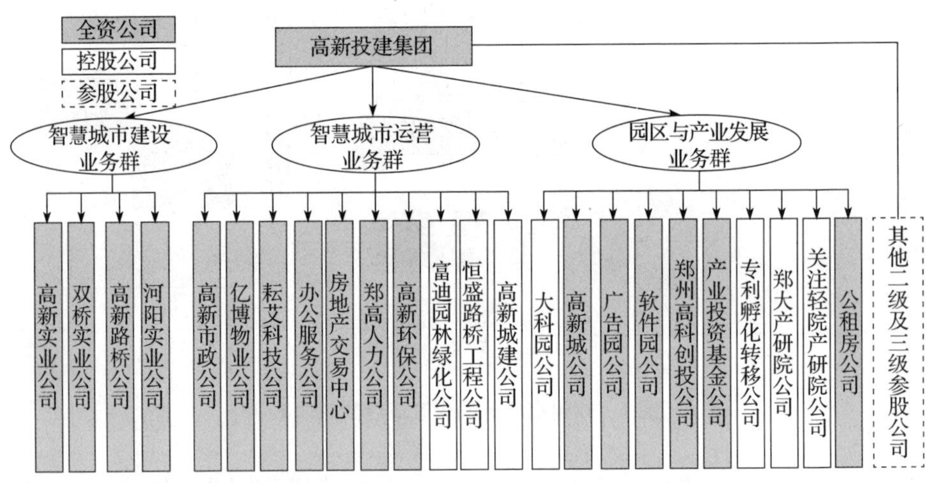

图2　按三大业务群对现有国有企业进行分类

按照“自上而下、分级推进、一企一策”的原则，逐步通过改制、合并、新设等方式，形成“1+3+N”国资总体架构（见图3）。

1. 高新投控集团

发展定位：高新区国有资本投资与运营公司。

资产与业务重组：以高新投建集团为主体，改制成为高新投控集团，作为高新建设集团、高新智慧城市运营集团和高新产业投资集团的全资 / 控股出资人，资产与业务下沉到各子集团。

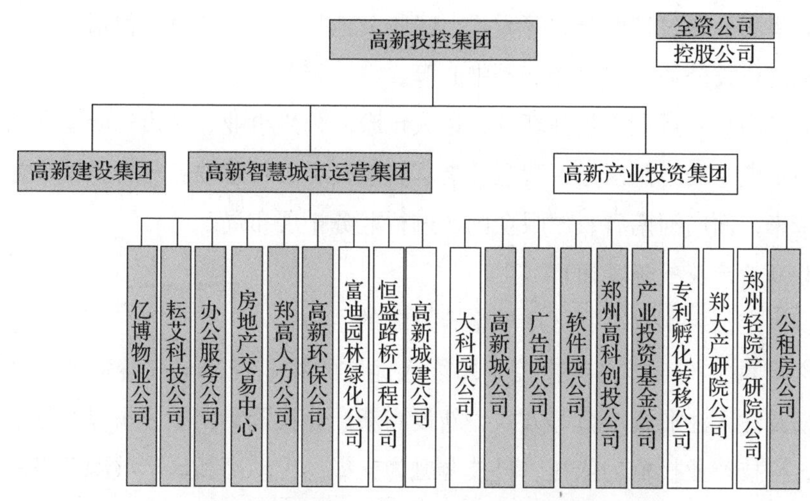

图 3　改革后的“1+3+N”国资总体架构

集团功能定位：作为管理型总部，与财政金融局共同构成多层次的国资管理体系，对权属范围内的企业履行出资人职责、行使股东权利，重点发挥国有资本投资运营中心、战略管控中心、资产管理中心、资金管理中心的职能。同时，承接管委会的工作任务和财政资金，分配给各业务子集团，并实施监督和考核。

2. 高新建设集团

发展定位：高新区市场化的城市建设主力军。

资产重组：以高新实业公司为主体，改制成为高新建设集团，再吸收合并路桥公司、双桥实业公司。对集团形成的公益性、准公益性资产及相匹配的债务，通过政府回购、财政付费、政府债务置换等方式，建立债务化解机制。

业务布局：近期重点布局市政基础设施建设管理、公共服务配套设施建设管理和地产开发三大业务板块。未来随着项目管理能力的提升，逐步承接高新区外市场化的工程建设项目管理业务。

3. 高新智慧城市运营集团

发展定位：高新区智慧城市综合运营平台。

资产重组：以郑州高新市政建设有限公司为主体，改制成为高新智慧城市运营集团，通过控股合并等方式，吸收其他相关业务主体，包括亿博物业公司、耘艾科技公司、房地产交易中心等。

业务布局：近期立足高新区，以大市政、公用事业、城市资源运营为基础业务，重点布局智慧医疗、智慧养老、智慧交通、智慧政务等智慧城市运营业务。未来，面向河南省、放眼全国，进行业务拓展布局。

4. 高新产业投资集团

发展定位：推动高新区产城融合发展的生力军。

资产重组：通过高新投控集团注入优质的物业资产与权益资产、划转公司股权及注入注册资本金等方式，新设高新产业投资集团。公司以科技园区为载体、科技产业投资为依托、科技金融为支撑，推动高新区产城融合发展。通过资本重组、产业基金、引入战略投资者等方式，推动混合所有制改革，迅速做大、做强高新产业投资集团。未来逐步涉足股权投资、资产管理、供应链金融、商业保理、融资租赁等一批金融业态，控制一批金融业务经营实体，向金控集团迈进。

业务布局：重点布局片区综合开发（城市更新）、科技园区开发运营、科技金融、产业投资、产教融等五大业务板块。

（三）建立现代企业管理制度

1. 规范企业法人治理结构

规范建设董事会。国有独资、全资公司及其控股公司的董事会成员原则上不超过 5 人，规模较小或业务简单的三级国有公司，设 1 名执行董事。优化董事会决策程序，提高决策水平。

强化监事会的有效监督。国有独资、全资公司及其控股公司的监事会成员原则上不超过 3 人，规模较小或业务简单的三级国有公司，设 1 名执行监事，不设监事会。

创新经理层管理。经营管理层原则上控制在 5 人以内，减少董事会和经理层的交叉任职。积极推行职业经理人制度，针对专业性要求较高的经营管理岗位，按照岗位特点通过社会公开招聘或专业猎聘等方式面向全国乃至全球选聘高精尖经营管理层人员。

充分发挥国有企业党组织的领导核心和政治核心作用。把加强党的领导和完善公司治理统一起来，经理层成员与党组织领导班子成员适度交叉任职，全面推行党组织书记、董事长由一人担任。坚持民主集中制原则，发挥党组织总揽全局、协调各方的作用，把国有企业党组织研究讨论作为董事会、经理层决策“三重一大”问题的前置程序。

2. 优化组织岗位设计

在部门设置上，按照“高新投控集团以管控为重心、三大子集团及三级子公司以经营为重心”的原则进行优化设计。高新投控集团按照管理型总部的要求进行部门设置，在人力、党群、财务、审计等方面，实行集团垂直管控。三大子集团及三级子公司以业务发展为导向，按照公司业务类型和业务流程进行部门重新设计，着重理清业务权责边界（见图 4）。

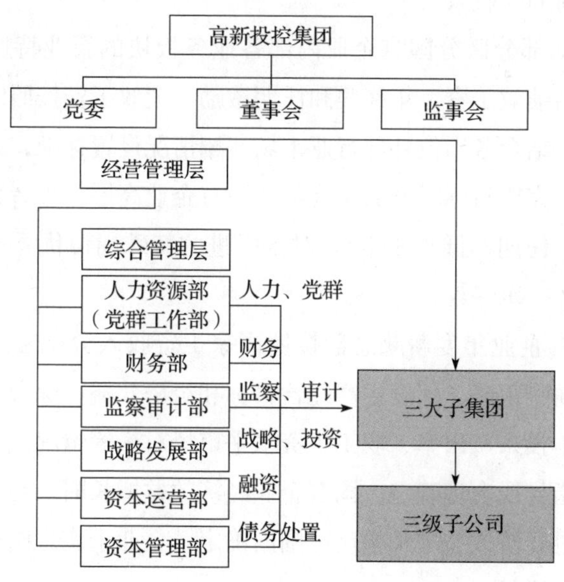

图 4　改革后高新投控集团组织架构

在岗位设置上，按照管理类、职能类、业务类、技术类、保障类等岗位序列进行划分，遵循“管理岗、业务岗、技术岗按需设编，职能岗适度增编”的原则，既要实现公司业务的高效运作，又要保障改革后的人员稳妥安置。

项目组据此制定了高新投控集团及其子公司详细的组织岗位说明书，有效指导了国企改革中的人员竞聘、选聘与招聘工作。

3. 优化薪酬分配体系

薪酬体系以完善现代企业制度为改革方向，以增强企业发展活力为目标，按照分配“增量”改革的原则实行“宽带薪酬制”和“岗位绩效薪酬制”。薪酬分配坚持差异化，坚持与国有企业岗位聘任方式相匹配，坚持与企业功能性质、行业现实相适应；同时统筹处理好不同行业、不同企业和企业内部不同职工之间的分配关系，保证薪酬改革稳妥推进。

建立企业员工收入与企业经营效益挂钩、工资水平与劳动力市场价位相适应的薪酬机制，改革后的员工薪酬增量主要体现在薪酬浮动部分（包括绩效工资、年终奖和任期激励），同时保障国有企业正式人员改革后的年收入原则上不低于改革前的年收入。

薪酬的浮动部分区分国有企业内部各业务板块的行业特性、与经营业绩直接挂钩，包括绩效工资、年终奖和任期激励。绩效工资按照国有企业行业和业务板块不同，结合各岗位外部行业市场薪酬情况设置标准，并按考核结果核算。国有企业在完成目标时发放年终奖，国有企业高层管理者完成目标时发放任期激励（一个任期不低于 3 年）。对于引进的特殊岗位优秀人才，采用协议薪酬形式，具体一事一议。

改革后国有企业年度薪酬总额按照国家工资收入分配宏观政策要求，根据发展战略和薪酬策略、年度生产经营目标和经济效益，综合考虑劳动生产率提高和人工成本投入产出率、职工工资水平市场对标等情况，结合政府职能部门发布的工资指导线合理确定。国有企业经济效益增长时，当年薪酬总额增长幅度可在不超过经济效益增长幅度范围内确定；企业未实现国有资产保值增值时，薪酬总额不增长。

4. 建立绩效考核体系

绩效考核以促进实现企业年度经营目标为宗旨，根据各企业功能定位突出不同考核重点，鼓励确立高目标并高质量完成，按照科学量化原则、分级分类原则和注重实绩原则实施。

组织层面实行三级考核机制，任务层层落实，压力层层传导。由财政金融局牵头与其他相关部门组成考核小组，根据国有企业改革总体目标下达年度高新投控集团的目标和重点工作任务并考核；由高新投控集团下达年度目标和重点工作任务给二级子公司并考核；由二级子公司下达本公司年度目标和重点工作任务给三级子公司并考核。

个人层面实施全员绩效考核机制，建立规范的考核程序，严格考核管理工作。企业高管由本企业董事会制定目标并考核，中基层员工由员工所属企业经营层负责制订目标并逐级考核。考核结果实施强制分布机制和末位淘汰机制，与薪酬收入、评先评优、奖惩激励等挂钩，并作为员工岗位调整和续聘、解聘的重要依据。

（四）规范国有资产监督管理

1. 建立健全国资管理职能，优化国资监管机构履职方式

建立国有资产统一监管体系，财政金融局对出资企业主要通过法律手段和市场手段实施监管，包括制定和修改出资企业的公司章程、对出资企业重大事项报请管委会批准、建立和完善出资企业法人治理结构、选派出资人代表、建立对出资企业考核评价体系并实施业绩考核等。完善高新区国有资产监督管理办法及相关规则制度，明确高新区管委会、财政金融局和各国有企业的管理关系和监管方式。

2. 探索国有资本授权经营体制，加强集团管控

建立重大经营事项授权管理制度，企业在授权范围内自主开展业务经营，包括发行企业债券、融资举债、对外提供担保、对外投资等事项，重大经营事项应当报经管委会审批或备案。高新投控集团作为国有资本授权经营主体，需要加强集团管控，在改革初期，高新投控集团逐步建立财务委派制度和全面预算管理制度，设立财务中心，实行人力、财务的垂直管控，实施定期与不定期监察审计，审批重大决策事项，做好业务归口管理等，对下属企业实施集团化管控。针对参股公司，以保障国有股权收益为主要目标。

未来，随着子集团业务板块成熟、经营能力提升、市场化程度提高，高新投控集团对各子集团实行战略管控，统筹指导、监督、考核子集团战略发展

方向，使之符合高新区国有企业整体发展布局。

3. 发挥企业内部民主监督体系和各级纪委监察体系作用，实现全方位监管

完善职工代表大会制度，对企业重大决策进行审议，监督行政领导，维护职工合法权益，落实企业民主管理。

高新区管委会、各国有企业的纪检、监察等职能部门，切实发挥好对国有企业日常经营、内部管理等各方面的监督检查作用。

六、项目实施成效与客户反馈

本项目中，项目组深入客户内部，认真调研，准确地把握了客户需求，为郑州高新区国有平台公司改革方案的制订收集了大量素材，听取了各方意见，有效地弥合了改革中各方的利益诉求差异，得到了客户的认可与好评。在咨询过程中，项目组始终坚持“与客户共同工作”，客户既是项目的需求方，也是方案成果的重要建议方，更是方式落地的实施方，因此长城战略咨询团队和高新区管委会及高新投集团组成联合项目组共同开展工作，双方的项目负责人始终保持充分、及时的互动，共同把握项目方向。整个咨询项目在双方共同的努力下，进展顺利，期间相互建立起充分的信任和默契，国企改革系列方案最终得到政府及企业客户多方面的好评。同时，长城战略咨询与高新区管委会客户及平台公司客户后续又达成多项合作内容。

方案制订完成后，长城战略咨询项目组持续跟踪方案落地实施情况，期间项目负责人多次亲赴现场，提供指导。截至2019年6月，改革方案已基本落地实施，按照既定方案完成了国有企业重组整合、架构调整、人员调整和业务方向调整，构建了科学规范的国资监管体系，为高新区发展注入了新的活力。

新一轮国企改革背景下重庆国有资本运营公司的实践样本初探

重庆重大同浩管理咨询有限公司　吴爽

重庆重大同浩管理咨询有限公司（以下简称重大同浩）是重庆国际投资咨询集团有限公司的控股子公司，于2000年诞生在有深邃学术造诣和厚重文化底蕴的学林沃土，由重庆大学著名专家、教授等资深人士以及社会各界精英共同发起创建，成为中国中西部最早涉足管理咨询的公司之一。作为重庆乃至西部管理咨询事业的开拓者，重大同浩在积淀自身实力的同时，积极探索中国管理咨询事业的发展模式。

重大同浩作为本土最具规模与实力的专业咨询机构，成立20年来为重庆市相关政府部门、央企、国企、民企等数千家企业提供了管理咨询服务，内容广泛涉及战略规划、集团管控、组织结构、人力资源管理、制度流程、企业文化、国资国企改革等模块。

本案例项目组成员

吴爽，重大同浩项目经理、高级咨询顾问，商学双硕士。曾先后在国内广告公司、澳洲高校、国内核心互联网技术公司等企事业单位从事项目管理、课题研究、市场管理等工作。在重大同浩一直致力于战略规划、市场营销、项目策划、人力资源管理等咨询领域。近年来主导、参与了多个大中型企业、园区发展战略及产业规划项目，以严谨的咨询态度、开阔的咨询视野和务实的咨询方案，获得了客户的认可和好评。

其他成员：冯弟强、蒋镇国、刘正付、贺卫、蔡悠悠

导读

国有资本授权经营体制改革一直是我国国有企业改革的热门话题与难点。从二十世纪末开始，被誉为国有资本运营典范的新加坡淡马锡模式成为国内多地探索国资运营体制改革研究和借鉴的标杆。自十八届三中全会明确提出“完善国有资产管理体制，以管资本为主加强国有资产监管，改革国有资本授权经营体制，组建若干国有资本运营公司，支持有条件的国有企业改组为国有资本投资公司”，改组组建国有资本投资、运营公司成为新一轮国企改革中的全新尝试，也成为实现以管资本为主加强国有资产监管的重要举措。伴随《中共中央、国务院关于深化国有企业改革的指导意见》及其配套文件的陆续出台，国内对于国有资本投资、运营公司的概念与定位也经历了不断探索、逐渐清晰的过程。

重大同浩作为长期关注和研究国企改革政策及国企发展实践的管理咨询机构，近年来已累计为国内上百家大型国有企业、国资管理机构提供了专业咨询服务。本次案例分享即是基于重大同浩项目实践，对在重庆某国有资本运营公司发展模式设计中逐步形成的诊断方法及设计思路进行介绍。

新一轮国企改革背景下重庆国有资本运营公司的实践样本初探

重庆重大同浩管理咨询有限公司　吴爽

一、案例背景综述

（一）国有企业改革背景

国有企业是中国特色社会主义的重要物质基础和政治基础，是国民经济的重要支柱。长期以来，国有企业为我国经济社会发展、科技进步、国防建设、民生改善做出了历史性贡献，被称为“共和国长子”。

作为我国经济体制改革的中心环节和重要领域，国有企业发展一直在不断探索中前行，走过了波澜壮阔、光辉灿烂的改革发展历程。从1978—1992年以“放权让利”为主要特征的国企改革初步探索阶段，到1993—2003年以“制度创新”为主要特征的国企改革战略调整阶段，再到2004—2012年以“国资监管”为主要特征的国资监管体制改革阶段，以及2013年至今以“分类改革”为主要特征的国企改革纵深推进阶段，四十多年来，我国国有企业改革取得了阶段性进展和历史性成就，但仍面临许多深层次的矛盾和新问题的挑战，正处于关键性攻坚阶段，改革任务依然任重道远。

面对新时代“新机遇”新挑战，国有企业改革发展亟须新突破“新进展”新成就。以党的十八大召开为标志，我国国有企业改革进入“分类改革”的全新时期，经过十八届三中全会以来的探索，我国国有企业改革的进展集中体现为2015年9月《中共中央、国务院关于深化国有企业改革的指导意见》的发布及其30多个配套文件的陆续出台，内容涉及国企分类改革、混合所有制改革、现代企业制度、资产管理体制、国有资产监督、党建、债务管理等多个方面，形成了“1+N”的顶层制度体系（见表1），这意味着新时期全面深化国有企业改革的主体制度框架初步确立。

表1 国有企业改革“1+N”制度体系示意（截至2018年年底）

序号	政策方向	政策名称
1	总体要求	《中共中央、国务院关于深化国有企业改革的指导意见》
2	分类推进国有企业改革	《关于国有企业功能界定与分类的指导意见》
3		《关于完善中央企业功能分类考核的实施方案》
4	完善现代企业制度	《关于进一步完善国有企业法人治理结构的指导意见》
5		《中央企业负责人经营业绩考核办法》
6		《中央企业主要负责人履行推进法治建设第一责任人职责规定》
7		《国有科技型企业股权和分红激励暂行办法》
8		《关于全面推进法治央企建设的意见》
9		《关于深化中央管理企业负责人薪酬制度改革的意见》
10		《关于合理确定并严格规范中央企业负责人履职待遇、业务支出的意见》
11		《关于改革国有企业工资决定机制的意见》
12	完善国有资产管理体制	《关于改革和完善国有资产管理体制的若干意见》
13		《关于推动中央企业结构调整与重组的指导意见》
14		《关于推进国有资本投资、运营公司改革试点的实施意见》
15		《国务院国资委以管资本为主推进职能转变方案》
16	发展混合所有制经济	《关于国有企业发展混合所有制经济的意见》
17		《关于鼓励和规范国有企业投资项目引入非国有资本的指导意见》
18		《关于国有控股混合所有制企业开展员工持股试点的意见》
19	强化监督防止国有资产流失	《关于加强和改进企业国有资产监督防止国有资产流失的意见》
20		《关于建立国有企业违规经营投资责任追究制度的意见》
21		《中央企业投资监督管理办法》
22		《中央企业境外投资监督管理办法》
23		《企业国有资产交易监督管理办法》
24		《关于加强国有企业资产负债约束的指导意见》
25		《上市公司国有股权监督管理办法》
26	加强和改进党对国有企业的领导	《关于在深化国有企业改革中坚持党的领导，加强党的建设的若干意见》
27	为国有企业改革创良好环境	《关于支持国有企业改革政策措施的梳理及相关意见》
28		《关于印发加快剥离国有企业办社会职能和解决历史遗留问题工作方案的通知》

续表

序号	政策方向	政策名称
29	债务管理	《关于进一步规范地方政府举债融资行为的通知》
30		《关于坚决制止地方以政府购买服务名义违法违规融资的通知》
31		《地方政府性债务风险分类处置指南》
32		《关于进一步增强企业债券服务实体经济能力严格防范地方债务风险的通知》
33		《关于加强中央企业 PPP 业务风险管控的通知》

（二）国资运营体制改革背景

国有资本授权经营体制改革一直是我国国有企业改革的热门话题与难点。从二十世纪末开始，被誉为国有资本运营典范的新加坡淡马锡模式成为国内多地探索国资运营体制改革研究和借鉴的标杆。自 2013 年 11 月《中共中央关于全面深化改革若干重大问题的决定》中明确提出“完善国有资产管理体制，以管资本为主加强国有资产监管，改革国有资本授权经营体制，组建若干国有资本运营公司，支持有条件的国有企业改组为国有资本投资公司”，自此，改组组建国有资本投资、运营公司成为新一轮国企改革中的全新尝试，也成为实现以管资本为主加强国有资产监管的重要举措。

伴随 2015 年《中共中央、国务院关于深化国有企业改革的指导意见》与《国务院关于改革和完善国有资产管理体制的若干意见》、2017 年《国务院、国资委以管资本为主推进职能转变方案的通知》、2018 年《国务院关于推进国有资本投资、运营公司改革试点的实施意见》等顶层文件的陆续出台，国内对国有资本投资、运营公司的概念与定位也经历了不断探索、逐渐清晰的过程。

自 2014 年 7 月国务院国资委选定中粮集团、国家开发投资公司作为首批国有资本投资、运营公司试点单位以来，已经在 21 家中央企业和 122 家地方国有企业开展试点（截至 2018 年年底），在组建方式、授权范围、公司治理、功能定位等方面进行了大量探索。随着下一步试点范围的继续扩大和综合改革的持续推进，未来国有资本投资、运营公司将在运营模式、经营机制、混合所有制改革等方面探索积累更多经验。

（三）客户基本情况

SW 集团成立于 2007 年，注册资本 60 亿元，是由 C 市国资委设立的国有独资企业，主要承担C市重点水源、城乡供水、污水处理、地方水电、江河渠系治理等相关业务，其中供水业务和污水处理业务在C市的市场占有率分别达到80%和95%以上。

SW集团下辖子孙公司近百家，广泛分布于C市及国内其他区域，初步形成从供排水到水电及相关水利设施于一体的水务产业链和以垃圾焚烧发电为主的环保产业链等两条完整的产业链。

SW集团于2015年被确定为国有资本运营公司，作为地方国有企业中首批进行国有资本运营公司试点的企业之一，SW集团转型后的发展模式备受瞩目且颇具挑战。

（四）咨询需求及目标

SW集团自挂牌成立以来，以其特有的责任、使命及运作模式，紧抓时机、扎根民生、服务经济、回报社会，不仅完成了C市市委、市政府交办的公益性任务，还使集团的发展迈上了新的台阶。

在新一轮国企改革持续深化和国资运营体制改革提速推进的背景下，在当前社会转型、经济转型、企业转型叠加的变革时代，SW集团基于内外部环境的变化及自身功能定位的转变，亟需厘清下一步的发展方向、路径、策略和措施，并以此为导向把握机遇，再创佳绩，实现跨越式发展。

重大同浩作为长期关注和研究国企改革政策及国企发展实践的管理咨询机构，近年来已累计为国内上百家大型国有企业、国资管理机构提供了专业咨询服务。面对此次SW集团转型为国有资本运营公司后亟待确立发展及运营模式的咨询需求，由于当时《国务院关于推进国有资本投资、运营公司改革试点的实施意见》等系统性指引文件尚未发布，国内对国有资本投资、运营公司的发展模式仍处于探索研究阶段，重大同浩倍感压力和责任重大，因此特组建了由内外部专家、学者、精英共同组成的联合项目小组，以期为此次咨询工作达成以下目标：

短期目标——全面评估SW集团现状及面临的新形势、新机遇和新挑战，准确分析国有资本运营公司的新定位、新功能和新内涵，深度解读其所在行业的特点、规律及趋势，并对标国内外标杆企业经验；明晰SW集团未来发展方向，明确其5年内的战略定位和发展目标，确定其资本运营模式，制定SW集团下属产业集群发展方向及运营策略。

长期目标——建立与SW集团长期发展相适应的可持续发展战略和管理体系，建立健全科学的管理制度，塑造优秀的企业文化，提高经营效益，成为全国国有资本运营公司创新发展的典范。

二、项目调研与诊断

项目调研阶段，重大同浩项目组通过内外部访谈、综合资料收集与分析（含标杆企业研究分析）、问卷调查、内部讨论等方式，对SW集团所处的内外部环境进行了综合研判，最终编制形成调研诊断报告并向SW集团高层进行了正式汇报。

（一）调研方法介绍

项目调研阶段主要采用的方法包括。

1. 内外部访谈

内部访谈——项目组针对SW集团高层领导、部门中干、下属企业/机构管理层分别进行了分层、分类的一对一单独访谈，同时邀请部分员工代表进行了分组式座谈，内容广泛涉及被访谈对象对于SW集团的发展历程、行业地位、资源与能力、优势与短板、外部环境、行业趋势、战略定位、业务体系、组织结构、集团管控、重点项目、标杆经验等方面的看法和意见，逐步厘清SW集团各层级员工对企业未来发展的思路与建议。

外部访谈——项目组针对SW集团相关主管部门有关领导，以及对SW集团发展产生重要影响的关键人物、行业意见领袖进行了深入访谈，听取被访谈对象关于国有企业改革、国资运营体制改革、试点企业功能定位及经营模式、所属行业要点及趋势、标杆企业经验及教训等方面的思考与判断，逐渐明晰上级领导/部门对SW集团发展的指导方向。

2. 综合资料收集与分析

企业资料收集分析——项目组编制资料借用清单，收集分析SW集团基本企业信息，同时对SW集团下属企业/机构/重点项目进行实地走访。

行业资料收集分析——项目组重点针对SW集团所属行业现状及趋势，以及对未来发展影响较大的政策环境、经济环境、技术环境等因素进行分析。

标杆企业研究分析——项目组对国内外相关产业领域企业，尤其是标杆企业，以及国内外典型的资本运营企业进行研究，分析其成功经验中哪些关键因素值得借鉴。

3. 问卷调查

管理现状问卷调查——项目组针对 SW 集团实际情况对高层、中层、基层员工进行了涉及发展战略、组织管控、制度流程、财务及投融资、人力资源管理、企业文化、业务管理等不同模块的管理现状调查，同时运用数据分析工具进行汇总、聚类分析、交叉分析，形成内部管理诊断的主要依据。

关键成功因素调查——项目组通过对标杆企业的研究分析，对同类企业在竞争中取胜的关键环节要素进行集合和筛选，邀请 SW 集团相关管理层、主管部门有关领导、行业意见领袖进行矩阵判断，以此来定性识别行业关键成功因素。

4. 内部讨论

内部讨论——诊断过程中，项目组随时召开讨论会议，与内外部专家共同对 SW 集团管理现状及调研中发现的问题进行讨论、分析和研究，最终综合项目组的集体智慧，形成科学的诊断结论。

（二）主要诊断内容

项目组在调研阶段重点针对 SW 集团所处的内外部环境进行了三大层面、九个维度的综合研判（见图 1），主要内容包括。

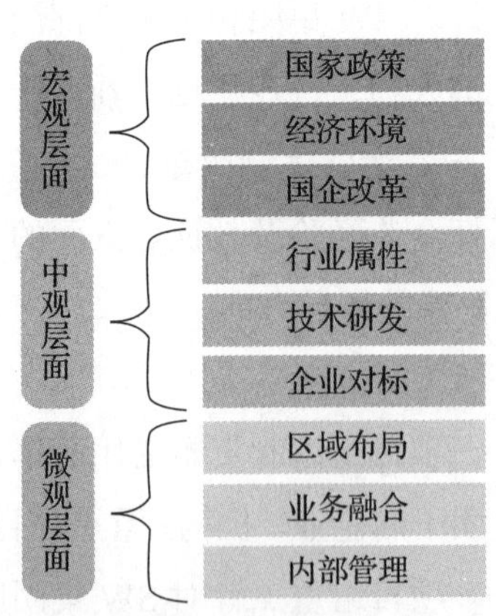

图 1　调研阶段诊断内容构成示意

1. 宏观层面

（1）国家政策。

SW 集团业务所涉及的水务产业和环保产业可统一归属为环境产业。宏观政策的频繁发布成为近年来环境产业的核心关键词，也严重影响 SW 集团未来的发展。

项目组从需求政策和交易政策两个细分角度，对 SW 集团所面临的宏观政策要点进行了梳理：高强度环境监管成为常态、环境政策向效果性环保转变、企业自主推动排放标准提升、信息公开和公众参与程度逐渐加深；政府购买公共服务逐步落地、政策倒逼工业企业购买第三方治理服务。

（2）经济环境。

项目组从宏观经济、区域经济、产业经济、社会资本等四个细分角度，对 SW 集团所面临的经济环境要点进行了梳理：宏观经济进入新常态、C 市经济持续强劲发展、环境企业迎来大资本时代、社会资本进入基础设施领域更为通畅。

（3）国企改革。

项目组从国企改革的新导向、国有资本管理平台的新挑战、国有资本投资 / 运营公司的新定位、国有资本运营公司的新内涵等四个细分角度，对 SW 集团所面临的国企改革环境进行了梳理：SW 集团业务既有公益性又有商业性，必须发展成为自主经营、自负盈亏、自我发展、自我约束的市场主体；政府融资职能宣告终结，必须探索和利用好新型融资模式，提升偿债能力；SW 集团本部将不再从事生产经营活动，而是以国有资本的保值增值为目标，更加侧重改善国有资本的分布结构和质量效益；国有资本运营公司的主业是股权投资，集团本部为股权投资机构，不直接管理企业，集团本部及下属子公司需按照有资本无债务、有投资不控股、有投资不并表，纯粹负责资本管理的原则，全方位进行国有资本投资运营管理，既体现产业发展导向，又兼顾市场投资效益，重点支持发展关系国计民生的重要行业和领域。

2. 中观层面

（1）行业属性。

项目组从行业现状和行业前景两个细分角度，对 SW 集团所属的环境产业要点进行了梳理：环保成为真实需求，环境产业进入发展大时代；地方政府行政权力改革逐步实现，巨大的市场空间即将释放；政策推进环境产业市场化变革，社会资本进入大门已开；产业投资进入以城市整体为单元的时期；政企界限已经划清，第三方治理成为最大趋势；环境产业需求面逐步拓宽，环境修复、农村环境整治等需求将会释放；服务极致化带来额外收益；规模化、国际化的一流综合环境服务集成企业将会显现；资本推动产业变局加速，产业协同与合作成为稳定的发展方式。

（2）技术研发。

项目组从技术研发现状和市场应用展望两个细分角度，对SW集团所面临的技术研发及应用环境要点进行了梳理：产业发展水平不高，关键核心技术掌握不足；技术创新应用有待突破，产学研用创新体系尚需建立；政策驱动技术研发，大气污染、水污染、土壤修复市场可观。

（3）企业对标。

项目组从国际企业对标和国内企业对标两个细分角度，对国内外行业标杆企业发展进行了经验总结：环境企业向产品多样性与服务全面性方向发展，企业集中度有望进一步提高；龙头企业从单一领域向综合环境服务商转变，形成金字塔型发展格局（见图2）；并购促使世界巨头快速成长，中国成为外延扩张的重要市场；国内环境产业上市公司总体持续增长；各细分领域发展阶段及业务重心差异较大；企业总体盈利增速良好，固废处理与环境监测领域增长率较快。

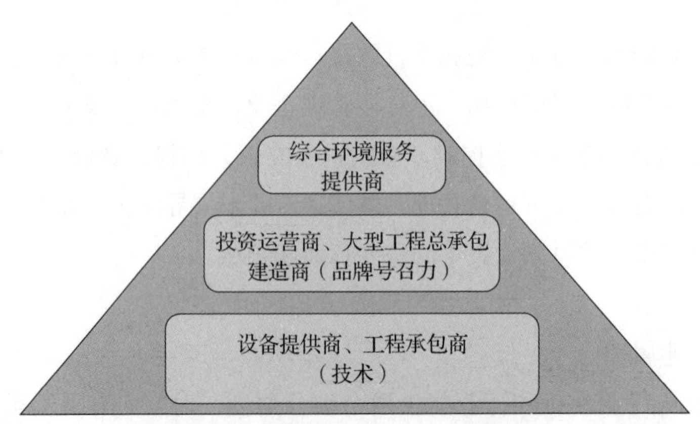

图2　环境产业金字塔型发展格局示意

3. 微观层面

（1）区域布局。

项目组从业务布局和特许经营权两个细分角度，对 SW 集团存量业务的区域布局情况进行了梳理：供水业务、污水处理业务、水力发电业务、垃圾发电业务、工程施工与安装业务的业务类型细分、市场布局情况、收入利润占比、相关子孙公司情况、特许经营权情况等（数据信息略）。

（2）业务融合。

项目组从融合起源和融合难点两个细分角度，对 SW 集团存量业务的融合要点进行了梳理：相关子孙公司业务同质化情况、整合融合历史、核心阻碍因素及融合展望等（数据信息略）。

（3）内部管理。

结合管理现状调查问卷、关键成功因素调查问卷和标杆企业分析情况（见表 2），项目组从业务管理、组织管控、人力资源、企业文化、关键成功因素等五个细分角度，对 SW 集团内部管理现状及核心能力培育进行了综合梳理：下属企业间未形成良好的产业协同效应；对下属单位的管控界面有待厘清；下属企业中缺乏有效的绩效管理体系；母文化未能有效辐射和影响子文化；政策导向、政府资源、特许经营权、人才团队等因素构成了 SW 集团的核心优势（见图 3）；尚需在市场化运作国有资本、扩大对区域市场的资本布局、提升整合并购能力、注重无形资产运作等方面培育核心能力。

表 2　标杆企业分析情况示意

标杆企业	关键成功经验
淡马锡	坚持创造长远价值的投资理念进行全球布局；建立权责分明的治理架构；实施灵活的投资策略；形成积极的价值观；保持对社会公益事业的持续支持；吸引专业化的经营管理团队
哈撒韦	以价值投资为根基的增长投资策略；“不干涉”的管理风格；高度集中的资金管理模式
中央汇金公司	采用控股公司模式，以资本为纽带，以出资额为限，通过市场化方式管理国有金融资产；不发指令不搞审批，通过市场化方式提出股东意见建议—派出董事制度，只当股东，不做婆婆；审慎推进国有金融机构的综合化、国际化和集团化发展进程
国盛集团	围绕产业链、价值链实施产业资源及资本资源的整合重组，对外部优势企业进行战略性并购；创新金融产品，参股国资上市公司；形成股权注入—资本运作—收益投资的运作模式

续表

标杆企业	关键成功经验
渝富集团	以金融综合服务、城市综合运营、资产综合管理为市场核心竞争力，以金融控股为主要特征；形成债务、土地、资产三个重组基本职能；具备较大的资产规模和较强的资本实力；进行股权投资和运营；形成良好的组织结构、管理制度、人力资源等基础条件；积累品牌、信用、渠道等无形资产

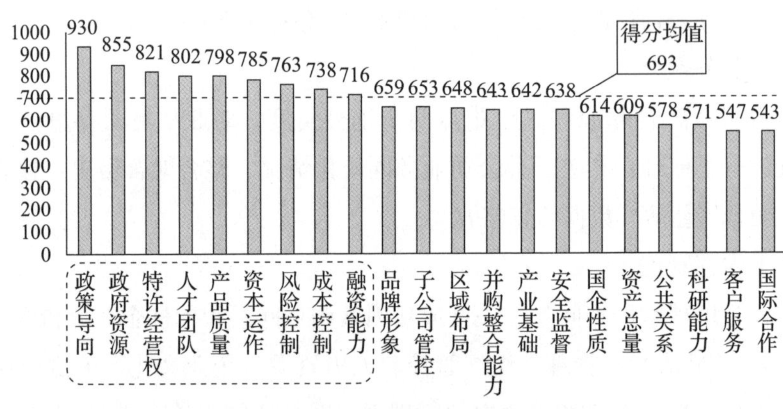

图3　关键成功因素调查结果示意

（三）核心诊断结论

项目调研阶段最终形成核心诊断结论如下。

1.SW 集团的基因是政府投融资平台演绎的 2.0 版本

政府投融资平台的本质是基于某个行业或者某个领域内的全产业链全要素闭环整合后的政府 + 市场化运作。当外部环境与内部条件、资源在时空位移背景之下，升级平台，再度整合，实现从管资产向管资本过渡，这是国企成长的必由之路，这是新的社会、政治、改革转型的倒逼之举，更是全球经济一体化背景下国企真正做强、做优、做大的自我救赎。

2. 存量与增量的鱼和熊掌

就存量而言，水资源全产业链及其要素整合闭环发展代表了行业最成功的商业模式。

水资源在新的时空背景下，在其原有的自然属性、生产属性、生活属性之外，被人为附加了诸如政策属性、公益属性、商品属性、价值属性乃至垄断属性，简单的水变为重要的砝码并进而成为资本追逐的宠物。拥有水资源，就是拥抱成功、拥抱财富。国际水务巨头证明了这一点，国内上市水务企业证明了这一点，全国各省市自治区的各级政府拥水自重证明了这一点，本次关键成功要素和问卷调查表的结论同样证明了这一点。围绕水再做文章，SW集团大有作为。也可谓将存量业务从形式到内涵的再升华、再挖掘。

就增量而言，大环境产业风起云涌，狼烟遍地，新老巨头群雄逐鹿。但囿于国内固有体制，画地为牢，市场封闭、门槛高筑，排他性强、极度的市场碎片化。这些负面因素将极大地影响增量业务的布局与成长、落地。但值得庆幸的是这是一个大整合、大重组的时代，是一个资本流动更活跃、话语权更重的时代，一切阻碍和约束在资本面前可以变得土崩瓦解。增量业务的跨界，市内外、国内外市场的布局，人才的延揽，技术、商业模式的创新都尽可以在更大的时空舞台上得以开花结果。

存量与增量业务齐飞，鱼和熊掌可以兼得。

3. SW集团当务之急是加速推动国有资产证券化

以SW集团拥有的资产总量、业务范围及规模、区域布局和优质核心资源及庞大的子孙公司数量，不加速推动资产证券化，很难在内部建立市场机制，很难激发活力，很难解决庞大的投融资需求，很难推动新兴产业发展，很难凝聚形聚神散的二级集团，更难达成C市国资委对其资本运营公司的定位、使命与目标，同时，外部资本市场，特别是新三板市场非常契合以最小的成本、最便捷的途径、最灵活的混改，推进国企改革和证券化。由此实现价值发现，提高估值，实现国资保值增值。可谓一招妙手，全盘皆活。

在推进国有资产证券化过程中，分阶段实现从资本投资公司与资本运营公司双重角色逐渐蜕变为真正的资本运营公司。

4. SW集团继续搭建科学的组织平台

资本市场和资本经营成就了资本业务化的最高经营模式和境界。从国际资本大鳄到量子基金、淡马锡，再到国内的中央汇金公司乃至渝富集团，都诠释了其成功的内涵，实现从产品经营、产业经营到资本经营并借此由实变虚，就是资本投资经营公司最好的嬗变。由此可见，SW集团搭建的组织平台，必须围绕资本业务化而展开。这一平台既要体现扁平化、专业化，又要实现效率化、信息化。

平台的扁平化体现在缩减现有过多的管理层级；平台的专业化体现在将

所有的项目转变为专业公司；平台的效率化体现在简单、高效的管理流程的建立；平台的信息化体现在依靠“互联网＋”建立有效的监控手段。

三、项目方案设计

项目方案设计阶段，重大同浩项目组依据客户咨询需求，结合调研阶段关键发现及诊断结论，编制形成SW集团5年发展规划。现就发展规划设计框架（见图4）及可供借鉴的国有资本运营公司相关发展模式进行介绍。

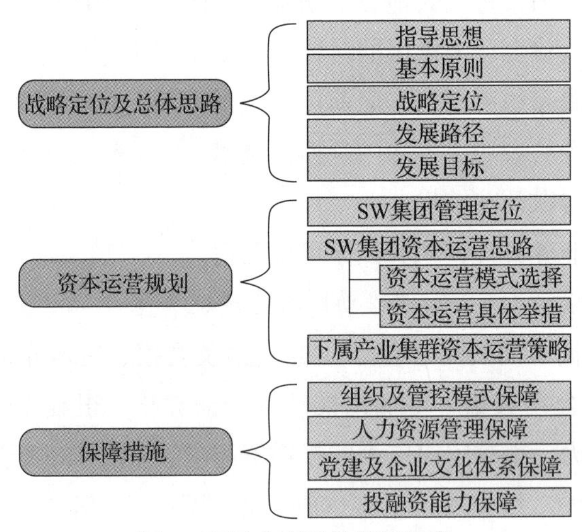

图4　项目方案设计框架示意

（一）战略定位及总体思路内容要点

1. 战略定位

规划5年期内，SW集团的战略定位为：大环境综合运营商。

SW集团将由传统的区域性水资源环境经营企业转型升级为大环境资源的产业控股集团，由实体资产经营企业转型升级为资产经营＋资本运营的现代企业，由直接管理模式转型升级为以股权、资本为纽带的集团管控模式，打造国内领先、国际有一定影响的大环境资源整合平台企业。

2. 发展路径

规划5年期内，SW集团的发展路径具体表述为：一个核心、二个市场、三个空间、四个集群。即围绕国有资本运营定位核心，依托国内和国际两个资本市场，搭建区域、国内、国外三个业务空间市场，培育壮大下属子公司四大产业集群。

3. 发展目标

（1）定性目标。

规划 5 年期内，SW 集团将逐步转型为完全的国有资本运营型企业，力争实现四大产业集群在国内、国际资本市场的上市工作；推动企业资产、净资产逐年增加，确保国有资本保值增值。

（2）定量目标。

定量目标内容略。

（二）资本运营规划内容要点

1. SW 集团管理定位

SW 集团作为国有资本运营公司试点单位，其核心职能就是实现国有资本的保值增值、结构优化和转型升级。通过国内外资本市场和金融市场，发挥资本的杠杆作用，更好地支持产业运营的发展，切实担负起政府赋予的企业责任。通过投资融资、产业培育、资本整合、股权运作、价值管理，实现企业可持续发展。

2. SW 集团资本运营思路

（1）资本运营模式选择。

在外有行业竞争、内有改革需要的局面下，SW 集团要实现资产增值，必须通过资本运营使所拥有的一切有形和无形的存量资本通过流动、优化配置等方式进行有效运营，变为可以增值的活化资本，以最大限度地实现资本增值目标（见图 5）。

图 5　资本运营模式选择示意

①搭建资本运营平台。

优化四个子平台——坚持推进下属子公司四个产业集群的形成和发展，推动以下属子公司N集团、E集团、S集团、W集团为核心的四个子平台的优化，未来对存量资产及增量资产的资本运作均围绕四个子平台展开（见图6）。

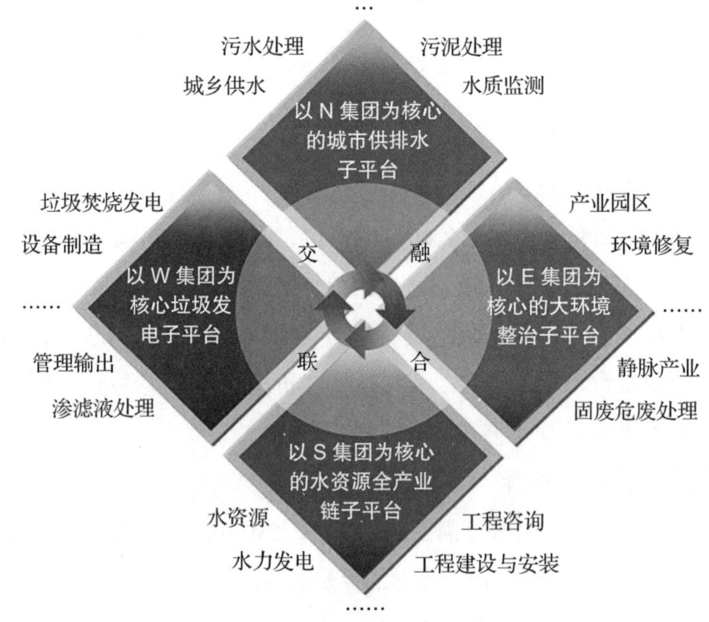

图6　优化子平台示意

培育上市公司——在四个产业集群及外部机会中通过资本力量持续加大对上市公司的打造，通过依托国际、国内两个资本市场，打通资产资本化、资本证券化的通道。SW集团应积极培育各子平台整合优质资源，实现在国内资本市场上市（见图7），同时借助环境产业的国际化基因，推进大环境整治子平台的境外IPO。

组建产业基金——通过进入并控股有关基金，包括产业投资基金、风险投资基金，广泛吸引社会资本参与，撬动更大的资金杠杆。由SW集团发起设立基金管理公司，再以管理公司+投资人的合伙形式设立产业投资基金或风险投资基金，然后委托信托公司对相关项目公司进行投资（见图8）。

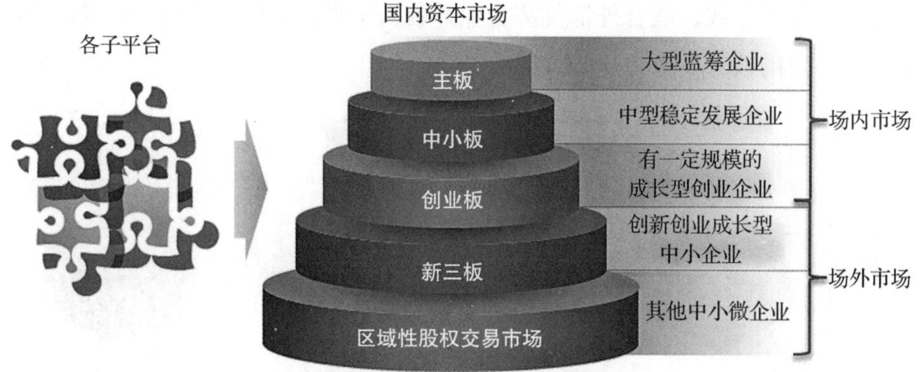

图7　国内资本市场上市示意

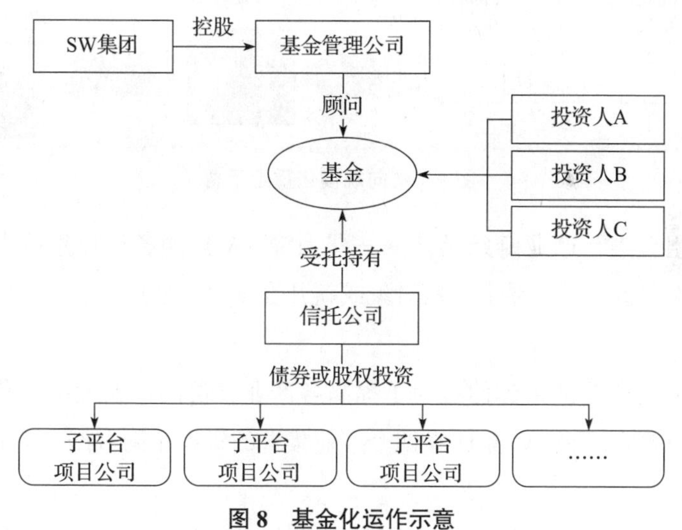

图8　基金化运作示意

②有形资本运营。

横向兼并推动规模化重组——即推进 SW 集团内外部中小企业整合，联合优势资源装入子平台寻求上市。

存量方面，针对四个产业集群中规模较小、业务相似的中小型企业进行梳理，采用合并、分离、出售、置换等方式，重组同类企业装入对应子平台，以实现资源利用的最大化；增量方面，以做强、做优、做大四个产业集群为导向，对行业内具有技术、资源、市场的潜力企业进行筛选，采用收购、兼并、控股、参股等方式，联合外部优势企业并装入子平台，取长补短，形成四个产业集群各自的核心竞争力（见图 9）。

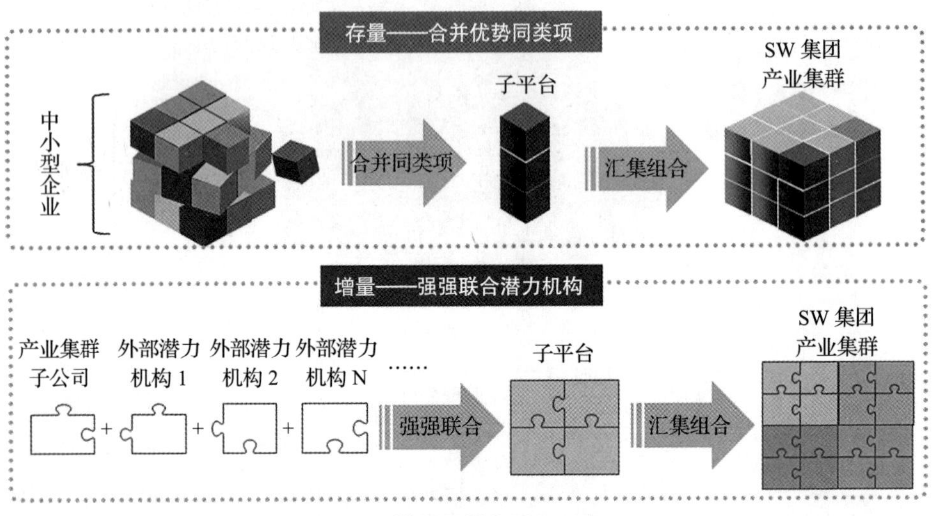

图 9　横向规模化重组示意

纵向组合进行产业链条延伸——即围绕 SW 集团各产业集群进行增量扩张，在其主业上下游中寻求并购对象或新开发项目，形成产业布局的合理延伸（见图 10）。

推行纵向产业链条延伸是为了提高各产业集群的经营效率，获得产业一体化的协同效应，使 SW 集团在四个产业集群的资本布局占据一定的行业垄断优势。

PPP 模式应用实现扩张——PPP 模式不仅是民营企业进行市场扩张的有效途径，也是 SW 集团实现国有资本在区域、国内、国外三个业务空间市场合理布局的有效方式。

环境资源产业企业的发展主要是以业务规模扩张为目的，通过不断增加项目数量来提高市场占有率，因此，PPP 模式还将为 SW 集团资本运营提供良好的项目库，SW 集团不仅获得对项目公司直接投资所获得的收益，还能够通过旗下产业投资基金 / 风险投资基金对项目投入获取分红，更可通过单一产业进入某全新业务市场，与当地政府共同组建项目公司，以此推动其他产业在该地区的业务拓展（见图 11）。

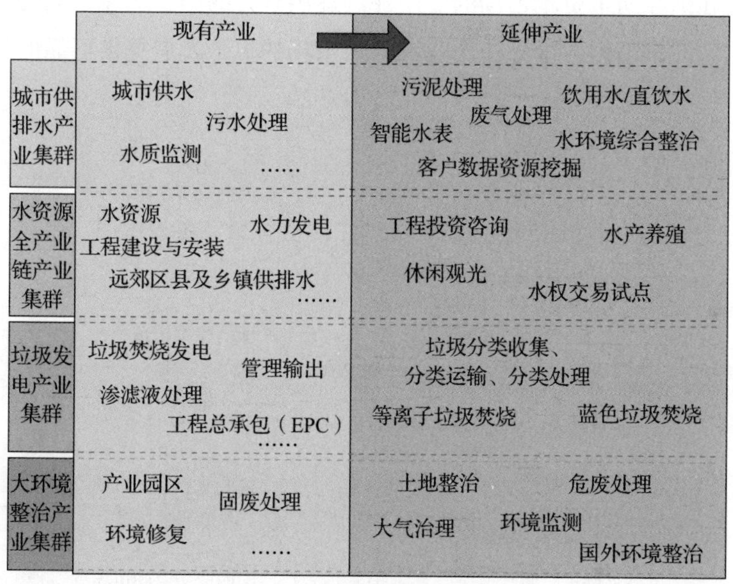

图 10　纵向产业链条延伸示意

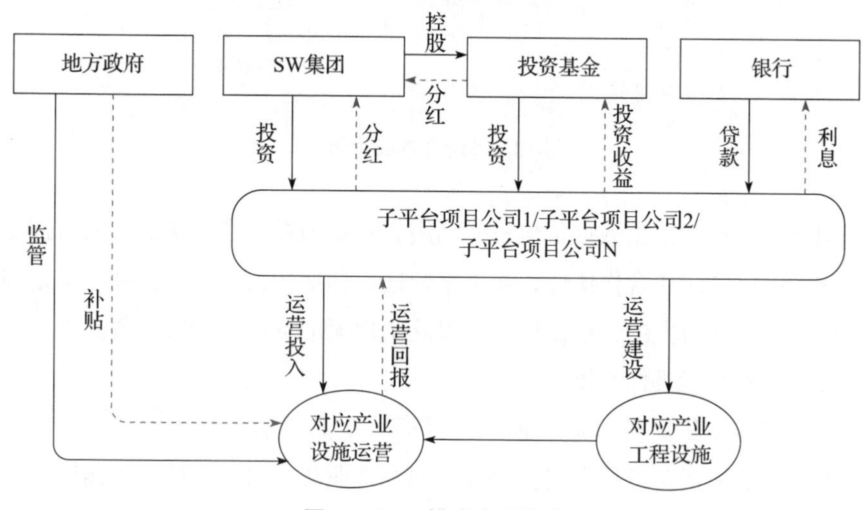

图 11　PPP 模式应用示意

③无形资产运营。

活用品牌资本助推资产并购——利用 SW 集团在区域乃至国内的知名度，

从集团公司的整体高度进行品牌规划，塑造经营好企业形象和声誉，为 SW 集团在国内和国际两个资本市场的资产并购提供有力的信誉保障，同时为四个产业集群在区域、国内、国外三个业务空间市场的扩张发展提供可靠的品牌背书（见图 12）。

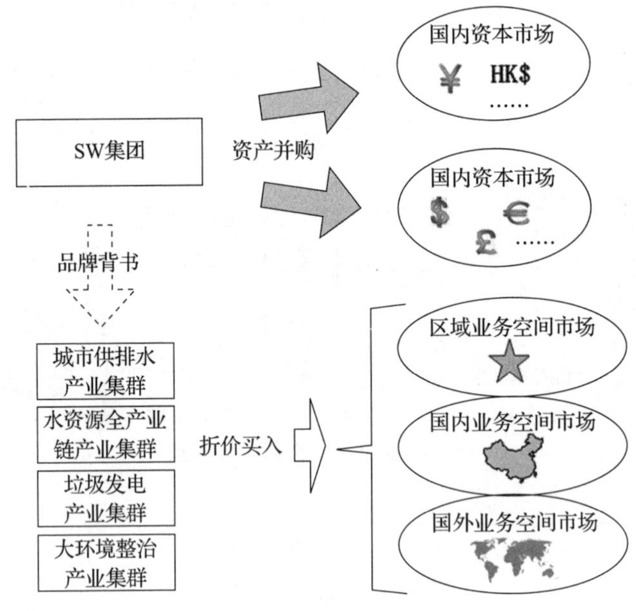

图 12　品牌资本应用示意

用好客户资源挖掘数据价值——利用 SW 集团在各产业集群布局所拥有的庞大的准用户群体和合作伙伴，通过整合这一稀缺的无形资产，并牢牢把握和盘活客户群及其衍生的大数据优势，以此实现无形资产的无限增值。

（2）资本运营具体举措。

在明确 SW 集团资本运营模式选择后，重大同浩项目组针对 SW 集团层面需进行的资本运营具体举措，以及在四个产业集群可进行的资本运营策略进行了详细阐述，同时针对 SW 集团转型为国有资本运营公司后保障企业健康有序发展的组织及管控模式、人力资源管理、党建及企业文化体系、投融资能力等方面的必要措施进行了梳理，此处不再一一展开。

四、项目方案评估

企业发展规划是一定时期内对企业发展方向、发展目标与路径、着力点及竞争能力的重大选择、谋划与策略，是企业发展的灵魂与纲领，对企业发展规划的有效实施落地不仅需要将其中战略定位、运营模式的理念和精髓融会贯通于企业组织管控、制度流程、人力资源等职能管理的方方面面，还需要将企业发展规划中战略目标、实施策略的任务与要点逐层分解至下级子孙公司的发展规划中。

此次 SW 集团确立为国有资本运营公司后的发展规划项目顺利通过 SW 集团内部及 C 市国资委进行的多次评审。在获得客户单位的高度认同后，重大同浩持续为 SW 集团及其子公司提供了多次、多项涉及组织管理、集团管控、薪酬体系、绩效体系、制度设计、业务整合及子公司发展规划的咨询服务。

同时，重大同浩凭借长期积累的国企改革及发展实践经验，结合此次项目的咨询体会，触类旁通、举一反三，后续又为国内多家省级 / 市级国有资本投资公司、国有资本运营公司成功提供了管理咨询服务。

新时代、新职教，
中国特色高水平专业群建设咨询服务案例

绎达咨询（成都）股份有限公司　彭艳

绎达咨询（成都）股份有限公司（以下简称绎达股份）前身系中国政府相关部门内设的事业单位，于2000年在英国国际发展部资助及普华永道咨询援建下成立，以实施时任总理朱镕基领导的中国“国企重组及企业发展项目”。集团业务已形成“咨询与数据服务+基金管理与投资+新经济产业”三驾马车并驾齐驱。绎达股份专业布局为3+2+1，即三个业务领域（管理咨询、数据服务、投资银行）、两个行业中心（电力行业发展中心、高职教育发展中心）、一个智库（中国高职发展智库）。

绎达股份是国家信息化和工业化融合管理体系贯标咨询推荐服务机构、国家工信部推荐管理咨询机构、连续八年入选“中国管理咨询机构50强”、中国企业联合会管理咨询委员会副主任委员单位、2016年被评选为“值得信赖的中国管理咨询机构”。

本案例项目组成员

彭艳，绎达股份高等教育事业部高级顾问，国际注册管理咨询师（CMC），中国高职发展智库副总编。长期致力于高等职业教育教学改革。出版专著《职业教育集团化办学的“成都模式”——以旅游职业教育集团为例》，2017年获成都市社会科学优秀成果一等奖。

其他成员：何承宇、汤洁、张妍妍、席少先、任波、庞小琼、许鑫

导读

专业群建设是高职人才培养的基本单元，是提高人才培养质量的关键途径。近年来，教育部、财政部陆续出台多项政策对专业群建设提出了要求。《中国特色高水平高职学校和专业建设计划项目遴选管理办法（试行）》提出："围绕国家重大战略和区域支柱产业，首轮立项建设50所左右高水平高职学校和150个左右高水平专业群，重点布局现代农业、先进制造业、现代服务业、战略性新兴产业等技术技能人才紧缺领域"。

在"互联网+"时代背景下，B专业群服务的C市D产业与相关产业深度融合，催生了新技术、新工艺、新产品，这对技术技能人才知识结构和职业适应性提出了新要求，给人才培养提出了新挑战。B专业群以中国特色高水平专业群建设为契机，提高人才培养质量，满足D产业对人才的新要求，助推D产业转型升级。

鉴于绎达股份在高职院校十多年的专业咨询经验和领先管理咨询技术，A学校委托绎达股份开展中国特色高水平专业群建设咨询服务。项目立足B专业群建设现状，以战略性、前瞻性为原则，以绎达产业分析模型、绎达产业大数据、高职院校专业大数据库为支撑，按照"行业企业人才培养需求调研分析–标杆院校调研分析–专业群结构布局优化–人才培养方案修订"四个阶段，统筹谋划B专业群建设，为其高质量发展提供有力支撑。

通过本项目实施，确保了B专业群设置有效对接区域产业布局，推进了B专业群人才培养有效匹配企业需求，促进了B专业群建设保障条件优化，助推了B专业群人才培养质量提升。

新时代、新职教，
中国特色高水平专业群建设咨询服务案例

绎达咨询（成都）股份有限公司　彭艳

一、项目背景与客户需求

当前，产业和经济结构调整、技术转型升级是我国经济社会发展的主题，各行各业对高素质技术技能人才的要求越来越高，倒逼了高职院校必须不断提高人才培养质量。而专业群建设是高职院校人才培养的基本单元，是提高人才培养质量的关键途径。高职院校专业群建设主要指专业结构布局、专业人才培养定位、专业课程建设、专业教学条件建设、师资队伍建设等。

近年来，国家教育部、财政部陆续出台了多项政策对专业群建设提出了要求。《国家职业教育改革实施方案》提出："到 2020 年，建设 50 所高水平高等职业学校和 150 个骨干专业（群）"。《中国特色高水平高职学校和专业建设计划项目遴选管理办法（试行）》提出："围绕国家重大战略和区域支柱产业，首轮立项建设 50 所左右高水平高职学校和 150 个左右高水平专业群，重点布局在现代农业、先进制造业、现代服务业、战略性新兴产业等技术技能人才紧缺领域"。《关于实施中国特色高水平高职学校和专业建设计划的意见》提出："面向区域或行业重点产业，依托优势特色专业，健全对接产业、动态调整、自我完善的专业群建设发展机制，促进专业资源整合和结构优化，发挥专业群的集聚效应和服务功能，实现人才培养供给侧和产业需求侧结构要素全方位融合。校企共同研制科学规范、国际可借鉴的人才培养方案和课程标准，将新技术、新工艺、新规范等产业先进元素纳入教学标准和教学内容。"

A 学校 B 专业群是国家骨干高职院校、C 市示范高职院校重点专业建设单位、中央财政支持建设实训基地、C 市重点产业基地，群内现有 7 个专业，服务于 C 市 D 产业。在“互联网 +”时代背景下，推进 C 市 D 产业与相关产业深度融合，催生新技术、新工艺、新产品已势在必行，这对技术技能人才知识结构和职业适应性提出了新要求，给 A 学校 B 专业群人才培养提出了新挑战。为此，A 学校 B 专业群以中国特色高水平专业群建设为契机，提高人才培养质量，满足 C 市 D 产业对人才的新要求，助推 D 产业转型升级。

A 学校 B 专业群鉴于绎达股份在高职院校十多年的专业咨询经验和领先的管理咨询技术，委托绎达股份开展中国特色高水平专业群建设咨询服务①。绎达股份立足于 A 学校 B 专业群建设现状，通过分析 C 市 D 产业发展趋势，明确 A 学校 B 专业群人才培养需求；通过分析标杆院校专业群发展特点，结合 C 市 D 产业发展趋势，明确 A 学校 B 专业群人才培养定位，优化调整 B 专业群结构布局和修订人才培养方案，为 A 学校 B 专业群高质量发展提供有力支撑。

二、项目调研诊断

（一）专业现状调研诊断框架与内容

绎达股份以“产教融合、校企合作、工学结合、知行合一”为理念，以《高等职业院校内部质量保证体系诊断项目参考表》为基础，按照专业定位、需求匹配、资源建设、教学实施及管理、目标达成评价 5 个方面，设计了专业群建设现状调研诊断“五度”模型（见图 1），即社会需求清晰度、培养模式匹配度、资源投入支撑度、教学过程有效度及培养目标达成度，明确了区域行业需求、岗位能力需求、课程体系、教材资源、教学过程、教学质量管理、教学方法改革、人才培养过程质量、毕业生就业及发展、学生企业社会认可度 12 项调研诊断要素。

① 专业群建设属高职院校人才培养涉密内容，故本案例涉及的内容做了相应处理。

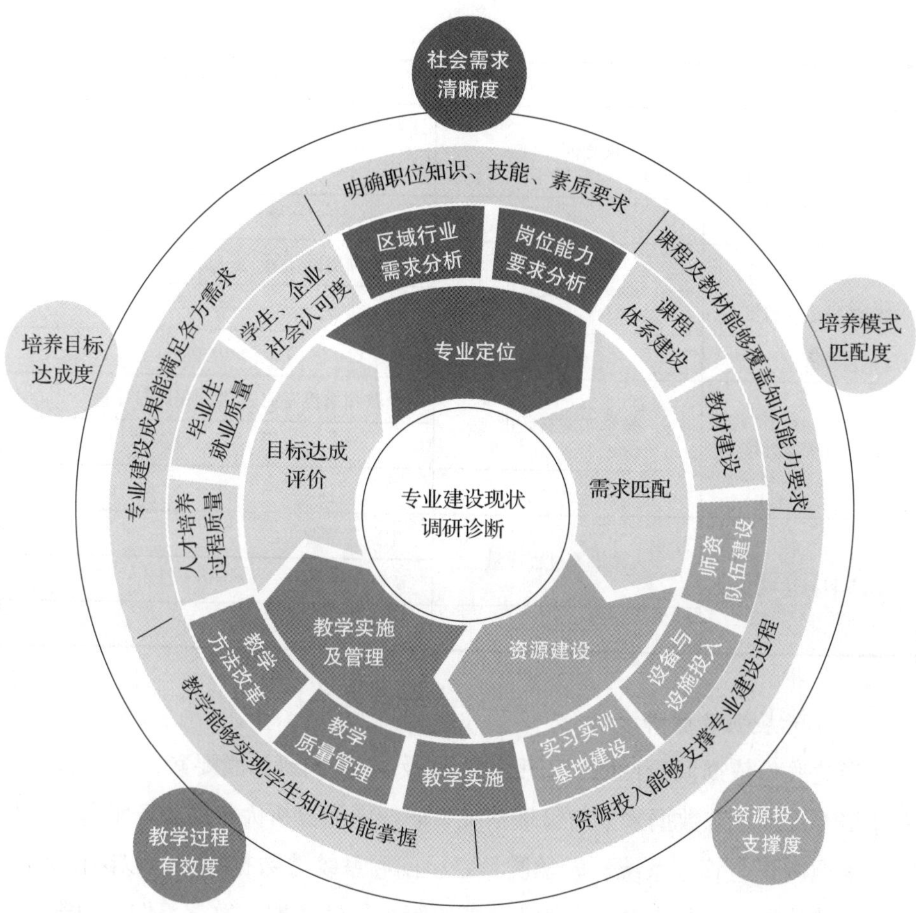

图 1　专业群建设现状调研诊断“五度”模型

依据 12 项调研诊断要素，明确了调研诊断具体内容（见表 1）。

表 1　专业群建设现状调研诊断内容（示例）

一级	二级	三级
社会需求清晰度	行业需求清晰度	产业结构清晰度
		……
	……	……

续表

一级	二级	三级
培养模式匹配度	课程匹配度	课程专业能力覆盖率
		……
	……	……
资源投入支撑度	师资队伍支撑度	专任教师生师比
		……
	……	……
教学过程有效度	教学实施有效度	专任教师承担专业 A 类课程课时比例
		……
	……	……
培养目标达成度	人才培养过程质量	学生获奖情况
		……
	……	……

（二）开展项目调研诊断

绎达股份依据调研诊断“五度”模型及 12 项调研诊断要素，依托 A 学校人才培养工作状态数据采集与管理系统、职业能力分析大数据服务平台、学生综合素质测评与管理系统、教学质量之星问卷系统等数据平台，以岗位数据、岗位区域数据、专业能力点、就业薪酬等行企外部数据，教学条件、师资队伍及授课、招生就业等校本数据和学生综合素质、学生出勤情况等院本数据为数据源，借助 Python、Tableau、SPSS 等数据分析处理工具，对 B 专业群建设情况进行诊断分析（见图 2）。

通过分析，发现 A 学校 B 专业群主要存在五个方面的问题。

第一，社会需求清晰度方面，对行业企业人才培养需求不清晰，导致 B 专业群结构布局不合理，人才培养面向、培养目标不清晰（见图 3）。

第二，培养模式匹配度方面，B 专业群内各专业人才培养方案中的岗位面向设置与企业实际岗位需求匹配度不足 30%，各专业课程设置对于企业需求的技能覆盖率不足 40%（见图 4）。

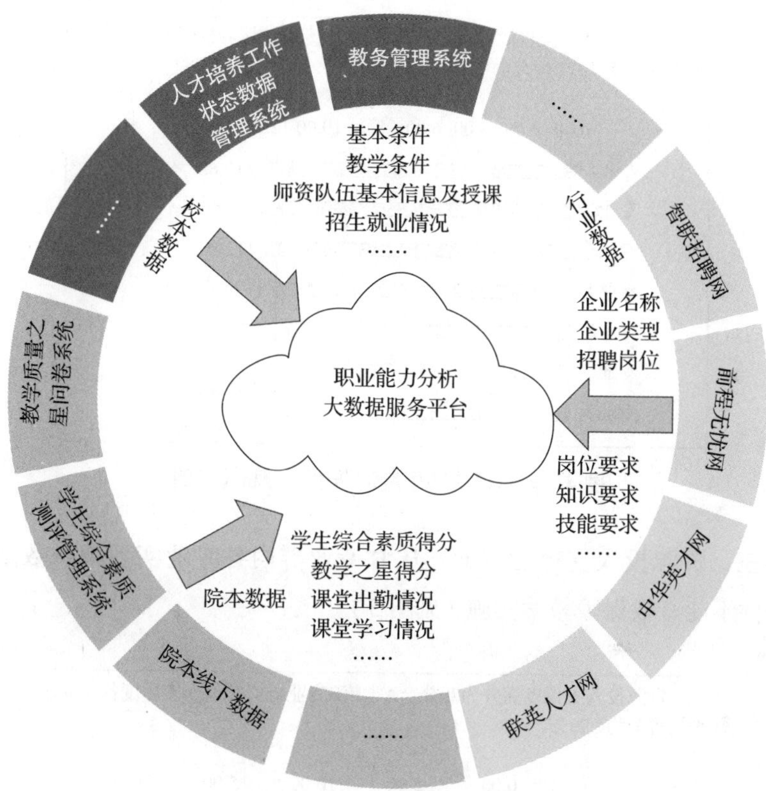

图 2　A 学校 B 专业群现状质量诊断数据平台

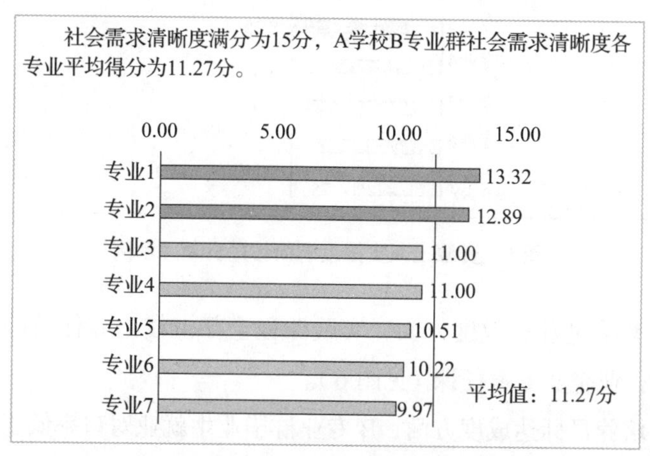

图 3　社会需求清晰度调研诊断分析（示例）

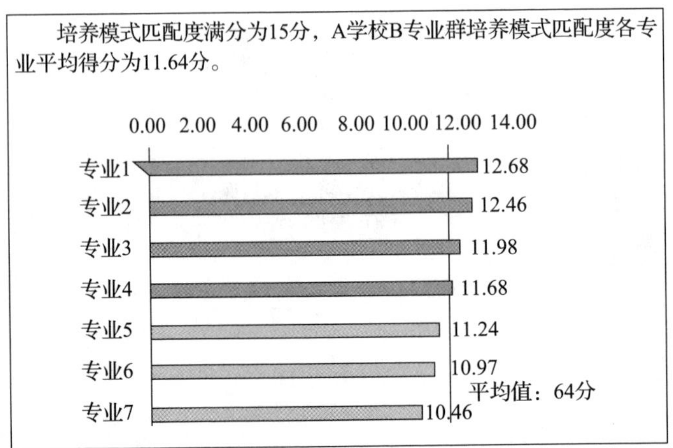

图 4　培养模式匹配度调研诊断分析（示例）

第三，资源投入支撑度方面，从 B 专业群内各专业实训设备数量不足，教学条件不能有效保障教学实施（见图 5）。

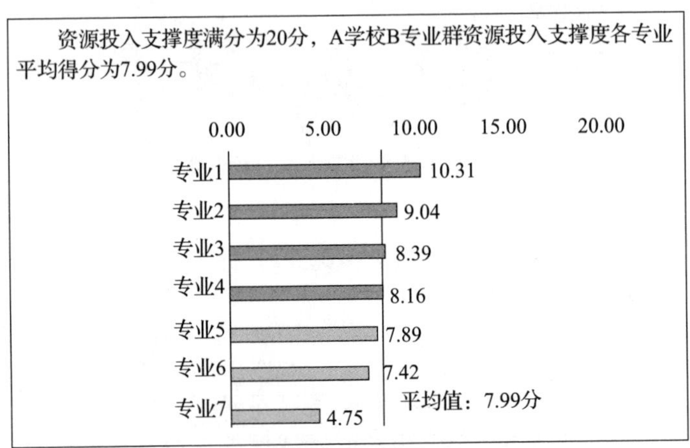

图 5　资源投入支撑度调研诊断分析（示例）

第四，教学过程有效度方面，实践课程全部由校内专任教师，缺乏实践经验丰富的行业企业专家任课（见图 6）。

第五，培养目标达成度方面，B 专业群毕业生就业对口率低于 50%，用人单位满意度低于 80%（见图 7）。

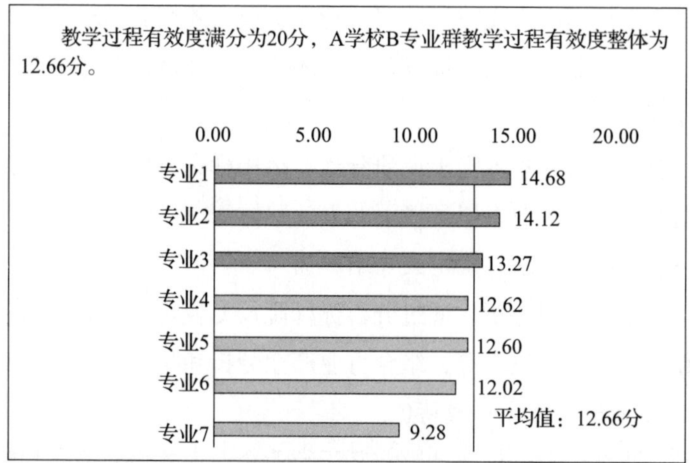

图 6　教学过程有效度调研诊断分析（示例）

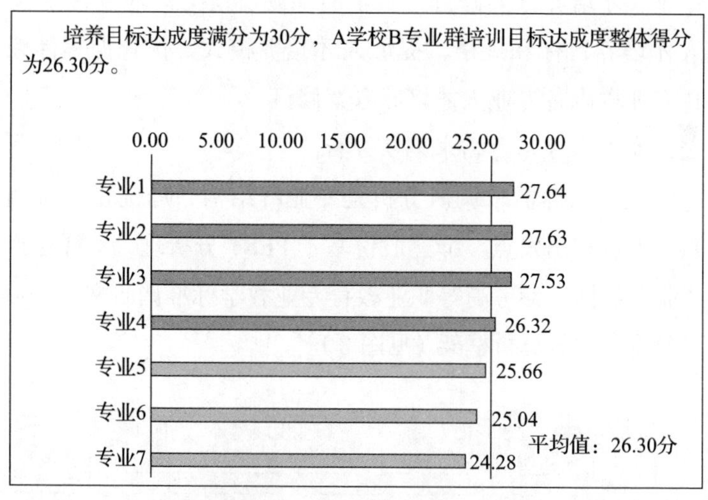

图 7　培养目标达成度调研诊断分析（示例）

三、项目方案设计及实施

（一）项目整体方案

绎达股份依据中国特色高水平专业群建设要求，立足 A 学校 B 专业群建设现状，以战略性、前瞻性为原则，以绎达产业分析模型、绎达产业大数据、

高职院校专业大数据库为支撑，按照“行业企业人才培养需求调研分析—标杆院校调研分析—专业群结构布局优化—人才培养方案修订”四个阶段，统筹谋划A学校B专业群建设。

（1）行业企业人才培养需求调研分析：运用绎达股份产业分析技术模型和产业大数据库，分析产业发展环境下的人才整体需求、企业岗位类型和工作任务对知识技能素质的要求，确定人才培养需求。

（2）标杆院校调研分析：通过分析标杆院校专业定位、人才培养目标、人才培养过程、人才培养质量等，结合行业产业分析和学校专业群建设情况，找准A学校B专业群发展优势及特色。

（3）专业群结构布局优化调整：基于行业企业人才培养需求和标杆院校调研分析，突出专业特色，优化调整A学校B专业群结构布局。

（4）专业人才培养方案修订：基于前期调研情况，调整A学校B专业群内各专业人才培养目标和规格，提炼人才培养模式，优化课程体系，辅导A学校完成B专业群内各专业人才培养方案修订。

（二）行业企业人才培养需求调研分析

行业企业人才培养需求调研分析是专业群结构布局优化调整和人才培养方案修订的着力点和出发点。绎达股份基于PEST分析理论、绎达产业分析模型、绎达产业大数据，参考高等职业教育专业教学标准调研文件，形成了行业企业人才培养需求调研分析框架（见图8）。

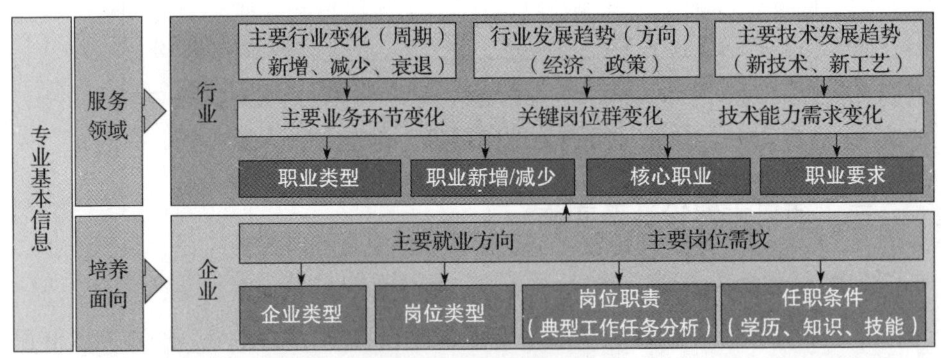

图8　行业企业人才培养需求调研分析框架

1. 区域产业发展调研

绎达股份运用PEST分析，聚焦行业发展宏观趋势、区域产业需求趋势、主要业务发展趋势、技术发展趋势4个方向，设计经济宏观形势、国家政策导向、行业发展规划、区域产业结构、区域产业规划、市场整体规模、主要业务链条、市场竞争结构、业务开展模式、业务领域拓展、技术发展影响、新技术替代等12个分析维度，分析总结行业发展趋势下的职业面向、岗位类型、知识技能等人才发展整体需求。通过中国报告厅、艾瑞咨询网、中国互联网络信息中心（CNNIC）、CSM媒介研究、证券研究所等发布的相关报告、信息获取调研数据，对A学校B专业群面向的C市D产业的发展变化进行分析（见表2）。

表2　C市D产业调研分析结论（示例）

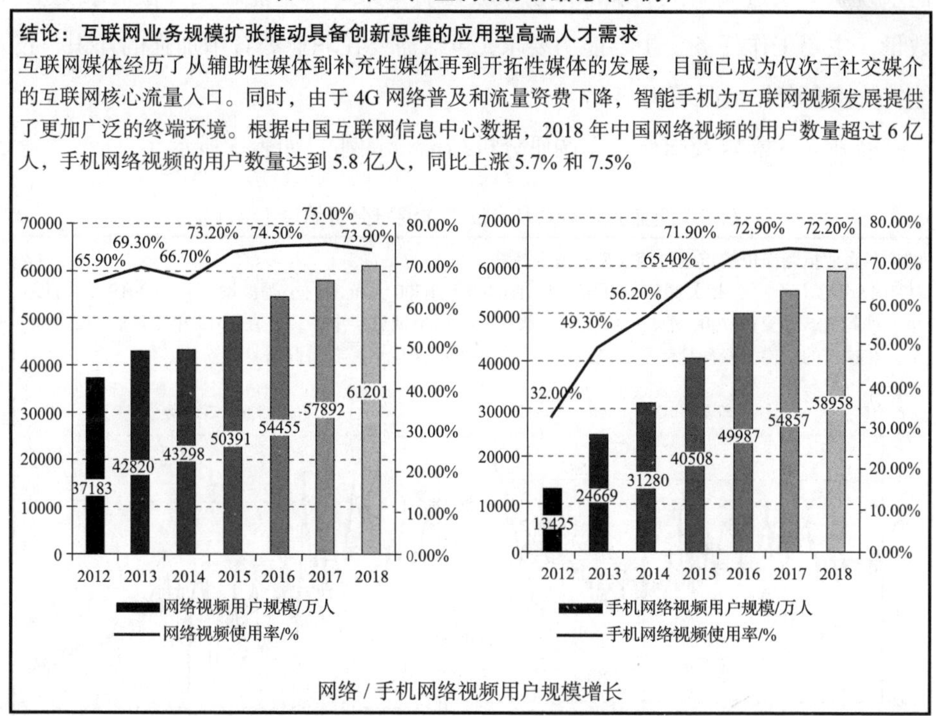

结论：互联网业务规模扩张推动具备创新思维的应用型高端人才需求

互联网媒体经历了从辅助性媒体到补充性媒体再到开拓性媒体的发展，目前已成为仅次于社交媒介的互联网核心流量入口。同时，由于4G网络普及和流量资费下降，智能手机为互联网视频发展提供了更加广泛的终端环境。根据中国互联网信息中心数据，2018年中国网络视频的用户数量超过6亿人，手机网络视频的用户数量达到5.8亿人，同比上涨5.7%和7.5%

网络/手机网络视频用户规模增长

2. 企业人才需求及岗位工作调研

绎达股份通过大数据批量采集和校企合作企业调研两个渠道，调研企业规模（企业员工数量）、企业所在行业、企业主要业务模式、企业人才需求类型、相关岗位工作任务、岗位知识技能及能力要求等。

大数据批量采集针对需求“面”，是体现行业内企业人才普遍需求的调研方法。绎达股份按照B专业群相关行业的业务链条及B专业群的知识、技能、能力分析得到的50个能力标签，提取专业相关岗位，采集该岗位的薪资、招聘地区、职能要求等关键信息，分析相关岗位市场需求价值总量变化、学历需求集中程度、各类专业技能和基础能力的需求程度、招聘企业集中的行业及各行业招聘需求最大的岗位类型等内容。

校企合作企业调研针对需求“点”，体现区域内学校主要服务企业的人才需求现状。通过调研问卷和深度访谈，调研未来三年企业相关岗位需求类型、数量、主要工作任务、主要能力要求（包括需要在职业教育中加强的知识、技能）及校企合作情况等内容。

企业人才需求及岗位工作调研分析结论（示例），如表3所示。

表3 企业人才需求及岗位工作调研分析结论（示例）

结论：企业招聘岗位的市场价值规模呈减少趋势

从2018年3月至今，相关岗位的薪资平均在6000～6500元范围内小幅波动，直到2019年3月后呈上涨趋势，并突破7000元。但岗位需求数在一年内呈现逐步下降，并在2019年1月后跌破1000个。在这样的结构化变动趋势下，高技术、替代性低的岗位更易获得高薪

岗位薪资变化趋势

7500
7000
6500
6000
5500
5000
4500
2018/3
2018/9
2019/3
—月薪（元）---趋势线

岗位需求数目变化趋势

4000
3000
2000
1000
0
2018/3
2018/9
2019/3
—数目（个）---趋势线

续表

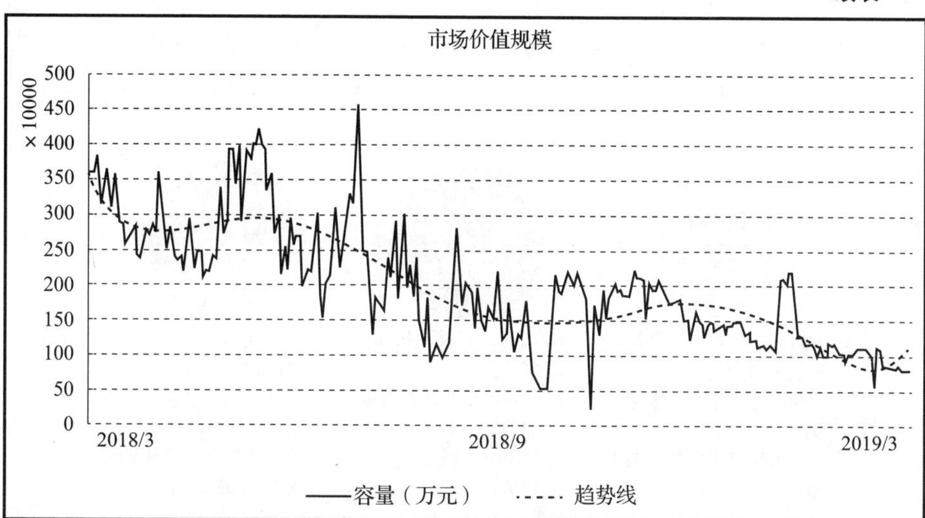

结论：专业技能要求集中在 Photoshop、策划、计算机、摄影和剪辑；基础能力要求集中在沟通能力、责任心、吃苦耐劳、团队协作和表达能力

在企业对 B 专业群技能需求中，排名前五位的技能分别为 Photoshop（15.1%）、策划（11.5%）、计算机（7.1%）、摄影（8.9%）和剪辑（5.7%）。基础能力需求中，排名前五位的分别是沟通能力（17.9%）、责任心（16.6%）、吃苦耐劳（13.8%）、团队协作（10.6%）和表达能力（9.2%）

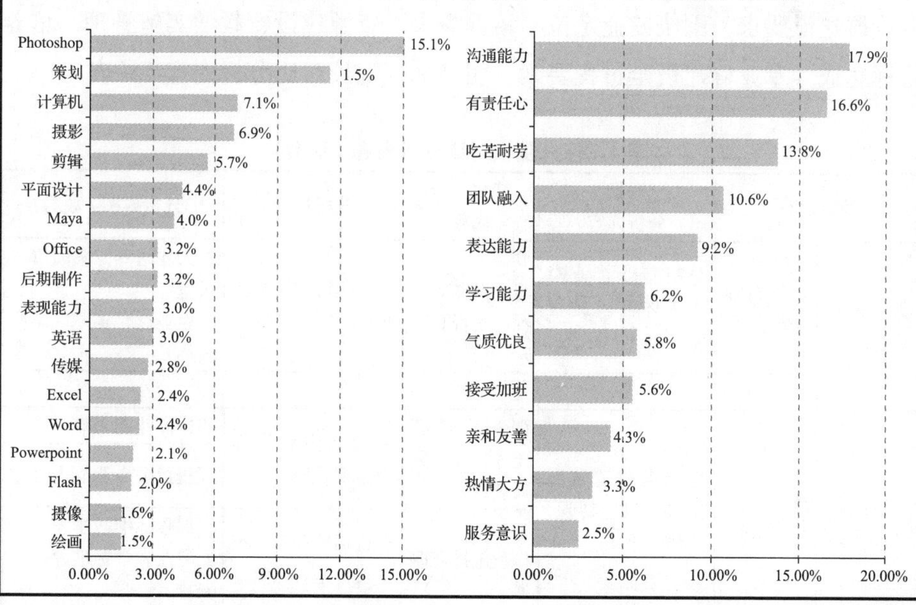

（三）标杆院校调研分析

标杆院校调研分析的目的是通过寻找和研究兄弟院校专业群建设的最佳实践，找准A学校B专业群建设方向与特色。标杆院校分析的路径，如图9所示。

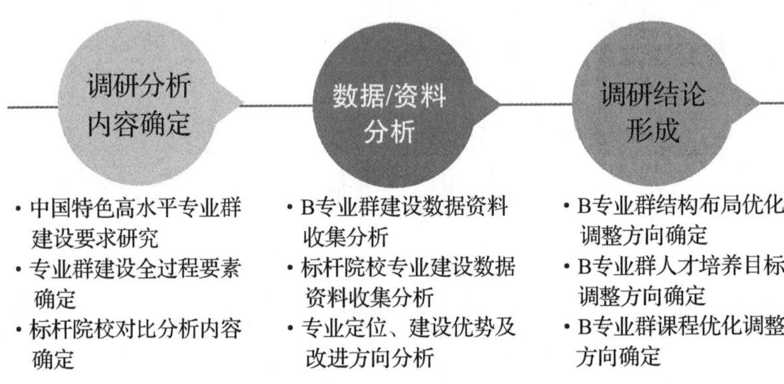

图9　标杆院校调研分析路径

1. 调研分析内容确定

绎达股份依据高等职业教育理论和对标管理理论，结合中国特色高水平专业群建设要求，围绕专业定位、培养需求、资源建设、教学实施管理、培养目标达成等专业群建设全过程要素，明确标杆院校对比分析内容（见表4）。

表4　标杆院校对比分析内容（示例）

<table>
<tr><th colspan="2">专业建设</th><th>对标分析内容</th><th>细化分析内容</th><th>分析指标</th><th>分析事实/数据</th></tr>
<tr><td rowspan="2">人才培养定位</td><td>区域行业需求分析</td><td>分析行业企业对于人才需求的程度</td><td>专业岗位（群）面向是否明确</td><td>企业岗位需求清晰度</td><td>1. 人才培养方案岗位设置
2. 企业岗位需求（岗位名称）</td></tr>
<tr><td>……</td><td>……</td><td>……</td><td>……</td><td>……</td></tr>
<tr><td rowspan="4">需求匹配阶段</td><td rowspan="3">课程建设</td><td rowspan="3">分析课程覆盖岗位所需的知识、技能、素质</td><td rowspan="2">课程内容匹配知识、素质要求</td><td rowspan="2">专业能力点课程设置覆盖率</td><td>职位专业能力点</td></tr>
<tr><td>课程覆盖专业能力点数</td></tr>
<tr><td>课程编排合理</td><td>课程标准和专业教学安排是否匹配</td><td>1. 课程标准教学安排
2. 专业教学标准课程安排</td></tr>
<tr><td>……</td><td>……</td><td>……</td><td>……</td><td>……</td></tr>
</table>

续表

<table>
<tr><th colspan="2">专业建设</th><th>对标
分析内容</th><th>细化分析
内容</th><th>分析指标</th><th>分析事实 / 数据</th></tr>
<tr><td rowspan="3">资源建设阶段</td><td rowspan="2">师资队伍建设</td><td rowspan="2">分析投入所需资源（人、财、物），是否能保障专业群建设顺利进行</td><td rowspan="2">教师数量能够支撑专业教学，且在合理范围内</td><td rowspan="2">专任教师生师比</td><td>专业专任教师人数</td></tr>
<tr><td>专业学生人数</td></tr>
<tr><td>……</td><td>……</td><td>……</td><td>……</td><td>……</td></tr>
<tr><td rowspan="3">教学实施及管理阶段</td><td rowspan="2">教学过程实施</td><td rowspan="2">分析教学安排是否合理</td><td rowspan="2">教学安排合理</td><td rowspan="2">专任教师学年度承担本专业班级教学课时占总课时量的比例</td><td>专任教师学年度承担本专业班级教学课量</td></tr>
<tr><td>本专业班级教学课时量</td></tr>
<tr><td>……</td><td>……</td><td>……</td><td>……</td><td>……</td></tr>
<tr><td rowspan="3">目标达成评价阶段</td><td rowspan="2">毕业生就业及发展</td><td rowspan="2">从学生的角度分析人才培养目标达成情况</td><td rowspan="2">毕业生就业质量情况</td><td rowspan="2">毕业生就业对口率</td><td>应届毕业生就业对口人数</td></tr>
<tr><td>应届毕业生就业人数</td></tr>
<tr><td>……</td><td>……</td><td>……</td><td>……</td><td>……</td></tr>
</table>

2. 数据 / 资料分析及结论

绎达股份项目组从专业历史沿革、专业培养面向、人才培养规格、在校生人数、就业面向五个维度对比分析，选择了 X 院校 E 专业群作为 A 学校 B 专业群的标杆院校。标杆院校专业群分析过程中，以高职院校专业大数据库为基础，搜集 X 院校 E 专业群内各专业近年发布的质量年报、毕业生就业质量报告、科研教改论文等文献资料为参考，同时结合院校问卷调研，采取定性与定量结合的方式，其中定量分析利用 Python、Tableau、SPSS 等数据分析处理工具，对专业定位、培养需求、资源建设（见表 5）、教学实施管理、培养目标达成等专业群建设全过程要素进行对标分析，找出 A 学校 B 专业群建设优势与不足，明确 A 学校 B 专业群高水平建设方向。

（四）专业群结构布局优化调整

专业群结构布局是衡量高职院校与区域产业发展契合度的重要指标，其优化调整是中国特色高水平专业群建设的重要内容。专业群结构布局优化的思路如下图 10 所示。

表 5　标杆院校对比分析结论——资源建设阶段（示例）

结论：A 学校 B 专业群正高职称数量、专业学术带头人数量、省级教学名师数量等 3 个指标低于标杆院校，教研项目需要实现省部级以上奖项的突破

X 院校 E 专业群拥有教授 5 人，副教授 10 人，省教学名师 1 名，省学术带头人 4 名，省部级劳动模范 2 名，全国优秀教师 1 名；近年来完成教研项目 30 余项，获国家级教学成果二等奖 1 项，河南省教学成果二等奖 5 项

A 学校 B 专业群拥有正高职称 3 人，副高职称 12 人，博士 3 人，全国水利职教名师 1 名，全国水利职教新星 3 名，市级中青年骨干教师 1 名，专业带头人 2 名（其中 1 名来自行业）、8 名骨干教师、25 名“双师素质”教师

关键目标＼专业	本专业	标杆专业
正高职称数量	3	5
中高职称数量	12	10
国家级教学名师	1	1
省部级教学名师	0	1
专业学术带头人	2	4

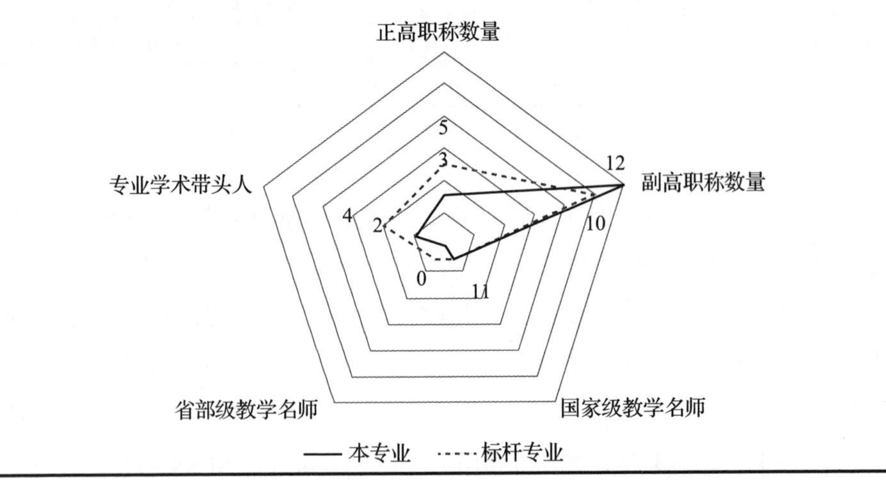

教育部相关文件对专业群建设要求分析

专业大类与D产业链条映射关系分析

B专业群内各专业定位与内在联系分析

01 构建面向C市D产业的专业集群框架

02 基于专业集群框架，形成A学校B专业群内各专业结构布局

图 10　专业群结构布局优化调整思路

1. 构建面向产业链的专业集群框架

综合区域产业发展调研和标杆院校对比分析，在A学校总体办学定位下，以《国家职业教育改革实施方案》《中国教育现代化2035》《加快推进教育现代化实施方案（2018—2022）》《普通高等学校高等职业教育（专科）专业设置管理办法》等文件中对专业群建设要求为指导，围绕C市D产业链条，分析B专业群内所涉及的专业大类与D产业链条的映射关系，构建面向产业链的专业集群框架（见图11）。

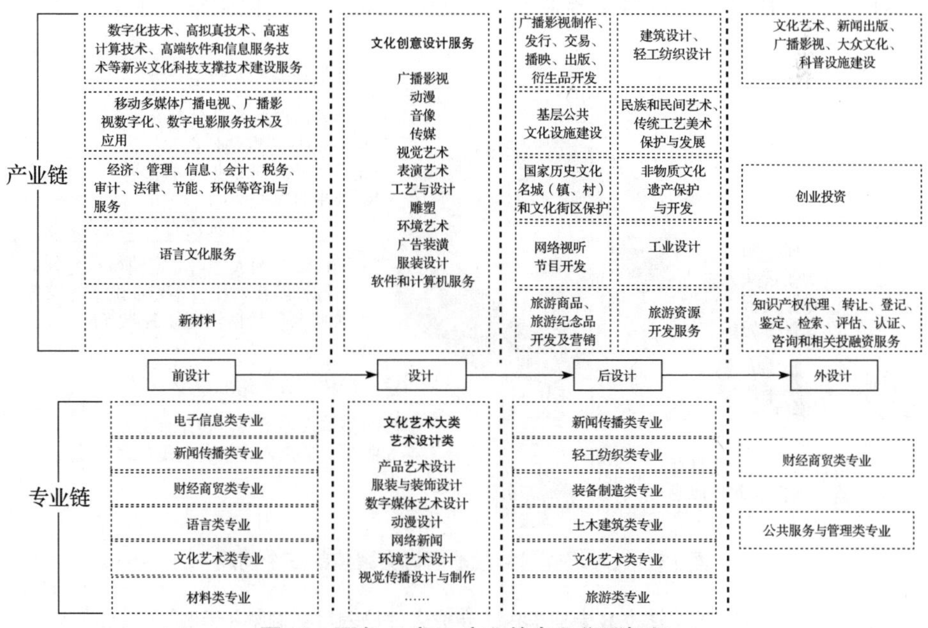

图11　面向C市D产业的专业集群框架

2. 形成B专业群结构布局

依据面向C市D产业的专业集群框架，理清B专业群内现有7个专业定位与内在联系，同时基于C市D产业发展要求，新增3个专业，最终形成B专业群结构布局（见图12）。

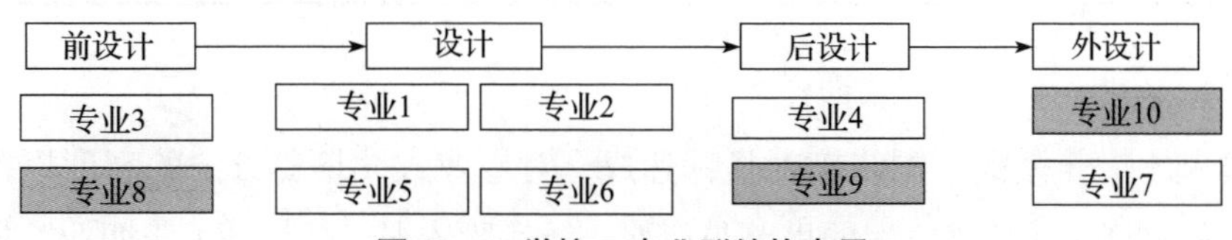

图12　A学校B专业群结构布局

（五）专业人才培养方案修订

专业人才培养方案是人才培养纲领性文件。修订人才培养方案是专业群建设的核心环节。

1. 优化调整人才培养目标

人才培养目标是人才培养方案制定的逻辑起点。综合行业企业人才培养需求分析和标杆院校分析，聚焦三个问题（见图 13），采取战略研讨会的方式，针对 A 学校 B 专业群内各个专业的人才培养目标进行优化调整（见表 6）。

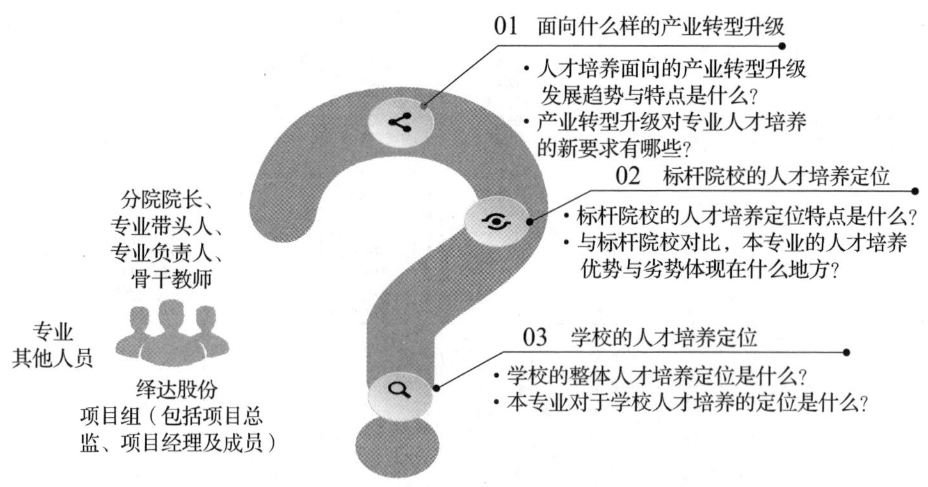

图 13 人才培养目标战略研讨会聚焦的三个问题

表 6 A 学校 B 专业群内 J 专业人才培养目标调整（示例）

2016 级人才培养目标	2018 级人才培养目标（调整后）
本专业培养德、智、体、美全面发展，符合物联网相关产业升级，IT 企业技术创新需要的发展型、复合型、创新型技术技能人才	培养具有物联网基本理念，物联网行业相对应岗位必备的理论知识，具有较强的物联网应用技能，能从事物联网系统集成及网关产品配置推广、物联网工程项目的规划及施工管理、物联网感知终端设备维修与技术服务、物联网系统管理等工作，具有一定的应用系统开发能力，在专业领域内跟踪新理论、新知识、新技术的高素质技术技能型人才

2. 凝练专业人才培养模式

人才培养模式是围绕培养目标达成，对专业人才培养方法的高度概括提炼，是修订人才培养方案的思路与框架。绎达股依据《教育部关于职业院校专业人才培养方案制订工作的指导意见》文件要求，围绕职业面向、课程设置、教学进程总体安排、实施保障等人才培养方案中的关键要素，梳理A学校B专业群内各专业的人才培养方法，总结提炼形成A学校B专业群内各专业人才培养模式（见图14）。

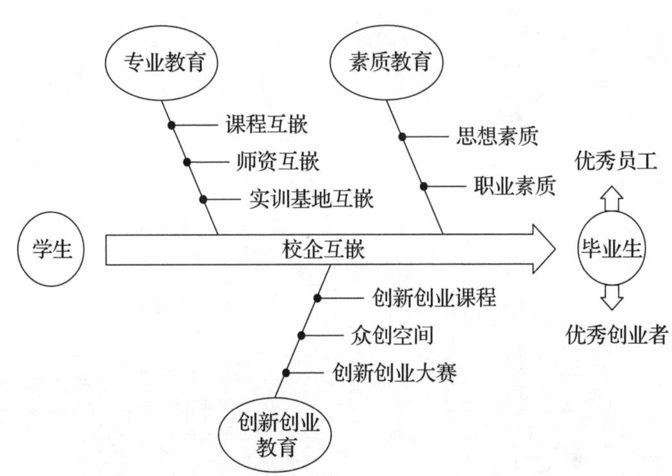

图14　A学校B专业群内J专业人才培养模式示例："校企互嵌、创教融通"人才培养模式

3. 优化调整专业课程设置

课程设置是人才培养方案的核心内容。绎达股份依据A学校B专业群内各专业人才培养模式，采用"五步法"（见图15）优化调整A学校B专业群内各专业课程设置。

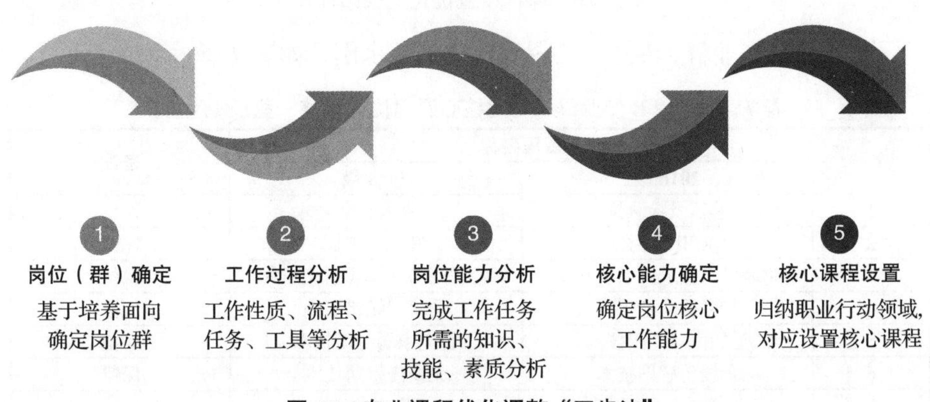

图15　专业课程优化调整"五步法"

绎达股份组织企业专家、专业带头人、双师教师，根据分析出的典型工作任务及其对应能力，按照职业成长规律与学习规律，通过直接对应、分解、合并、转化等形式，归类职业行动领域，将行动领域转换到专业学习领域，基于工作对应的知识、技能和综合能力，完成课程设置优化调整（见图 16）。

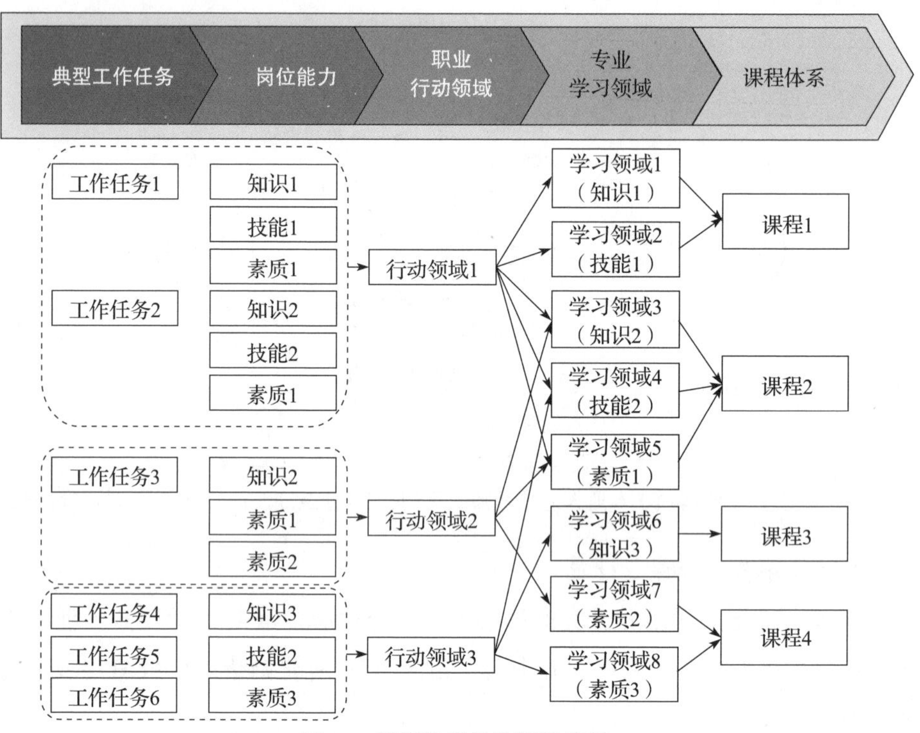

图 16　课程设置优化调整路径

A 学校 B 专业群 J 专业核心课程优化调整示例，如表 7 所示

表 7　A 学校 B 专业群 J 专业核心课程优化调整一览表（示例）

序号	课程名称		备注
	2016 级	2018 级	
1	传感器及检测技术	传感器及检测技术	保留
2	RFID 技术	RFID 技术	保留
3	物联网与嵌入式系统开发	物联网与嵌入式系统开发	保留
4	物联网线路工程	物联网线路工程	保留
5	智能家居应用技术	智能家居应用技术	保留
6	无线传感网技术	无线传感网技术	保留
7	JAVA 面向对象程序设计	JAVA 面向对象程序设计	保留

续表

序号	课程名称		备注
	2016 级	2018 级	
8	手机软件开发技术	手机软件开发技术	保留
9	智能物流应用技术		撤销
10		物联网综合应用实训	新增
11		物联网技术基础	新增

四、项目效果

（一）构建了高水平专业群建设整体框架

通过本项目的实施，基于 A 学校 B 专业群发展要求和中国特色高水平专业群建设要求，以“贯穿全过程，突出核心环节”为指引，聚焦专业群建设的行业企业调研、专业群结构布局、人才培养方案修订三个核心环节，并针对每个环节的重点任务落实操作路径，形成了高水平专业群建设的路径和方法，解决了学校普遍存在的行业企业需求对人才培养衔接不够的难点问题，为“中国特色高水平高职学校和专业建设计划”背景下，高职院校的专业群建设质量提升与改进措施制定，提供了系统的方法论。

（二）确保了 A 学校 B 专业群设置有效对接区域产业布局

通过本项目的实施，围绕 C 市 D 产业链条，2018 年新增了 3 个专业，现有 B 专业群各专业设置均有效对接了 C 市重点产业布局（见表 8）。

表 8　B 专业群专业设置与产业规划布局

规划 专业	C 市“十三五”规划	C 市新区产业发展战略	C 市战略新兴产业发展规划	C 市“十三五”信息化规划	C 市科技创新“十三五”规划	C 市自贸区产业发展规划
专业 1	√	√		√	√	
专业 2	√		√	√		
专业 3	√	√	√	√	√	√
专业 4	√			√	√	√
专业 5	√	√		√		
专业 6	√			√	√	√
专业 7			√	√	√	
专业 8	√	√				
专业 9			√	√	√	
专业 10				√	√	√

（三）推进了A学校B专业群人才培养有效匹配企业需求

通过本项目的实施，A学校B专业群人才培养方案对于企业需求的关键知识、技能的整体覆盖比率由原来的40.8%提升到91.3%；B专业群内7个专业（见图17）较项目实施前均有提升（见图17），2018年新增的3个专业人才培养方案对于企业需求的关键知识、技能的整体覆盖比率均达到了90%以上（见图18）。

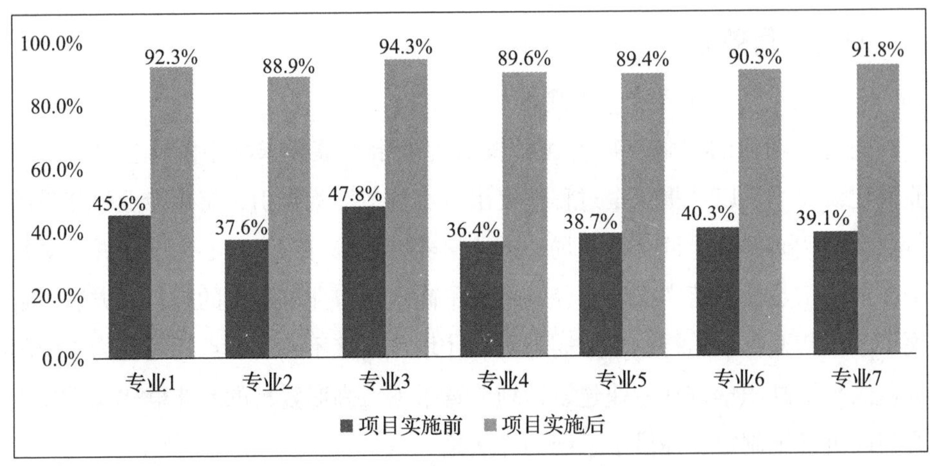

图17　7个人才培养方案能力要求与企业实际能力需求匹配度

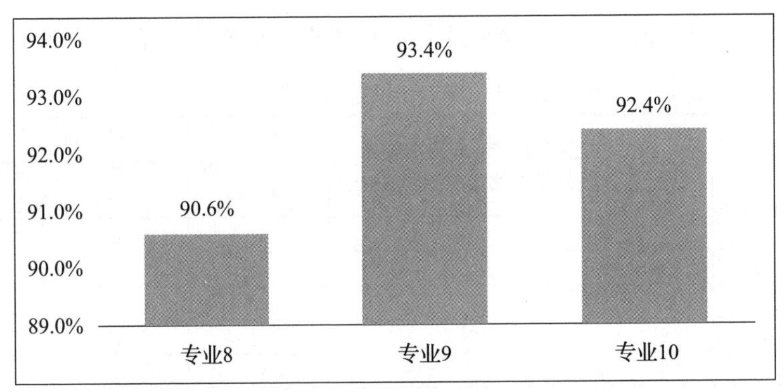

图18　新增专业人才培养方案能力要求与企业实际能力需求匹配度

各专业课程对于企业需要的知识、技能覆盖率整体由原来的39.1%提升到

90.5%，B 专业群内 7 个专业较项目实施前均有提升（见图 19），2018 年新增的 3 个专业课程对于企业需要的知识、技能覆盖率整体均达到了 95% 以上（见图 20）。

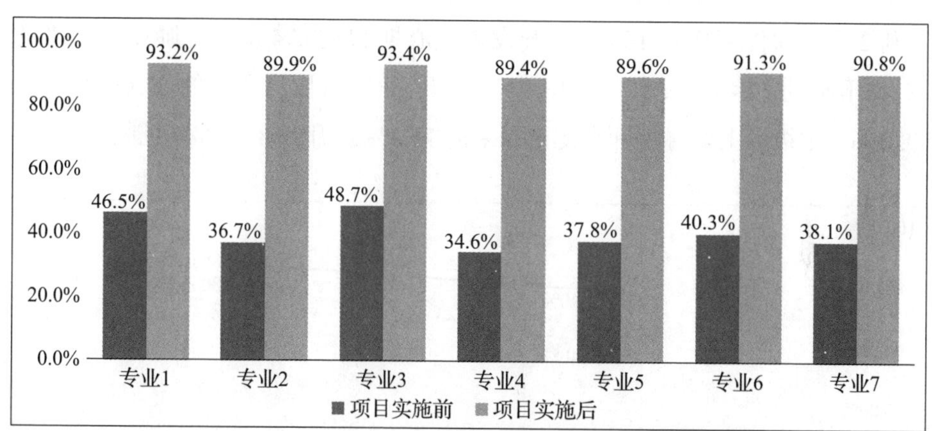

图 19　7 个专业课程对企业需求的知识技能的覆盖率

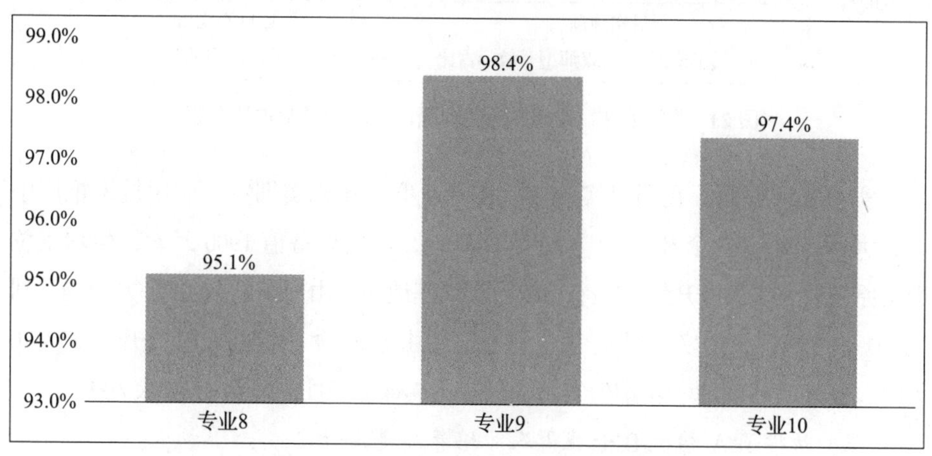

图 20　新增 3 个专业课程对企业需求的知识技能的覆盖率

（四）促进了 A 学校 B 专业群建设保障条件优化

通过本项目的实施，A 学校 B 专业群内有 2 个专业顺利通过 C 市重点专业验收，专业群建设保障条件得到了优化。

师资队伍方面，在项目实施后，新聘任具有丰富实践经验的行业企业专家 10 名担任 B 专业群的兼职教师，专业群教师获全国信息化教学大赛一等奖 3 项，荣获 C 市高职院校说课比赛一等奖 4 项，获发明专利 1 项，实用新型专利 2 项，软件著作权 1 项；公开发表核心期刊论文 4 篇；生师比由原来的 22 : 1 下降到 17 : 1，专任教师中“双师型”教师占比由原来的 60.4% 提升到 80.39%，中级以上职称教师占比由原来的 78.4% 提升到 87.01%（见图 21）。

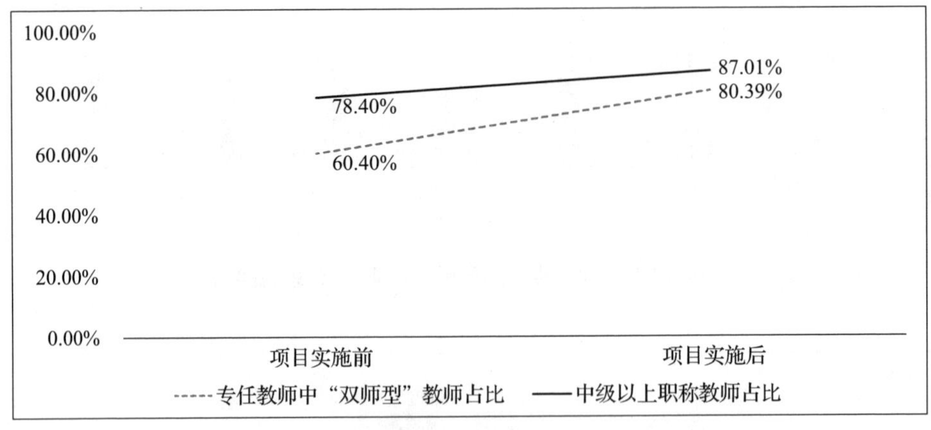

图 21 “双师型”教师占比和中级以上职称教师占比分析

实习实训方面，在项目实施后，B 专业群新建成实训室、应用技术推广中心、大师工作室 7 个和 12 个校外实训基地，新增设备值 1900 万元，生均工位数由原来的 370 个提升到 450 个，校内实训基地面积由原来的 8648 平方米提升到 12270 平方米，校内实训基地学年学生使用由原来的 164480 人时提升到 257470 人时，校外实习基地学年学生实习由原来的 784 人 / 月提升到 1150 人 / 月。

（五）助推了 A 学校 B 专业群人才培养质量提升

通过本项目的实施，助推了 A 学校 B 专业群人才培养质量提升，在项目实施后，B 专业群学生获全国职业院校技能大赛一等奖 2 项、全国二等奖 4 项、C 市职业院校职业技能大赛一等奖 6 项。据第三方机构发布的毕业生就业质量报告数据显示，B 专业群专业对口率、用人单位满意度较原来均有提升（见图 22）。

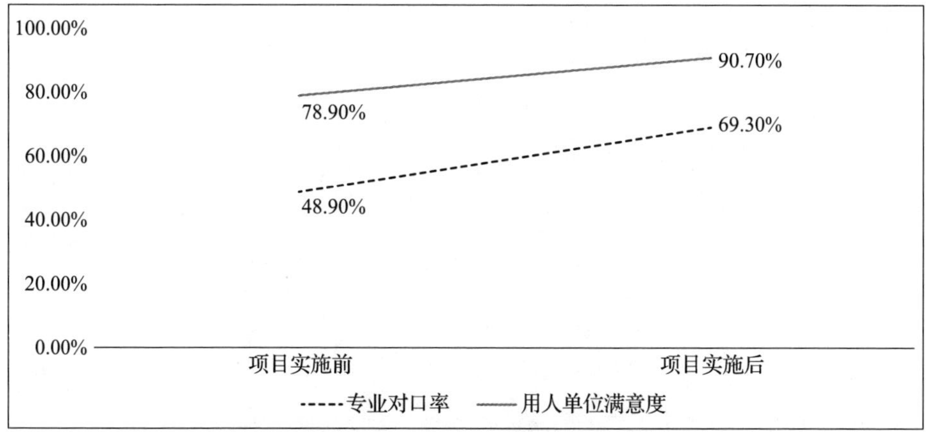

图 22　毕业生就业质量指标分析